Foto di copertina di Maddalena Busia
Gruppo storico Mamuthones e issohadores
Pro loco Mamoiada

Paola Sirigu

Il codice barbaricino

Il codice della vendetta non è statico. E' dinamico: si adegua. Bisogna dire, a differenza dell'interpretazione romantica, che esso non è senza crudeltà. Anzi nel suo processo di adeguamento alla società storica, è l'aggravarsi stesso delle contraddizioni che maggiormente lo incrudelisce. Il fatto è che la Barbagia non è così perché c'è il codice della vendetta, ma c'è il codice della vendetta perché la Barbagia è così.

A. Pigliaru

Introduzione

La Sardegna contemporanea nacque il 17 marzo 1861 quando fu proclamato il Regno d'Italia. Già costretta fin dal 1847 alla fusione con il Piemonte, con la proclamazione del Regno vide il governo assumere nei suoi confronti un atteggiamento di rinnovata indifferenza per trasformarsi, alla fine del secolo, in un atteggiamento di sfruttamento. Dopo l'unità d'Italia il primo problema affrontato dal nuovo governo fu quello della destinazione da dare ai terreni degli ex demani feudali, sui quali la popolazione esercitava alcuni usi civici consistenti nel diritto di pascolo, di legnatico e di coltivazione. Infatti, i demani feudali, fossero terre delimitate per il bestiame *manso* o per il bestiame *rude*[1], erano in godimento comunitario. I pastori avevano diritto di pascolo in funzione delle loro esigenze su tutti i terreni incolti presenti nel territorio del villaggio, come anche su quelli dei villaggi limitrofi, purché appartenenti allo stesso signore, *il quale aveva facoltà di affittare a pastori forestieri la parte eccedente le necessità comunitarie*[2]. Fin dai tempi più remoti i terreni destinati alle semine, detti *paberili*, venivano divisi fra tutti gli abitanti del paese che ne godevano l'usufrutto fino alla morte, dopodiché il lotto di terreno veniva destinato a un altro assegnatario. Le grandi estensioni territoriali, dette *saltus*, erano invece destinate alla pastorizia e gli abitanti del paese esercitavano l'uso collettivo sia del pascolo che della legna. Ogni pastore pagava all'organo amministrativo una quota pro capite di bestiame e in compenso poteva provvedere, per proprio conto, alla utilizzazione dei prodotti del pascolo.

Questi diritti furono aboliti da una legge emanata il 23 aprile 1865 in base alla quale l'uso collettivo dei terreni venne considerato reato contro il patrimonio demaniale. Con l'abolizione dei diritti ademprivi[3] la povera gente perdeva una delle più importanti fonti di sostentamento e il malcontento fra contadini e pastori fu enorme. Particolarmente gravosa era anche l'imposta sulla casa in quanto il contadino sardo non poteva godere delle agevolazioni previste per le case rurali dell'Italia settentrionale. Per usufruire di tali agevolazioni, infatti, condizione essenziale era che le case fossero isolate nelle campagne! Quelle dei contadini sardi, a causa del frazionamento delle proprietà e dei cicli produttivi imposti dal clima torrido e secco, erano invece sempre accentrate in agglomerati o villaggi. Le povere catapecchie costruite in *ladiri,* mattoni fatti di fango e paglia, in pochi anni furono abbandonate in massa dai proprietari che non erano in grado di pagare le esorbitanti tasse. In Sardegna si arrivò ad avere un esproprio ogni quattordici abitanti, a fronte di uno ogni ventisettemila effettuato nelle regioni del nord Italia. Profondi malumori andarono così ad aggiungersi a quelli scatenati qualche anno prima dall'editto delle chiudende, legge voluta da Carlo Felice[4] nel 1820 con la quale il Re intendeva introdurre in Sardegna il modello piemontese della *proprietà perfetta* e autorizzava *qualunque proprietario a liberamente chiudere di siepe, o di muro, vallar di fossa, qualunque suo terreno non soggetto a servitù di pascolo, di passaggio, di fontana o d'abbeveratoio*[5].

Recintare le terre coltivate mirava a un duplice risultato: da un lato le coltivazioni sarebbero state sottratte alle invasioni e alle distruzioni operate dal bestiame e dall'altro, ottenendone la completa proprietà, i contadini avrebbero avuto la possibilità di coltivarle con maggiore regolarità e razionalità. L'Editto, nato con buone intenzioni, si proponeva di proteggere l'agricoltura senza danneggiare la pastorizia e sostituiva la proprietà collettiva con la proprietà privata. Questo provvedimento, tuttavia, favorì il consolidarsi della grande proprietà terriera da parte dei benestanti a danno dei piccoli contadini che non erano economicamente in grado di provvedere diversamente al loro sostentamento e che non possedevano mezzi per effettuare le recinzioni con siepi, muretti o fossi. L'Editto delle Chiudende e la lottizzazione dei terreni adibiti a libero pascolo furono due provvedimenti con i quali si tentò di rilanciare l'agricoltura, purtroppo senza tenere conto delle aree che avevano un'economia prevalentemente pastorale e in cui il libero pascolo delle greggi era un'istituzione. Ogni tentativo più moderno di associazionismo e di cooperazione fallì quasi dovunque per svariati motivi, non da ultimo quello della lotta massiccia condotta da gruppi industriali continentali che tentarono di monopolizzare il mercato caseario sardo[6]. Soprattutto nella provincia di Nuoro si mantennero a lungo particolari forme arcaiche di associazioni o *soccide* di bestiame ovino e caprino, forme di organizzazione che prevedevano la suddivisione delle spese fra più allevatori, ma anche la suddivisione finale dei prodotti caseari e del bestiame[7].

In una economia così strutturata e profondamente legata a usanze e leggi comunitarie, le ordinanze del nuovo Regno sfociarono in rivolte e vere proprie lotte tra pastori e detentori dell'ordine pubblico. Quasi ovunque si registrarono devastazioni, incendi e omicidi. Numerose e violente furono le sommosse, represse spesso nel sangue. Del resto i nuovi regolamenti erano perentori e da essi non veniva esclusa nessuna categoria di terreni e nemmeno i beni della Corona, dei Comuni e della Chiesa ne erano esenti. Segno del malumore popolare furono soprattutto i moti di *su connottu,* scoppiati a Nuoro nel 1868. Pastori e contadini occuparono gli uffici del Comune e diedero fuoco ai registri catastali contenenti le mappe dei terreni demaniali. *Su connottu* è ciò che gridavano pastori e contadini in piazza e significa "vogliamo il ritorno al conosciuto", alle vecchie regole, ossia "vogliamo il ripristino dei diritti per l'uso comune delle terre".

Episodi come questi se ne contarono a centinaia. *Su connottu* e altre rivolte dovute alle iniziative impopolari del Regno d'Italia furono represse duramente e ciò provocò un ulteriore isolamento sociale e culturale dei sardi dal resto del paese, in particolare Nuoro fu penalizzata dal ritardo con cui le opere pubbliche furono avviate nell'isola, come la linea ferroviaria che qui giunse solo nel 1889 con il breve tratto per Macomer. Il paese di Orgosolo, invece, non fu coinvolto nelle sollevazioni popolari perché gli Orgolesi, ignorati da tutti, mantennero le millenarie consuetudini di sfruttamento collettivo delle terre, con la raccolta della legna, delle ghiande e del pascolamento delle greggi nei boschi e nei prati comunali. Infatti, fino al 1867, a Orgosolo non fu presa nemmeno in considerazione la possibilità di esistenza della proprietà privata.

Fu in questo contesto che si venne a consolidare la diffidenza della comunità pastorale sarda verso la giustizia dello Stato. Anche il nuovo Regno d'Italia, come del resto era già accaduto con Fenici, Cartaginesi, Romani, Arabi, Vandali, Catalani, Pisani e Aragonesi, presentava ai sardi la giustizia come strumento e organo di un potere che non nasceva dalla struttura della comunità, ma che le si sovrapponeva dall'esterno e che appariva come un abuso da parte di un popolo di invasori[8].

Il codice barbaricino[9] visse qui il suo periodo di massima recrudescenza esercitando un'azione surrogatoria laddove la giustizia dello Stato appariva iniqua. La lotta millenaria condotta dal popolo sardo contro i colonizzatori è stata una lotta intessuta di abbandono, di miseria e di tristezza[10], una lotta che ha reso necessaria la creazione di norme che dessero stabilità esistenziale a persone costrette a una vita durissima. Il codice barbaricino fornì norme di controllo giuridico come espressione della necessità di un popolo di darsi delle regole che rispondessero alle esigenze di una comunità pastorale e che non cambiassero con il cambiare del popolo invasore. Questo è il senso più profondo che legittima l'esistenza del codice barbaricino.

Chie no hurat pro bissonzu est unu cane berdulaju[11].

Il codice barbaricino

Il codice barbaricino è un codice naturale di diritto tacitamente riconosciuto dalla popolazione, un codice che da sempre è vissuto parallelamente alle miriadi di codici che, nell'arco dei secoli, sono stati ufficialmente imposti ai sardi dai colonizzatori. Arabi, Visigoti, Catalani, Aragonesi e Piemontesi, tutti si sono presentati ai sardi in veste di esattori di tasse, di commissari di leva, di forze di polizia repressive e di amministratori di giustizia poco imparziali. I sardi, non a torto, hanno sempre visto i vari ordinamenti giuridici come espressione di abusi di potere privi di qualsivoglia principio di giustizia sociale e incapaci di giungere, nelle contese, sia all'accertamento di una verità sostanziale che di trovare soluzioni in armonia con le tradizioni. Le vicende storiche hanno portato la popolazione sarda a essere naturalmente diffidente nei confronti dei paesi colonizzatori e degli stranieri in genere e, in tempi più recenti, anche la presenza dei Savoia[12], soprattutto dopo la proclamazione del Regno d'Italia, non ha fatto eccezione. L'occupazione sabauda fu mal vista non meno di quella aragonese e anch'essa portò a una recrudescenza dei fenomeni legati alla pratica del codice barbaricino. Anche in tempi ancora più recenti il codice imposto dallo Stato Italiano è andato a urtare violentemente contro la sensibilità morale e giuridica del popolo sardo nei confronti del quale si è dimostrato spesso ostile e ingiusto. Invasione da parte di potenze militari, espropri, sfruttamento turistico incondizionato, distruzioni, cementificazioni e disattenzione per i problemi sociali sono segnali che informano che, anche oggi, la logica colonialista e gli abusi di potere non sono ancora terminati.

Dalla *Carta de logu* al *codice barbaricino*

La Carta de logu fu promulgata verso la fine del 1300 in lingua sarda logudorese[13] dalla giudicessa Eleonora d'Arborea[14] che, perfezionando l'opera del padre Mariano IV[15] autore di un *Codice rurale* in ventotto capitoli, fece stendere la *Carta de logu* per disciplinare gli usi locali. La Carta de logu[16] era composta da 198 articoli che comprendevano un codice civile, un codice penale e un codice rurale. Disciplinando in modo chiaro e semplice i vari rapporti giuridici, l'amministrazione della giustizia, l'uguaglianza dei cittadini di fronte alla legge, segnò una tappa fondamentale nel modo in cui i Sardi concepirono il loro "Stato di diritto". La Carta de logu sopravvisse in Sardegna per moltissimi anni. Sia pure con qualche difficoltà, alla fine del regno giudicale rimase in vigore per più di quattrocento anni fin dopo la conquista dell'isola da parte degli Aragonesi e fino oltre un secolo dopo l'avvento dei Savoia: solo nel 1827 fu sostituita dal codice emanato dal Re Carlo Felice[17]. La Carta finì con l'influire profondamente sui costumi del popolo sardo, anche perché il codice feliciano che la sostituì non conteneva una normativa esauriente, si mostrava vago sui problemi della giustizia e degli ordinamenti feudali ed evasivo nei confronti dei nuovi provvedimenti a favore delle chiusure dei terreni. In un certo senso, dunque, il codice feliciano manteneva una linea di continuità con la Carta de logu della quale venivano confermate alcune pene, come quella della galera perpetua per i recidivi nel delitto di abigeato o quella di dieci anni di galera a chi avesse baciato in pubblico una giovane, anche consenziente. In più nel codice feliciano sopravvivevano privilegi nobiliari come l'esenzione dalla giurisdizione dei tribunali ordinari e dalla pena della galera e la forma speciale di citazione nelle cause civili[18]. Il senso della vita e della cultura sarda presenti nella *Carta de Logu* erano enormi. Su di esso gravavano millenarie tradizioni e davano all'opera un singolare colore arcaico che il codice feliciano non riuscì a scalfire e che è stato ereditato dal codice barbaricino[19]. A ciò contribuì non poco la particolare condizione della Sardegna, il cui isolamento consentì il perpetuarsi di condizioni e tradizioni di vita collettiva ben poco influenzate da interventi esterni. Uno dei principi fondamentali della Carta, poi fatto proprio dal codice barbaricino, è quello che sosteneva che tutti gli uomini liberi sono uguali davanti alla legge: una stessa sanzione colpiva, infatti, chiunque l'avesse violata senza distinzione di classe sociale. Per la Carta de logu trattare tutti allo stesso modo senza distinzione di classe sociale era un fatto quasi rivoluzionario in un'epoca nella quale i nobili e il clero la facevano da padroni!

Questa norma, oggi apparentemente scontata e banale e sulla quale tutti concordano, tanto banale e scontata di fatto non è e, infatti, così com'è concepita oggi dal diritto positivo dello Stato, si discosta notevolmente dal suo senso originario. Prendiamo, ad esempio, l'articolo n. 136 del codice di procedura penale che regola le modalità di conversione di pene pecuniarie. La norma stabilisce che le pene pecuniarie possono essere convertite in pene detentive quando sussiste l'insolvibilità del condannato. Questa norma di legge non rende affatto tutti gli uomini uguali davanti alla legge, anzi, questa è una legge che, in un certo senso, offende il principio di uguaglianza dei cittadini in quanto la convertibilità della pena pecuniaria, in giorni o mesi di carcere, colpisce solo chi è povero. Chi è ricco sarà, infatti, in grado di pagare le pene pecuniarie e chi è povero sarà, invece, costretto a subire la detenzione. Questa norma, così com'è concepita dall'articolo n. 136 del codice penale, è fortemente contestata dal codice barbaricino e urta la sensibilità morale e giuridica del pastore sardo che, in quanto povero, trova astratta, incomprensibile e ingiusta una norma così strutturata. Per lo stesso motivo molti altri istituti giuridici della Carta de logu che sorprendono per la loro sconcertante attualità, quali la posizione e la tutela delle donne e dei minori, la difesa del territorio, l'usura ecc. sono principi solo apparentemente tutelati dal codice positivo e sono, invece, come vedremo, fortemente difesi dal codice barbaricino.

La Carta de logu è un'opera di grande importanza che ha compenetrato ogni anfratto del vivere sociale sardo. La straordinarietà di questo documento sta nella presa che ha avuto sul territorio per il fatto di essere da un lato nato come espressione della società agropastorale sarda e dall'altro per avere legittimato le azioni dirette, dalle quali sono poi scaturite le azioni della vendetta barbaricina. Naturalmente le azioni dirette della Carta derivavano dalla incapacità degli organi di governo di tenere sotto controllo la giustizia del Giudicato[20], mentre quelle del codice barbaricino sono conseguenti alla sfiducia nei sistemi normativi ufficiali basati su principi astratti che portano alla mancanza di principi di diritto sicuro e di facile comprensione. Le leggi della Carta hanno finito, nel tempo, col trasformarsi in consuetudini. *Tutta la comunità barbaricina non conosce altra esperienza che la logica della consuetudine che, in questo caso, è derivata dall'incontro con un ordinamento giuridico che da sempre regolava la vita della comunità pastorale*[21]. Diretta a disciplinare in modo organico, coerente e sistematico alcuni settori dell'ordinamento giuridico e alcuni settori della vita civile, la Carta consegnava al popolo una regolamentazione di fatto mancante per un controllo oggettivo sul gruppo sociale. Proprio per questo il codice barbaricino ha fatto proprie molte norme della Carta, adattandole al proprio contesto, per l'esigenza di superare situazioni disciplinate dallo Stato in modo non chiaro, tali da rendere estremamente difficile e talvolta arbitraria l'attuazione del diritto e l'amministrazione della giustizia, come di fatto accadeva. La lotta millenaria condotta dal popolo sardo contro i colonizzatori che di volta in volta si sono affacciati sulle coste dell'Isola e che hanno solo cambiato nome ma non sostanza, ha reso indispensabile la creazione di norme che non cambiassero con il cambiare del popolo invasore. Questo era il senso che i sardi davano alla Carta de logu e questo è il senso che la Carta de logu ha tramandato al codice barbaricino.

Il passo dalla Carta de logu al codice barbaricino è stato lento ma costante e inarrestabile e si è potuto realizzare soprattutto perché la Carta si fondava in larga parte su consuetudini locali. Dalla lettura della Carta de logu emergono molti tratti comuni con il codice barbaricino, ad esempio la durezza e la crudeltà delle pene che venivano inflitte e la norma assolutoria in caso di omicidio per legittima difesa. Accanto alle pene pecuniarie trovavano spazio le mutilazioni della persona, i trascinamenti a coda di cavallo, l'amo sulla lingua se non il taglio della lingua stessa.

Ciò che accomuna la Carta con il codice barbaricino è anche la soggettività della pena. La pena, salvo nei più gravi delitti, era, in genere, pecuniaria e solo in caso di mancato pagamento era applicata quella sussidiaria, ossia la mutilazione. Nell'applicazione della pena non si badava quasi mai alla sola materialità del fatto, ma si teneva conto dell'elemento soggettivo, ossia si valutava se il reato fosse stato compiuto deliberatamente oppure no. Insomma, occorreva la coscienza della criminosità dell'atto perché il colpevole fosse punito ed è evidente che questo implica una notevole dose di arbitrarietà. Il grassatore sulla strada pubblica veniva messo alla forca, mentre per *robaria* fuori delle strade, in *villa* o in *campu*, o in *saltu l*a pena era solo pecuniaria. Così anche la valutazione dell'omicidio era soggettiva e l'assassino era punito col taglio della testa, salva la legittima difesa, nel qual caso *non di siat mortu et pena alcuna non di hapat et non paguit*. La Giudicessa Eleonora d'Arborea dava, dunque, importanza al fattore soggettivo del reato e questa norma la si ritrova anche nel codice barbaricino dove la vendetta che segue l'atto offensivo è a discrezionalità dell'offeso. Gravissime disposizioni erano previste anche contro coloro che portavano in giudizio un documento notarile falso, ma anche qui vi era ampio margine di discrezionalità e il presentatore veniva condannato ad arbitrio del giudice.

La Carta poneva attenzione anche al processo di conquista della terra e in esso si concretizzava lo sforzo di redenzione delle classi inferiori. Ad esempio, dopo cinquant'anni di utilizzo delle terre del regno *cum justu titulu*[22], esse diventavano definitivamente proprietà di chi le utilizzava.

Terribili punizioni erano previste per l'abigeato. La pena dell'amo nella lingua in modo da asportarla veniva applicata al pastore che nascondesse tra le sue greggi bestiame altrui, *bestia de intradura*. In caso di pascolo abusivo in terreni coltivati, era permessa, in determinati limiti, la violenza privata. Tutte queste norme sono andate modificandosi nel tempo fino ad assumere, nel codice barbaricino, sfumature varie e complesse.

La Carta de logu, quindi, fu la base giuridica dalla quale scaturì uno "stato di diritto" non scritto, cioè uno stato in cui tutti erano tenuti all'osservanza e al rispetto di norme, norme tramandate di generazione in generazione e che rispondevano al diritto naturale del popolo sardo.

Confida in totusu, et fidadi de pagusu[23].

Il codice barbaricino come diritto naturale

Nel corso dell'ottocento, a causa del clima di povertà e disperazione e per l'incomprensione mostrata dal governo centrale, il codice barbaricino andò via via organizzandosi in una forma articolata di diritto naturale, ossia in un complesso di principi universalmente accettati dal popolo avente il suo fondamento nella natura delle cose e nella coscienza del popolo stesso. Il codice barbaricino ha dettato regole di comportamento e di organizzazione conformi a interessi collettivi e tali regole si sono trasformate, nel tempo, in principi universali in quanto rispondenti alla concezione della giustizia del popolo sardo. L'idea che un popolo si fa sul diritto, infatti, assume inevitabilmente i tratti del suo generale ragionare sul proprio modo di essere, si può quindi dire che l'essenza e il fondamento del codice barbaricino, in quanto diritto naturale, rappresenta la concezione del mondo assunta dalla cultura del popolo sardo in un certo momento storico e sociale. Questo concetto sull'idea che un popolo si fa sul diritto non è nuovo, lo troviamo anche nel pensiero di Spinoza per il quale le norme di diritto naturale devono essere fondate non sulla ragione umana, ma sull'ordine necessario del mondo. Il diritto naturale, per Spinoza, è costituito dalle stesse leggi o regole naturali secondo le quali tutte le cose accadono, perciò tutto ciò che un uomo fa, secondo le leggi della sua natura, lo fa per sommo diritto di natura e ha, sulla natura stessa, tanto diritto quanto vale la sua potenza.

Pertanto, tutto ciò che l'uomo fa, sia guidato dalla ragione, sia guidato dalla sola cupidigia, è conforme alle leggi e alle regole della natura cioè al diritto naturale[24].

Il modo di concepire il mondo, anche nella società barbaricina, è strettamente legato alla natura e l'unico diritto che il pastore barbaricino riconosce è il diritto naturale della vendetta che ha finito col diventare un diritto istituzionale. Il codice barbaricino è, quindi, una forma di diritto naturale e rappresenta la maniera in cui la natura del popolo sardo si esplica nella politica. Nella società barbaricina la politica assume connotati ben precisi a causa delle condizioni di vita difficili del luogo così ciò che è giusto per natura ha finito col trasformarsi in ciò che è utile per natura. Il codice barbaricino è basato, infatti, su una serie di norme miranti a disciplinare e a rendere utili e comprensibili situazioni concrete di vita e a tenere sotto controllo i comportamenti sociali. Si comprende quanto distante sia, in questo contesto, l'idea di *giusto* inteso come *legale*, ossia conforme alla legge dello Stato, dato che il giusto conforme alla legge dello Stato è il risultato di convenzioni e accordi che paiono estranei al mondo pastorale sardo.

Nel diritto naturale barbaricino viene tenuto ben distinto ciò che è naturale da ciò che è convenzionale: che la pecora produca lana è un fatto *naturale*, mentre che gli ebrei non mangino carne di maiale è *convenzionale*. La distinzione   tra i due concetti è fondamentale e l'esistenza del diritto naturale barbaricino viene prima di ogni forma di diritto convenzionale. L'esistenza di un diritto naturale, del resto, non è cosa tanto straordinaria ed è stata tacitamente accettata anche dalla Chiesa cattolica fino in tempi recenti. Affermando che la potestà di comandare viene da Dio, Papa Leone XIII, nell'enciclica *Diuturnum* del 20 giugno 1881, proclamava la legittimità di ciascuna delle varie forme di governo possibili:

Importa però notare qui che coloro i quali siano per esser preposti alla pubblica cosa, possano in talune circostanze venir eletti per volontà e deliberazione della moltitudine, senza che a ciò sia contraria o ripugni la dottrina cattolica. Colla quale scelta tuttavia si designa il Principe, ma non si conferiscono i diritti del principato: non si dà l'imperio, ma si stabilisce da chi deve essere amministrato. Né qui si fa questione dei modi del pubblico reggimento: poiché non vi è alcuna ragione, perché la Chiesa non approvi il principato d'uno o di molti, purché esso sia giusto e rivolto al comune vantaggio. Perciò, salva la giustizia, non s'impedisce ai popoli di procacciarsi quel genere di reggimento, che meglio convenga alla loro indole, o alle istituzioni ed ai costumi dei loro maggiori[25].

Nato, dunque, come codice naturale per   ragioni storiche e geografiche tra le popolazioni dell'interno arroccate sulle montagne del Gennargentu, il codice barbaricino si raffigura come un codice di diritto naturale a tutti gli effetti. Se da un lato il popolo sardo, a causa delle sue vicissitudine politiche e sociali, ha mostrato l'esigenza pratica di non rispondere a un codice positivo, ossia a un corpus legislativo creato dalla classe dominante e imposto da questa a tutta la sua giurisdizione, dall'altro non si può non considerare quanto l'uomo sia, per sua stessa natura, refrattario a rispettare leggi morali nelle quali non si riconosce. Il cristiano Pascal afferma:

Il furto, l'incesto, l'uccisione dei figli e dei padri, tutto ha trovato il proprio posto tra le azioni virtuose[26].

E ancora Pascal, il cristiano del disincanto, sostiene che:

Tre gradi di latitudine sovvertono tutta la giurisprudenza; un meridiano decide la verità; pochi anni di dominio e le leggi fondamentali cambiano; il diritto ha le sue epoche; [...] Bizzarra giustizia a cui un fiume segna il confine! Verità al di qua dei Pirenei, errore al di là[27].

Come dire che anche la giurisprudenza, come tutte le cose degli uomini, non può non fare i conti con le varie forme di diritto naturale e che deve ammettere, come unica certezza, il suo relativismo.

Amigu fidau, teniddu preziosu[28].

Il senso giuridico del codice barbaricino

Il ricorso al codice barbaricino nasce fondamentalmente come azione di tutela giuridica derivante da una sfiducia nei confronti dello Stato e del suo sistema giudiziario ritenuto inadeguato a far fronte a qualsiasi tipo di contesa. C'è, quindi, un forte divario e una netta differenziazione tra il codice nazionale e quello locale, che si trovano inevitabilmente a essere in conflitto.

Per comprendere il senso giuridico del codice barbaricino occorre, ancora una volta, riflettere sulle vicissitudini politiche e sociali del popolo sardo. Scrive Emilio Lussu:

E il fatto che la nostra regione è un' isola (La Sicilia non lo è affatto) a scarsa popolazione, in cui la malaria ha dominato per millenni e per millenni i matrimoni sono avvenuti prevalentemente tra sardi, pesa molto sulla nostra psicologia e sul nostro carattere. Per cui un po' tutti nazionalisti o internazionalisti, borghesi, intellettuali o proletari, abbiamo dentro di noi qualcosa di caratteristico che ci fa simili prodotti della stessa specie[29].

Comprendere la sardità è, infatti, fondamentale per comprendere il senso giuridico del codice barbaricino, un senso che non è figlio del caso, ma è conseguenza indispensabile per vivere in una cultura così competitiva. Le norme del codice barbaricino riflettono l'immagine di una società ordinata e forte, dove la fierezza rappresenta il pilastro su cui questo impianto culturale si regge. Riflettono anche l'esistenza di un senso giuridico arcaico ma moralmente elaborato e completo, nato dalla resistenza della società sarda nei confronti della scarsa capacità persuasiva del diritto dello Stato. Il popolo sardo non è mai riuscito a riconoscersi nei popoli colonizzatori e non può riconoscersi nemmeno in questo Stato che, fin dal 1861, anno della sua costituzione, ha dato una destinazione arbitraria ai terreni, ha sfruttato la gente in miniera, ha costruito ferrovie con cinquanta anni di ritardo rispetto al resto del continente, ha utilizzato lo strumento dell'esproprio per affermare la propria potenza militare, ha trattato i suoi abitanti come esseri biologicamente inferiori[30], ha espropriato terreni e fabbricati per costruire supercarceri, ha mandato al massacro duemila ragazzi della Brigata Sassari in nome della propria autorità, ha proposto di fare della Sardegna un contenitore per scorie nucleari, ha permesso lo sfruttamento turistico incondizionato approvando distruzioni e cementificazioni e chi più ne ha più ne metta. Il sardo che deve difendere la sua famiglia, la sua proprietà, i suoi diritti non può fare affidamento sulle norme di uno Stato così strutturato e il senso giuridico del codice barbaricino sta nella tutela della sardità.

Il richiamo e la lettura delle norme e dei comportamenti legati al codice barbaricino permettono di comprendere la sua reale portata normativa dove, in una alternanza di odio e tregua all'odio, si esplica e si manifesta una cultura tormentata e lacerante dove si mescolano sentimenti forti e poco compresi. La concezione comune vede il codice barbaricino come un generico comportamento criminale ed è lontana dal considerarlo come uno strumento di difesa del sistema! La differenza essenziale tra il criminale e il barbaricino sta proprio nel fatto che la vendetta criminale presuppone l'essere *ladrone*, mentre la vendetta barbaricina presuppone l'essere *uomo* all'interno di un ordinamento giuridico[31].

La difesa di se stessi e del proprio gruppo sociale è fattore indispensabile per ogni uomo, per questo la difesa barbaricina, pur regolata da norme che possono apparire crude, ha una profonda ragione di essere. L'esame delle norme, dei rituali, dei detti popolari portano a comprendere che il codice barbaricino rappresenta un vero e proprio ordinamento giuridico di cui la vendetta ne è espressione.

La presenza di norme che si ripetono, sempre uguali, rispettate da tutti, da tutti tacitamente riconosciute, fa del comportamento barbaricino un vero e proprio codice giuridico il cui senso va ricercato nella salvaguardia della sardità quale diritto alla sopravvivenza.

Niunu frabanciu senza testimongius[32].

Pluralità di ordinamenti giuridici

L'esistenza del codice barbaricino pone necessariamente l'esigenza di fare alcune considerazioni sulla natura dello Stato da un punto di vista filosofico-giuridico. Da questo nasce un problema ontologico al centro del quale vi è la necessità di indagare sulla validità di quello che viene considerato un ordinamento giuridico: dunque che cosa è il diritto?

Qual è la sostanza, il principio, che dà forza e valore a uno Stato? E ancora, sotto il profilo deontologico, che cosa deve essere il diritto? E se il diritto è un fenomeno sociale, come vanno affrontati i problemi tra diritto e società?[33].

Occorre innanzitutto fare una distinzione tra diritto positivo e diritto naturale. Il *diritto positivo*, dal latino *positum*, che significa posto, stabilito, è l'insieme delle norme giuridiche vigenti, in un determinato momento storico in uno Stato. Il *diritto naturale,* invece, è l'insieme delle norme giuridiche rispondenti alle aspirazioni di giustizia e di uguaglianza sentite da un popolo in un determinato momento storico. Senza dubbio la legittimazione di uno Stato, la sua forza, deriva dalla capacità di un popolo di riconoscersi in esso e questo accade quando le esigenze di una struttura razionale della comunità combaciano con l'identità del diritto naturale.

A usare per la prima volta il termine *ius positivum,* diritto positivo, spetta al filosofo e logico Pietro Abelardo[34] e appare nel *Dialogo tra un filosofo, un ebreo ed un cristiano.* Secondo Abelardo il diritto positivo è il diritto *che è istituito dagli uomini*[35] e già in questa definizione è implicito il suo senso di relatività e di costrizione.

La distinzione tra diritto che si fonda sulla legge dello Stato e diritto naturale è, però, molto più antica e risale ad Aristotele[36]:

Del giusto civile una parte è di origine naturale, un'altra si fonda sulla legge. Naturale è quel giusto che mantiene ovunque lo stesso effetto e non dipende dal fatto che ad uno sembra buono oppure no; fondato sulla legge è quello, invece, di cui non importa nulla se le sue origini siano tali o tal altre, bensì importa com'esso sia, una volta che sia sancito"[37].

Raramente le esigenze di una struttura razionale della comunità combaciano con l'identità del diritto naturale, ma altrettanto raramente le loro divergenze sono tanto forti come nel popolo sardo. I problemi di divergenza tra i diversi tipi di diritto sono stati messi in luce anche da Norberto Bobbio[38] secondo il quale la *corrispondenza della norma ai valori ultimi o finali che ispirano un ordinamento* è solo se vi è conformità dei comportamenti alle norme che li regolano. Evidentemente una norma, per essere efficace, *deve essere seguita dalle persone a cui è diretta*[39] e di certo il codice positivo, così come è stato imposto ai sardi in lunghi anni di dominazioni, non ha mai corrisposto ai valori di cultura e civiltà di una società che ha sempre mantenuto una forte identità e un profondo legame con le proprie radici. Riguardo l'analisi di questa identità, interessante è l'esame della critica delle condizioni sociali dell'Inghilterra del suo tempo fatta da Thomas More[40], perché richiama da vicino le condizioni sociali della Sardegna ai tempi dei moti di *su connottu*. L'aristocrazia terriera ai tempi di More andava sostituendo alla coltura dei cereali i pascoli di montoni, dalla cui lana si ricavava un reddito maggiore. I contadini venivano cacciati dalle case e dai poderi e non avevano altra scelta se non l'accattonaggio e la ruberia. Dall'analisi di questa situazione More arrivò ad auspicare una riforma radicale dell'ordinamento sociale e ad ipotizzare uno Stato che corrispondesse al diritto naturale[41]. Dunque in tutti i tempi e in tutti i luoghi si sono manifestate situazioni che rendono comprensibile l'esistenza di altri ordinamenti *giuridici* oltre l'ordinamento imposto dallo Stato cui un territorio appartiene e ogni ordinamento ha la legittimazione che gli viene dall'essere conforme al diritto naturale del popolo che lo ha istituito.

La tesi dell'esistenza della pluralità degli ordinamenti giuridici, dunque, non è nuova. Già nella tragedia *Antigone* di Sofocle si trattava il tema dell'opposizione tra diritto naturale e diritto positivo. Creonte, il re di Tebe, prescriveva che il fratello di Antigone, Polinice, che morì combattendo contro la sua città, non fosse sepolto e decretava una pena, la lapidazione, per chi compisse il reato della sepoltura. Antigone, nonostante il divieto, seppellì il cadavere del fratello obbedendo alle leggi non-scritte che prescrivevano di dare sepoltura ai defunti. Sofocle, già nel 442 a.C., in quest'opera, proponeva una caratterizzazione del diritto naturale attraverso le parole di Antigone. Antigone, rivolgendosi a Creonte che le rimproverava di aver osato trasgredire il suo divieto di dare sepoltura a Polinice, diceva:

Ma per me non fu Zeus a proclamare quel divieto, né Dike che dimora con gli dèi inferi, tali leggi fissò per gli uomini. E non pensavo che i tuoi editti avessero tanta forza, che un mortale potesse trasgredire le leggi non scritte e incrollabili degli dei. Infatti queste non sono di oggi o di ieri, ma sempre vivono, e nessuno sa da quando apparvero[42].

Chi aveva ragione? Il re che voleva fossero rispettati i suoi editti oppure Antigone che si richiamava a leggi più antiche, universali, non-scritte?

E' stato per creare ordine e controllo sociale che, fin dai tempi più remoti, ogni comunità umana ha stabilito, attraverso un contratto, una serie di norme istituenti un *corpo legislativo*. Questo contratto si fonda su leggi concernenti i rapporti reciproci tra i membri e i rapporti tra i membri della comunità e il governo dello Stato. Può accadere, però, che un popolo non si riconosca in queste leggi e se, come dice Althusius[43], *lo Stato è una comunità pubblica universale per la quale più città e province si obbligano a possedere, costituire, esercitare e difendere la sovranità (jus regni) mediante la mutua comunicazione di cose e di opere con forze e spese comuni*

[44], i sardi hanno molteplici ragioni per considerarsi molto lontani dal sentire della giustizia dello Stato cui appartengono.

Chi dha faidi dha pensada[45].

Il diritto oltre la morale

Il diritto positivo dello Stato, per sua natura, viene creato da una comunità umana in relazione al suo senso morale e, quindi, vede una forte interferenza nel suo corpus legislativo di norme religiose che fanno perdere al *diritto* il suo senso più autentico. Invece, il diritto naturale non viene mai confuso con lo stato di religione perché è concepito essenzialmente come un insieme di azioni utili per la tutela propria e del proprio territorio. Questo concetto, che sembra tanto reazionario, trova in realtà spazio in molti scritti di filosofia e di diritto. Roberto Ardigò[46], che fu prete cattolico e che svestì gli abiti a quarantatrè anni, sosteneva che la prima forma di giustizia è il diritto che si avvale dei principi morali che nascono come reazione della società nei confronti degli atti che la danneggiano. Le norme morali finiscono col fissarsi nelle coscienze come imperativi e alcune caratteristiche del diritto, come il dovere, l'obbligatorietà ecc., sono concetti morali dovuti all'interiorizzazione di sanzioni esterne che il codice positivo mette in atto per il controllo sociale. Questa caratteristica, secondo Ardigò, rende inevitabile che al diritto positivo si contrapponga il diritto naturale[47].

Benedetto Croce[48] addirittura riconosceva l'esistenza di diritti immorali o di diritti inerenti perfino associazioni delittuose.

Il diritto di una associazione a delinquere, affermava, ha contro di sé il diritto di una società più vasta; soggiacerà meritatamente , come il non morale al morale; ma vive come diritto e soggiace come diritto[49].

Questo perché, secondo Benedetto Croce, il diritto non può essere né morale né immorale, ma è semplicemente amorale, cioè precede la vita morale e ne è indipendente, pertanto lo Stato non è altro che *un processo di azioni utili di un gruppo di individui o tra i componenti di esso gruppo*[50] e la vita dello Stato è un rapporto dialettico di forza e consenso, autorità e libertà.

Dunque sono le interferenze morali e religiose che fanno sì che il concetto di sovranità popolare resti solo sulla carta e che si trasformi in una potente mistificazione: l'affermazione tanto usata dal codice positivo e anche dalla Costituzione *il popolo è sovrano e può scegliere la forma di governo che vuole; il diritto va misurato non dall'eccellenza di questa o quella forma (cosa intorno alla quale i giudizi sono diversi) ma dalla volontà del popolo*[51], è nella realtà qualcosa che non esiste. Si vuole spacciare per volontà del popolo quella che è invece volontà del potere dominante, politico e religioso. E' questo potere che, con lo scopo di esercitare il suo dominio, crea una società e una cultura alla cui base sta la repressione degli istinti. Così facendo viene imposto un diritto positivo fatto di un corpus legislativo intriso di morale e di politica, incomprensibile per chi ha un codice naturale fortemente istintuale. Ne consegue il formarsi di un potenziale senso di disagio e di conflitto, insorgente tra i bisogni naturali dell'uomo e le costrizioni della vita collettiva[52].

Marcuse[53] in *Eros e civiltà* formulò una proposta di società liberata dai meccanismi della repressione sociale che Freud[54], invece, considerava inevitabili per la costruzione di una civiltà. Marcuse riteneva che la rinuncia degli istinti non è affatto indispensabile per la vita familiare, per il lavoro e per le istituzioni fondamentali della vita associata[55]. Questa e altre considerazioni fatte da studiosi, giuristi e filosofi di tutti i tempi sulla validità delle norme giuridiche, dimostrano che non vi è nulla di più relativo e astratto. A seconda del periodo storico esaminato, del credo politico o religioso, del grado di cultura e del ceto sociale di appartenenza ogni concetto pare lecito perché ha una sua ragione di essere e una norma giuridica può trovare diverse interpretazioni.

Anche la pratica del codice barbaricino trova diverse interpretazioni: può rappresentare un istinto, un istituto o un reato, dipende da come lo si guarda. Quando la sua applicazione mira a un regolamento di fatti concernenti la giustizia della famiglia o della comunità è un *istinto* che scavalca le lunghissime attese burocratiche di processi civili o penali e che aggira una giustizia che infligge pene spesso non proporzionate al danno subito. E' questo il caso delle faide familiari.

Quando la sua applicazione mira a difendere il territorio da soprusi, il codice barbaricino è un *istituto* che ha come finalità la tutela del territorio. Rientrano in questo caso gli attentati a danno di assessori o esponenti politici che dimostrano di non tutelare abbastanza il territorio che va a finire in mano a poteri forti stranieri (come nel caso dell'insediamento di basi americane) o a imprenditori senza scrupoli.

Quando la sua applicazione mira alla destabilizzazione dello Stato in quanto si sottrae alle sue norme, è vista come *reato* dal codice penale.

Su sambene no est abà[56].

Il giusnaturalismo

E' un dato di fatto che una medesima azione sia qualificata diversamente da due distinti diritti, il diritto naturale e il diritto positivo e questo pone il problema del senso dell'azione. Per la sociologia il senso dell'azione è una condizione che non si esaurisce nella mera sfera privata, ma che si esprime in un più ampio ambito collettivo[57] perché al benessere economico deve potersi coniugare la soddisfazione sociale, la quale, a sua volta, dipende anche dal livello di felicità e dal capitale culturale trasmesso e ricevuto. Da qui emerge che il senso dell'azione sociale non può che essere *soggettivo* ma soprattutto è *intersoggettivo* poiché il soggetto agente deve tenere conto dell'atteggiamento e della risposta che daranno gli altri soggetti coinvolti nell'azione. Senza questa *anticipazione* della reazione degli altri, indipendentemente dalla sua fondatezza e verificabilità, l'azione sociale è priva di senso[58]. E' dunque il problema del senso dell'azione che legittima l'esistenza dei codici naturali.

Diritto naturale, dunque, o diritto positivo? La risposta va cercata nel giusnaturalismo. Il giusnaturalismo, termine che deriva dal latino *ius*, diritto e *natura*, è una dottrina secondo cui il diritto ha un fondamento naturale indipendente dall'autorità politica che emana la singola legge e che le conferisce una determinata configurazione storica. Nell'antichità e nel Medioevo, periodi nei quali il giusnaturalismo trovò espressione soprattutto nello stoicismo[59], nella Patristica agostiniana[60] e nella Scolastica tomista[61], la natura del diritto corrispondeva allo stesso ordine ontologico e teologico del mondo. Nel Sei-Settecento il giusnaturalismo assunse una forma moderna perdendo il carattere metafisico-teologico e permise di individuare diritti naturali fondamentali e inalienabili per tutti gli uomini. Inevitabilmente questo ha conferito al giusnaturalismo una incisiva funzione critica nei confronti delle legislazioni storicamente realizzate: il diritto potrà essere una specificazione di quello naturale, oppure una sua integrazione nelle questioni per esso indifferenti, ma in nessun caso potrà entrare in contraddizione con esso, negando i diritti fondamentali dell' uomo. Ogni paese costruisce le proprie norme di diritto tenendo conto del diritto naturale della propria gente, o almeno questo è quello che dovrebbe accadere. Fin dal momento della sua istituzione, lo Stato italiano ha espresso nei confronti della Sardegna un patto di unione (*pactum unionis*) con cui i sardi, per un atto di volontà dello Stato, sono stati fatti entrare in una società politica fondata sul diritto positivo e un patto di sudditanza (*pactum subjectionis*) con cui sono stati sottomessi in modo innaturale a un'autorità sovrana. In ogni gruppo sociale, per uscire dallo stato di natura, gli individui devono necessariamente affidarsi allo Stato, cioè a un potere assoluto che dia concretezza ai valori di "giusto e ingiusto" imponendo determinate regole. Lo Stato dispone, però, a questo punto, di un potere assoluto poiché il patto non è fra i sudditi e il sovrano e viceversa, ma è unilaterale, dai sudditi in favore del sovrano. In altri termini il pactum unionis e il pactum subjectionis vengono a coincidere[62] e questo trasforma il diritto positivo in una forma di dittatura.

Qualunque testo di diritto si consulti, qualunque opera filosofica si consideri, si trovano ammissioni sulla superiorità del diritto naturale rispetto al diritto positivo, eppure nulla è stato fatto per smussare i contrasti stridenti in quelle società, come quella sarda, dove le contraddizioni tendono a delegittimarlo. L'olandese Huig Van Groot[63], fondatore del giusnaturalismo, nel suo *De jure belli ac pacis*, Il diritto della guerra e della pace del 1625, affermava che *ciò che è conforme alla natura razionale dell'uomo è giusto e moralmente necessario; ciò che invece se ne discosta è necessariamente ingiusto e riprovevole*[64]. E' lecito ammettere, come ammetteva Groot, la teoria secondo la quale ogni comunità umana è fondata su un patto originario che trasferisce la sovranità dal popolo allo Stato, tuttavia devono esistere determinate condizioni che lo Stato è tenuto a rispettare. Se lo Stato non rispetta le condizioni, che essenzialmente si traducono nel rispetto, per quanto possibile, del diritto naturale, può accadere che il contratto si possa dissolvere e che il popolo possa acquistare il diritto di resistenza ai voleri dello Stato.

Filosoficamente questo dovrebbe essere il cuore della tradizione giuridico-politica dell'Occidente ma in nessun luogo, nella realtà, è stato così. Dal punto di vista filosofico i diritti che appartengono all'essenza dell'uomo e che non possono essere violati senza ferirne la dignità, sono nella pratica costantemente violati. Gli uomini allo stato di natura sono senza governo, felici o infelici non importa, ma hanno tutta una serie di diritti naturali, fra i quali quello alla vita, alla libertà e

34

alla proprietà. E' inevitabile che, a causa di problemi vari, essi decidano di dare vita a una società politica. Essi cedono la libertà in cambio della sicurezza, oppure si accordano in qualche altro modo al fine di tutelarsi nel migliore dei modi. Come si può ben comprendere, da questo può risultare un'esaltazione dei poteri dello Stato oppure una loro limitazione, la definitiva rinuncia ai propri diritti naturali in cambio della sicurezza oppure la loro salvaguardia. E' qui che il giusnaturalismo suggerisce di quale apparato difensivo avvalersi per difendersi dall'orrore della politica degli Stati moderni di cui Machiavelli[65] aveva visto chiaramente il volto. Siccome non può esistere uno Stato ideale, ogni comunità è legittimata a scegliersi le leggi che più si conformano al suo stato di natura e questo è possibile solo grazie a un federalismo giuridico. Solo il federalismo giuridico assicurerebbe agli uomini diritti conformi al loro stato di natura nei quali potersi riconoscere. Riuscire a dare agli uomini un diritto conforme al loro stato di natura sarebbe la maggiore costruzione politica dell'era moderna. Infatti, solo il federalismo giuridico è in grado di contrastare l'edificio intellettuale dominante facendo proprio un ordinamento giuridico legittimo perché derivante dalle leggi della natura. L'istituzione di un efficace servizio di giustizia alternativa sarebbe per la Sardegna l'occasione per ridisegnare un nuovo modello normativo. Con il federalismo giuridico si potrebbe concepire una nuova amministrazione in grado di rappresentare e regolare interessi specifici e finalmente i sardi potrebbero così valorizzare la capacità di autoregolamentarsi e darsi le responsabilità derivanti dal loro diritto naturale. Sarebbe una giustizia alternativa effettivamente operante in grado di ritrovare una statualità persa per renderla più pervasiva e persuasiva.

Si no m'offennet no l'offenno[66].

Confronto tra il diritto dello Stato e il codice barbaricino

Alla luce di tutte le considerazioni finora svolte, è possibile effettuare un'analisi delle differenze fondamentali tra diritto naturale barbaricino e diritto positivo[67]. La prima differenza sostanziale sta nel fatto che il diritto naturale barbaricino, come tutte le forme di diritto naturale, ha basi teoriche e giustificazioni logiche che rispecchiano l'esigenza di giustizia naturale dell'uomo, mentre il diritto positivo è una forzatura, qualcosa di astratto che vuole uguali i sardi ai piemontesi piuttosto che ai friulani. Nel 1720, sulla carta, il re Vittorio Amedeo II cedette all'Austria la Sicilia scambiandola con la Sardegna[68], senza parlare dei cambiamenti subentrati dopo la proclamazione del regno d'Italia nel 1861, cambiamenti che hanno messo assieme realtà diversissime e che hanno portato l'Italia a cercare autonomie locali come risposta a queste realtà diversificate.

Altra differenza importante è che il codice barbaricino, come ogni altra forma di diritto naturale, è profondamente radicato nel popolo ed è immutabile e, se cambia, lo fa molto lentamente nel tempo, il diritto positivo è invece caratterizzato dalla mutevolezza politica dei governi.

Anche la fonte che dà origine al diritto è diversa: la fonte del diritto naturale è la natura, la fonte del diritto positivo è l'autorità. Il termine tedesco *Gewalt* che significa "violenza" ha un significato che non si esaurisce completamente in "violenza", perché *Gewalt* sta a indicare anche l'autorità legittima. Nel testo che raccoglie le due conferenze *Dal diritto alla giustizia* e *Nome di Benjamin*, tenute da Derrida[69] negli Stati Uniti nel 1989 e nel 1990, viene evidenziato come il testo benjaminiano si proponga di considerare a quali condizioni di possibilità la violenza sia espressione legittima di una autorità. Ancora più precisamente ci si chiede se sia realizzabile una giustizia che non si legittimi esclusivamente attraverso l'utilizzo della forza di legge e che non debba necessariamente ricorrere alla violenza per affermarsi[70].

Alla luce dei fatti la risposta sembra essere negativa per la natura stessa del diritto: il diritto naturale è conoscibile attraverso la ragione mentre il diritto positivo si conosce solo attraverso una dichiarazione di autorità. Oltre che per il ricorso all'autorità, il senso del diritto positivo differisce da quello del diritto naturale anche per il suo senso morale. I comportamenti regolati dal diritto naturale barbaricino sono buoni o cattivi in relazione a una logica utilitaristica, i comportamenti regolati dal diritto positivo sono buoni o cattivi in relazione a una logica morale dietro alla quale si mascherano interessi e giochi di potere dello Stato o della Chiesa[71]. Il grande parassita dell'umanità, è risaputo, è il potere economico intorno al quale ruotano le forme di dominio della Chiesa e dello Stato. Stato e Chiesa sono strutture forti a carattere economicistico la cui funzione di controllo non può essere vista in termini etici di pura legalità, quale si vuole fare apparire nel diritto positivo, ma ondeggia tra l'analisi del potere economico e il controllo falsamente democratico del potere e delle masse.

Altra importante differenza tra il diritto naturale e quello positivo sta nella diversa interpretabilità. Le norme del diritto naturale sono semplici e di chiara comprensione, le norme del codice positivo sono intricate e, per la loro complessità, sono soggette a varie interpretazioni. Questo è una differenza importantissima, molto più incisiva di quanto possa apparire a prima vista. La complessità e l'interpretabilità che caratterizzano il diritto positivo fanno sì che non esista un modo univoco di comportamento, ma lo stesso reato può portare alla condanna o all'assoluzione dell'imputato a seconda della bravura di un avvocato piuttosto che di un altro. Già questo fatto crea profondo malumore tra la gente che matura la sensazione di una giustizia parziale. Un esempio: rubare le pecore offerte in elemosina a un pastore per la ricostruzione del suo gregge è, per il codice barbaricino, un reato gravissimo in quanto va a colpire un pastore già penalizzato da una disgrazia e va a colpire tutta la comunità che si è prodigata per aiutarlo. Secondo il codice barbaricino il fatto è chiarissimo e il reato va punito. Punto e basta. Secondo la legge dello

Stato, invece, bisogna vedere quante pecore sono state rubate e se sono state rubate di giorno o di notte. Bisogna considerare se esistono attenuanti e bisogna fare i conti con sconti di pena, condoni ecc. Può così accadere che, se la parte lesa ha un bravo avvocato, si arrivi alla condanna del malfattore, ma può anche accadere che, se è il malfattore ad avere un bravo avvocato in grado di sfoderare cavilli, la parte lesa subisca, oltre al danno, anche la beffa di vedere il malfattore assolto. A questo vanno aggiunti i costi altissimi della giustizia dello Stato. Nel codice naturale barbaricino avere giustizia non costa nulla, nel codice positivo i costi sono talmente alti da costituire un fattore discriminante fra chi può permettersi un bravo avvocato e chi, invece, si deve accontentare di una difesa d'ufficio. Un'ultima differenza[72]: le norme del diritto naturale sono leggi non-scritte facilmente comprensibili da tutti; si tramandano di generazione in generazione e il rispetto delle stesse deriva da un tacito accordo. Le norme del diritto positivo sono leggi scritte e non facilmente comprensibili dalla gente comune. Da questa analisi emerge che, nella società sarda, le differenze tra diritto positivo e diritto naturale sono enormi. Con questo non si vuole dire che debba essere salvaguardata l'usanza del codice barbaricino, ma solo che l'istituzione di un vero federalismo giuridico consentirebbe un avvicinamento del diritto positivo al diritto naturale e segnerebbe il tramonto della vecchia politica statalista e neocoloniale. Vi è tuttavia il rischio che, una volta istituito, il federalismo venga usato come contenitore della paccottiglia di quell'autonomismo che, attualmente, è incapace di scalfire la sudditanza della Sardegna ad un centralismo giacobino e statalista. Il federalismo che si auspica è un federalismo nel suo senso originario, *foedus,* ossia patto tra uguali che si traduce in un processo istituzionale per l'affermazione dei diritti collettivi del popolo sardo. Nulla di più lontano da ciò che attualmente viene miseramente banalizzato in una semplice autonomia amministrativa.

S'honore clamat vindicta[73].

Il codice barbaricino di Antonio Pigliaru

Antonio Pigliaru[74], giurista sassarese, mise per iscritto le norme del codice barbaricino fino allora tramandate solo oralmente. Fino agli anni Sessanta in Sardegna i banditi erano un po' briganti e un po' eroi. Godevano di uno status privilegiato, erano *balentes*, uomini coraggiosi e astuti, abili nel farsi beffa delle autorità, a loro modo, con un alto senso dell'onore e un grande rispetto per i valori della lealtà e dell'amicizia. Da sempre si sapeva che i *balentes* infrangevano le leggi considerate vessatorie e inique nella maggior parte dei casi e somministravano la giustizia del codice popolare in barba a quella dello Stato. Si sapeva anche che alla gente del continente questa logica era incomprensibile, tanto appariva lontana, e che la gente capiva poco o nulla di come andavano le cose in Sardegna.

Antonio Pigliaru, mettendo per iscritto le norme del codice barbaricino, ha contribuito a dare una più ampia comprensione della realtà sarda. I testi, collocati in un arco di tempo che va dal 1955 al 1969, sono carichi di un profondo e sofferto amore per la sua terra e per la sua gente e costituiscono un impegno intellettuale straordinario. Pigliaru, dimostrando grande conoscenza dei costumi locali, divise le norme del codice barbaricino in tre sezioni: i principi generali, le offese e la misura della vendetta. Dalla lettura di queste norme si comprende che il codice barbaricino, per quanto arcaico, è un vero e proprio codice di tutela giuridica che la comunità ha fatto proprio per la regolamentazione del proprio sistema di vita.

Segue la sintesi, con relativo commento, del codice barbaricino secondo Pigliaru.

Trattare che fradres, chertare che ribales[75].

Principi generali

Art.1. L'offesa deve essere vendicata.

Non è uomo d'onore chi si sottrae al dovere della vendetta, salvo il caso in cui, avendo precedentemente già dato prova della sua virilità, vi rinunci per un superiore motivo morale.

Questo è senz'altro l'articolo più significativo perché da esso derivano tutti gli altri. L'espressione "aver già dato prova della sua virilità" sta a significare "aver già dimostrato di essere un balente" ossia un uomo di valore. Il "superiore motivo morale" sta semplicemente a significare che la causa della rinuncia deve essere motivata e che tale motivazione deve essere persuasiva e comprovata da una condotta di vita di valore.

Art. 2. La legge della vendetta obbliga tutti coloro che a un qualsivoglia titolo vivono ed operano nell'ambito della comunità.

Sono tenuti a sottostare alla legge della vendetta tutti i familiari. Da qui le sanguinose disamistades, le inimicizie, ossia le faide, lotte sanguinose fra clan familiari rivali. Ricordiamo la disamistade di Mamoiada tra le famiglie Mele e Cadinu, quella di Orgosolo, Oliena, Fonni, Aggius…

Art. 3. Titolare del dovere della vendetta è il soggetto offeso, come singolo o come gruppo, a seconda che l'offesa sia stata intenzionalmente recata ad un singolo individuo in quanto tale o al gruppo sociale.

La valutazione dell'intenzionalità è sempre presente nel codice barbaricino. Si ammette, infatti, che una azione debba essere considerata grave solo se è causata dall'intento di offendere.

Art. 4. Nessuno che vive e opera nell'ambito della comunità può essere colpito dalla vendetta per un fatto non previsto come offensivo. Nessuno può essere altresì tenuto responsabile di una offesa se al momento in cui ha agito non era capace di intendere e di volere, nel qual caso rispondono i moralmente responsabili[76].

Questo articolo è affine al precedente e precisa i casi in cui un'azione non può essere considerata offensiva. Questo va visto come un tentativo di oggettivazione del codice.

Art. 5. La responsabilità è o individuale o collettiva a seconda che l'evento offensivo consegua all'azione di un singolo individuo o a quella di un gruppo organizzato operante in quanto tale.

Da questo articolo si evince che il singolo individuo si identifica con il gruppo sociale di appartenenza. Se l'azione deriva da un gruppo sociale l'individuo che ne fa parte ne ha piena responsabilità, anche se non ha agito direttamente. Anche questo implica il ricorso alla disamistade ed è collegato all'art. 2.

Art. 6. La responsabilità di chiunque si trova nella condizione di ospite è solo personale e deriva dalle eventuali azioni od omissioni di lui, in rapporto ai doveri particolari del suo stato.

Le azioni offensive causate da un ospite non coinvolgono l'individuo o il gruppo sociale che lo ospita. Viene qui posta una chiara differenza di identità tra Sardo e non Sardo e vengono stabiliti chiari ruoli di appartenenza. I Sardi non si vogliono confondere con chi viene da "fuori" fosse anche un ospite gradito. Il forestiero risponde solo del proprio agire, a differenza del barbaricino che risponde anche della comunità di appartenenza nei confronti della quale ha una precisa responsabilità. L'ospite non può venire coinvolto in disamistade e non risponde del gruppo ospitante. L'ospite, pur protetto da un codice di ospitalità, è tenuto a non rompere mai l'equilibrio della comunità mantenendosi in un atteggiamento di sostanziale neutralità e indifferenza.

Art. 7. La vendetta deve essere eseguita solo allorché si e conseguita oltre ogni dubbio possibile la certezza circa l'esistenza della responsabilità a titolo di dolo da parte dell'agente.

La vendetta deve scattare solo quando si sia certi su come si siano svolti i fatti. In Barbagia qualunque fatto di natura criminosa diviene oggetto, per lunga tradizione, di indagini espletate dalla parte lesa o da organi ad hoc costituiti. Le risultanze di tali istruttorie sono, di solito, quelle che determinano il successivo comportamento degli interessati.

Art. 8. L'offesa si estingue:
a) quando il reo lealmente ammette la propria responsabilità;
b) quando il colpevole ha agito in stato di necessità.
Il verificarsi del punto a) salva l'onore dell'offeso, mentre il punto b) ribadisce ancora una volta l'importanza della intenzionalità.

Art. 9. L'applicazione della legge della vendetta viene altresì sospesa nei confronti di chi, pur fondatamente sospettato, chiede e ottiene di essere sottoposto alla prova del giuramento onde essere liberato.
Presso la società barbaricina è talmente alto il senso dell'onore che viene data molta importanza alla parola data. Anche per il nemico viene ammessa una lealtà di fondo quindi il giuramento, da un lato salva l'onore della parte offesa e ne esenta l'azione, dall'altro ammette la lealtà del nemico. Il giuramento viene pronunciato con la mano dentro a una cassetta contenente un santino. La leggenda vuole che se il teste dice la verità la mano resti intatta. E' evidente che questa è solo una leggenda che tuttavia dà al giuramento la parvenza di una maggiore solennità.

Art.10. L'inadempimento fraudolento degli oneri derivanti dall'applicazione di quanto é indicato all'art. 8a ovvero la falsità delle prove addotte dal colpevole onde ottenere nel proprio interesse l'applicazione delle esimenti di cui all'art. 8b, ove ciò risulti dopo ottenuto il perdono della parte offesa.
Il giuramento che risulti falso alla luce di ulteriori prove intervenenti a confermare le responsabilità del colpevole, costituiscono una aggravante specifica.

Solu che ferà[77].

Le offese

Art. 11. Un'azione è offensiva quando l'evento da cui dipende l'esistenza di essa è preveduto e voluto allo scopo di ledere l'altrui onorabilità e dignità.

Nel codice barbaricino il senso delle offese ha un significato preciso. Ciò che offende è sempre l'intenzione di fare del male colpendo ciò che la persona ha di più importante e di più caro, infatti l'intenzionalità dell'azione mira a gettare l'offeso nella precarietà dell'esistenza. Si comprende come, nella società barbaricina, il concetto di onore sia, dunque, strettamente legato a una necessità di sopravvivenza.

Art.12. Il danno patrimoniale in quanto tale non costituisce offesa né motivo sufficiente di vendetta. Il danno patrimoniale costituisce offesa quando, indipendentemente dalla sua entità, è stato prodotto con specifica intenzione di offendere, ovvero é stato realizzato in circostanze tali da implicare, per se medesime, sufficiente ragione di offesa, ovvero quando in esso sia presente l'esplicita volontà di recare danno effettivo.

Il furto di bestiame, in genere, non solo non costituisce offesa, ma in linea di massima non costituisce neppure furto e nella comunità pastorale barbaricina è una pratica piuttosto normale. Tale pratica si configura in un sistema di cultura agro-pastorale come sistema di accumulazione di ricchezza a scapito di chi ha maggiore disponibilità economica. Trattasi di un comportamento legittimo, anzi necessario, anche al fine di consolidare le amicizie, dato che è previsto si possa aiutare un amico a compiete un furto. Queste azioni vengono effettuate senza timori e senza sensi di colpa o problemi di coscienza, dato che trovano la loro giustificazione etica nel fatto di essere dettati dal bisogno. Questo dimostra quanto lontana sia la logica del diritto naturale incarnato dal codice barbaricino rispetto a quella del diritto positivo in cui il furto di bestiame non è mai legittimato. La sottrazione di bestiame viene invece considerata furto dal codice barbaricino quando è messa in atto da chi è estraneo alla comunità. Il furto è considerato grave anche quando avviene dentro le mura domestiche. E' noto il detto "furat chie furat in domo o chie venit dae su mare", ruba chi ruba dentro casa o chi viene dal mare, ossia chi è straniero. Colui che non appartiene alla comunità non viene mai legittimato e deve rimanere fuori da ogni pratica comune di vita.

Art.13. Le circostanze dell'offesa sono oggettive e soggettive.

Le circostanze oggettive dell'offesa concernono la natura, la specie, i mezzi, l'oggetto e il modo dell'azione. Le circostanze soggettive concernono la intensità del dolo o le condizioni e qualità del colpevole ovvero i rapporti esistenti o esistiti tra il colpevole e l'offeso.

La soggettività nel codice barbaricino è una derivazione delle norme dell'antica Carta de logu. La circostanza o la condizione effettiva del ladro è sempre più importante dell'evento stesso, a meno che chi causa offesa non sia straniero, in tal caso nessuna circostanza giustifica l'azione.

Art.14. Il danno patrimoniale costituisce offesa nei seguenti casi:

a) furto di bestiame;

b) furto della capra da latte destinata alla alimentazione del complesso familiare;

c) furto di un maiale destinato all'ingrasso per motivo di economia familiare;

d) furto o sgarrettamento di una vacca destinata in dono al neonato, alla sposa, all'orfano;

e) furto o sgarrettamento di un cavallo ovvero di un giogo di buoi destinati alla normale pratica del lavoro;

f) distruzione vandalica del bestiame ovino, bovino, equino;

g) incendio doloso;

h) pascolo abusivo entro un terreno recintato, consumato con scopo provocatorio ovvero a titolo di dispetto;

i) ingiusta divisione patrimoniale;

l) esercizio esoso delle proprie ragioni effettuato con intenzione di offendere.

Gli atti offensivi sono legati all'intenzionalità del fatto. Rubare un maiale che costituisce l'unica fonte di economia della famiglia, ad esempio, è offensivo non tanto come furto in sé, quanto per l'intenzionalità di voler causare danno alla famiglia.

Art.15. Quando più persone concorrono alla esecuzione materiale di un fatto elencato nell'art. 14, non ne risponde chi, avendovi partecipato:

a) non lo abbia fatto a titolo personale;

b) non fosse a conoscenza della particolare natura o destinazione della cosa;

c) abbia agito per esecuzione di mandato ricevuto, senza altra partecipazione che di natura tecnica al verificarsi dell'evento.

Non risponde altresì dell'offesa colui il quale abbia agito in buona fede perché tratto in errore da terzi.

Ancora una volta il codice barbaricino applica l'attenuante della buona fede.

Art.16. Inoltre costituisce offesa:

a) il passaggio provocatorio di un nemico attraverso un terreno chiuso;

b) l'ingiuria;

c) la diffamazione e la calunnia;

d) la rottura di una promessa di matrimonio;

e) la non giustificata rottura o il mancato adempimento di un patto stabilito per qualunque motivo o fine nelle debite forme;

f) la delazione;

g) la falsa testimonianza;

h) ogni azione posta in essere contro la persona ospitata;

i) l'offesa del sangue.

Questo articolo evidenzia la tendenza del codice a unificare su un piano comune diverse tipologie di offese, proponendosi di valutare il fine dell'azione e non l'azione stessa. Emergono, inoltre, fatti legati a episodi di vita comunitaria che esplicano le abitudini etiche di una comunità di tipo arcaico, mal penetrata dalla modernità.

Art.17. Costituisce offesa ogni azione intesa a produrre un fatto di natura offensiva quando l'evento non si verifica, ove ciò sia dipeso dalla mutata volontà dell'agente e tuttavia gli atti compiuti esprimano in modo idoneo e non equivoco la volontà di recare offesa.

Chentu concas, chentu berrittas[78].

La misura della vendetta

Art.18. La vendetta deve essere proporzionata, prudente e progressiva.

Anche mettere in atto una vendetta chiede il rispetto di regole. La vendetta deve essere innanzitutto proporzionata e progressiva, dato che sarebbe scorretto punire, ad esempio, il pascolo abusivo con un omicidio, a meno che l'atto non sia ripetuto. La vendetta deve essere anche prudente ossia, prima che sia messa in atto, occorre essere certi della responsabilità di chi l'ha compiuto.

Art.19. Sono mezzi normali di vendetta tutte le azioni previste come offensive.

Art. 20. Costituisce altresì strumento di vendetta il ricorso alla autorità giudiziaria.

Il ricorso all'autorità giudiziaria è un atto non tollerato dal codice barbaricino ed è punibile con la morte. La comunità barbaricina avversa l'ordinamento giuridico dello Stato nei confronti del quale è in aperto conflitto. Infatti l'ordinamento giuridico dello Stato non applica una vendetta "proporzionata, prudente e progressiva" secondo la logica barbaricina e anche il modo di concepire i processi è alquanto diverso. Ne consegue un atteggiamento di sfiducia nei confronti della giustizia. Essere fatto prigioniero in un carcere significa non tanto essere sottoposto a un regime di vita duro, quanto essere caduto nell'infamia della giustizia dello Stato, che è una giustizia pensata e vissuta da un punto di vista che non è il proprio.

Art. 21. Nella pratica della vendetta, entro i limiti della graduazione progressiva, nessuna offesa esclude il ricorso al peggio sino al sangue.

Il termine progressiva sta a indicare che, se da un lato sarebbe scorretto punire, ad esempio, il furto di una pecora con un omicidio, è previsto il ricorso a vendette di sangue anche per fatti lievi qualora questi siano ripetuti

Art. 22. La vendetta deve essere esercitata entro ragionevoli limiti di tempo, a eccezione della offesa del sangue che mai cade in prescrizione.

L'uccisione di un congiunto va punita e il ricorso alla vendetta è atto certo e doveroso senza limiti di tempo, perché le offese di sangue non vanno mai dimenticate.

Art. 23. L'azione offensiva posta in essere a titolo di vendetta costituisce a sua volta nuovo motivo di vendetta da parte di chi ne è stato colpito, specie se condotta in misura non proporzionata ovvero non adeguata ovvero sleale.

La vendetta del sangue costituisce offesa grave anche quando e stata consumata allo scopo di vendicare una precedente offesa di sangue[79].

La vendetta di sangue coinvolge tutta la famiglia la quale, non solo non può costituirsi parte civile nei processi, ma non deve rinunciare alla vendetta dell'offesa subita. Da questo modo di sentire derivano le lunghe e sanguinose disamistades tra famiglie rivali.

Su molenti sardu du frigas una bolta scetti[80].

Il codice barbaricino contro il codice dello Stato

Il problema del rapporto del codice barbaricino con il codice dello Stato è, in ultima analisi, quello del loro rapporto con la giustizia. Di fronte a qualsiasi disposizione normativa dello Stato ci si chiede: ma, alla fin fine, questa legge è giusta? Quanto stabilito da essa è conforme al mio senso di giustizia? Abbiamo già visto come nel giusto politico ci siano due parti, quella naturale e quella legale: è naturale il *giusto politico* che ha la stessa validità per tutti gli appartenenti un gruppo sociale, mentre è un *giusto legale* quello che originariamente è stabilito in modo convenzionale. Questo argomento è stato trattato da sempre, da Aristotele[81] fino ai giorni nostri. Oggi gli intellettuali sardi che hanno esaminato il fenomeno che porta alla nascita del codice barbaricino contrapposto alla giustizia dello Stato sono concordi su un punto: i barbaricini non sono mostri, da parte dello Stato vi è sempre stata l'incapacità a risolvere i problemi reali e ciò ha fatto della Sardegna una *società del malessere*. A volte sembra che lo Stato non agisca a favore, ma contro la comunità trattando i sardi come se fossero dei primitivi da civilizzare e questo alimenta la sfiducia e la endemica mancanza di sostanziale riconoscimento dell'autorità dello Stato. Per tentare di risolvere il problema si deve comprendere il fenomeno partendo da un'analisi dei motivi che, da un lato hanno generato la sfiducia nello Stato e che, dall'altro, sono responsabili dalle profonde mutazioni della società sarda[82].

Sa regula andat bene in domo de su Re[83].

Uno dei tanti motivi per cui il codice barbaricino si scontra con l'apparato istituzionale dello Stato è la lentezza con cui esso procede. La procedura penale è afflitta da una lentezza endemica dei processi e da una grave mancanza di organizzazione e di mezzi. Alla base della lamentata lentezza vi sono fattori processuali, alcuni dei quali sono legati alla macchinosità del rito accusatorio e, in particolare, alla necessità di formare la prova in dibattimento, anche in relazione a fatti la cui esistenza o inesistenza non è oggetto di alcuna controversia o discussione tra le parti. Altri fattori sono insiti nel numero degli "stati e gradi" che deve superare il giudizio per arrivare alla conclusione definitiva. Si consideri che, nei processi di competenza del tribunale e delle Corti di Assise, a parte l'insopprimibile fase delle indagini preliminari, vi sono: la fase dell'udienza preliminare, quella del giudizio di primo grado, quella del giudizio di appello, quella del ricorso per cassazione, senza parlare, poi, dei gradi eventuali conseguenti a una sentenza di annullamento da parte della Suprema Corte[84]. I danni che derivano da questa lentezza sono enormi per tutti, ma per un pastore sardo sono drammatici. La dilatazione dei tempi implica costi altissimi che il pastore non è in grado di sopportare. Senza contare che la carcerazione preventiva impedisce al pastore di accudire al gregge con danni gravi per il sostentamento della sua famiglia. A tutto questo va aggiunta l'incertezza dell'esito che, così a lungo atteso, non fa che esasperare i rancori.

A zurare mi pones, sa crapa ti che perdes[85].

La sfiducia nei giudici

Il pastore sardo, generalmente per natura povero, si sente poco tutelato dalla giustizia quando l'avversario è socialmente più forte e ritiene che il giudice, per sua natura e stato sociale, sia più vicino a chi è ricco e potente piuttosto che a un pastore privo di cultura e di mezzi. E' convinzione comune, quindi, che il giudice subisca influenze esterne quando l'avversario sia socialmente forte e, siccome essere socialmente più forte di un pastore sardo è condizione quasi scontata, si ammette che il giudice non sia mai dalla parte del pastore. Questa sfiducia è bene espressa da due noti proverbi sardi, *Chie hat dinari cumparit innossente*, chi ha soldi sembra innocente e *Chie hata favore in corte non morit de mala morte*[86], chi ha conoscenze nella Corte non muore male.

Due proverbi tanto radicati nelle credenze popolari fanno pensare che, almeno per i tempi passati, il senso di sfiducia nei giudici non fosse poi così casuale.

Fortuna curret 'e no caddù[87].

I Pentiti

L'atto del pentimento è fortemente disprezzato dal codice barbaricino, sia perché la delazione causa sempre gravi danni, sia perché l'atto è disprezzabile sotto il profilo etico in quanto viola una importante norma del codice non-scritto. In tutti i tempi gli Stati dominanti hanno fatto ricorso ai pentiti, determinando un incremento dei fatti di sangue, tuttavia difficilmente un *balente* arriva a pentirsi, ma quando lo fa è motivato dal bisogno di chiedere aiuto in qualche procedimento penale o per fini di lucro. La delazione, infatti, soprattutto se effettuata per motivi di lucro, è un fatto offensivo molto grave e fa scattare la vendetta barbaricina.

Torrare a nudda[88].

Secondo le norme del codice barbaricino non è equo trattare allo stesso modo persone che hanno commesso reati diversi. In particolare il concetto di amnistia, che pone in libertà gente che si è macchiata di diversi tipi di reato, non è ammissibile ed è ritenuta profondamente ingiusta. Anche il modo in cui viene scelto chi debba beneficiare dell'amnistia è fortemente discutibile. Per comprendere questo modo di vedere le cose basta riflettere sul fatto che l'amnistia non viene concessa a chi ha commesso il furto di tre pecore e viene invece concessa a chi ha commesso truffe di ogni genere, compresa l'insolvenza fraudolenta. In poche parole, viene penalizzato molto di più il pastore sardo che per fame ha rubato tre pecore piuttosto che l'industriale milanese che ha commesso una truffa miliardaria. Il codice barbaricino vede l'amnistia non solo come un danno, ma soprattutto come una beffa e pertanto su un individuo che ha goduto di una amnistia, secondo lo stato delle circostanze, è previsto che scatti il codice della vendetta personale. Lo sgarrettamento è una pratica che spesso è conseguenza di un rancore causato da un ingiusto condono usufruito dall'avversario.

Corbu ti facat sa mesu luna[89].

Sproporzione delle pene

Secondo il codice barbaricino la giustizia dello Stato non è in grado di valutare equamente un'azione delittuosa dato che, non solo non vi è mai proporzione nella valutazione di un reato, ma vi è pure l'ammissione di attenuanti incomprensibili o di aggravanti ingiustificate. Ad esempio, per il padre di una ragazza brutalmente violentata, veder punire il responsabile della violenza con una condanna di pochi anni, che spesso non vengono nemmeno scontati per il ricorso ad attenuanti generiche, è cosa inaccettabile che giustifica, non solo il ricorso al delitto barbaricino come risarcimento del danno, ma pure la vendetta dell'evirazione. In certi casi le crudeltà e le sevizie sono giustificate e il codice barbaricino non ammette né che la sevizia sia considerata un'aggravante, né che possano esistere attenuanti atte a giustificare un'attenuazione della pena.

D'altra parte ci si chiede come mai la Corte di Cassazione conceda le attenuanti a un'azione criminosa che, *nell'intenzione dell'agente, sia conforme alla morale e ai costumi del tempo e del luogo in cui viene commesso il fatto*, ma che, allo stesso tempo, non configuri degno di attenuanti il sentimento della vendetta barbaricina del pastore sardo nei confronti di chi gli ha violentato la figlia, nonostante anche il suo comportamento sia conforme al tempo e al luogo della comunità etica cui appartiene!

Non è compresa nemmeno la sproporzione delle pene inflitte in caso di furto o in caso di furto aggravato. Secondo l'articolo 625/8 del codice di procedura penale, nella sezione "Delitti in particolare" il furto di bestiame è considerato aggravato se avviene su tre o più capi di bestiame. Secondo il codice barbaricino vi è una immensa sproporzione tra la pena inflitta per il furto di tre pecore, magari determinato dal bisogno, rispetto a pene molto più basse inflitte per forme gravi di truffa, ma che non prevedono la forma dell'aggravante.

Tutto questo viene a costituire un divario enorme e insanabile tra le leggi dello Stato e le norme del codice barbaricino ed è frequente il caso in cui, a fronte di una pena esigua inflitta da un tribunale, possa scattare la vendetta privata.

Né cun riccos non prestes né cun potentes non chertes[90].

Ignoranza della legge

L'articolo 5 del codice di procedura penale dichiara che *nessuno può invocare a propria scusa l'ignoranza della legge penale*. E' comprensibile come, per il pastore sardo, l'impossibilità di essere a conoscenza degli articoli di legge faccia ritenere questo articolo espressione di una enorme ingiustizia. Del resto non solo al pastore sardo è dato di non conoscere le norme del codice penale, ma nemmeno tutti gli altri comuni cittadini sono in grado di comprendere una legislazione che cambia quotidianamente e che è piena di articoli contraddittori e soggetti a diverse interpretazioni[91]! Sebbene la Suprema Corte abbia recentemente mostrato la tendenza a valutare la buona fede, l'articolo 5 è comunque motivo di inasprimento.

Dae su bisonzu su murrunzu[92].

Misure preventive

Nessuna misura preventiva trova giustificazione nel codice barbaricino. Ogni misura preventiva si scontra con la soggettività delle opinioni e può dar luogo a madornali errori. Ogni provvedimento a carattere preventivo è una specie di processo alle intenzioni fatto all'imputato prima che venga accertato un reato. Dato che il concetto di pericolosità è fumoso e di non facile interpretazione, ogni volta che si ricorre a misure preventive si condanna un imputato prima del processo sottoponendolo a enormi danni materiali e morali. A volte accade che misure preventive possano essere attuate in base a denunce messe in piedi da nemici dell'accusato, nei confronti del quale spesso mancano prove e fonti certe. Non è un caso che le maggiori vendette si attuino nei confronti degli informatori di polizia.

Hat àppiu su meritu suo[93].

Discriminazioni sociali

Il pastore sardo percepisce le differenze di comportamento della giustizia come discriminazioni nei confronti delle diverse classi sociali.

Il ricco è in grado di farsi assistere da un collegio di avvocati di grido mentre il povero, e il pastore sardo lo è, è costretto ad affidarsi a un avvocato assegnato d'ufficio. Il pastore sardo non è contro le differenze sociali, ma contesta fortemente le conseguenze che queste comportano nel campo della giustizia e che fanno in modo che la legge non sia, poi, tanto uguale per tutti.

S'omine de paga impitta, abbaidalu a caddu[94].

Per comprendere il senso del codice barbaricino occorre avere una chiara visione del concetto generale di delitto e di offesa nella comunità sarda. Accade che certe situazioni che a prima vista possono apparire semplici mascherino, in realtà, soprattutto sul piano morale, dei contenuti complessi che sono inerenti alle consuetudini di vita locale. Anche per questo motivo il comune concetto di diritto non può rispondere alle aspettative della comunità barbaricina. I mov022ti della vendetta coprono una vasta gamma di situazioni, ma tutte hanno la radice nella vita rurale e pastorale della comunità. Si va dal pascolo abusivo, che è quasi una necessità nelle annate magre, alla contesa dell'acqua di un ruscello, dal furto del bestiame al suo danneggiamento e sgarrettamento, tanto più grave se commesso su buoi da lavoro. Si va dall'incendio di uliveti o sughereti allo spostamento di confini e ancora la deviazione di corsi d'acqua, l'avvelenamento di acque destinate agli abbeveratoi, il falso giuramento, la falsa testimonianza, il rifiuto di matrimonio dopo una promessa, la violazione della parola data, l'aggressione e l'omicidio sono tutti moventi che possono far scattare la vendetta barbaricina.

Càras a parè[95].

La delazione

Secondo la concezione comune, il termine delatore è utilizzato per indicare colui che, per più o meno giustificate ragioni, abbia violato la regola del silenzio. Questo concetto è piuttosto generico e la sua

57

valenza non è la stessa per tutti. Sul piano generale la delazione è cosa sgradevole, ma non pare avere quella connotazione di gravità che si riscontra nel codice barbaricino. Secondo il codice barbaricino la delazione, invece, è un atto gravissimo ed è tanto più grave se viene resa alla polizia, piuttosto che ai carabinieri o alla magistratura. Il motivo per cui questo accade è meno ovvio di quello che si possa pensare. Innanzitutto la delazione, in sé, è un fatto sleale e la cultura barbaricina è una cultura di lealtà, nei rapporti di amicizia come in quelli di inimicizia. Questo significa che l'amico va rispettato e che anche il nemico va affrontato a viso aperto, ossia al nemico non si porgono mai le spalle, non lo si tradisce, perché l'inimicizia è reciproca, come dire, "tu sei mio nemico ma anche io per te sono un nemico". Il nemico va, quindi, sempre rispettato. E' questa lealtà che la delazione offende. La delazione che viene resa alla polizia offende di più di quella resa ai carabinieri che a sua volta offende di più di quella resa alla magistratura. Questo accade perché l'intervento della polizia è il più temuto, mentre quello della magistratura è più prevedibile e quindi più leale in quanto la magistratura giudica secondo un sistema, non condiviso, ma pur sempre un sistema dal quale, conoscendolo, ci si può difendere. La delazione resa alle forze dell'ordine è, invece, difficilmente controllabile in quanto affidata all'arbitrio[96] e per questo è più temuta. Mentre il *processo* è un sistema di certezze in qualche modo controllabile, ad esempio grazie all'intervento di un testimone che sappia deporre a favore, imprevedibile è invece il comportamento delle forze della pubblica sicurezza. A loro volta i carabinieri spaventano meno della polizia in quanto i carabinieri, generalmente, sono persone conosciute in paese, magari sono vicini di casa, parenti o amici, comunque sono persone che si conoscono e il cui comportamento è, in qualche modo, controllabile e prevedibile.

A su nemicu parare, a sa zustiscia fughire[97].

La falsa testimonianza

La falsa testimonianza offende quando rappresenta un atto di slealtà nei confronti di quel mondo che il pastore barbaricino ha edificato per poter porre su un piano di certezza la propria vita di uomo[98]. Occorre tuttavia precisare che la falsa testimonianza offende solo quando non ha una legittimazione obiettiva, ossia quando è resa contro qualcuno e non a favore di qualcuno. Siccome la vendetta barbaricina è un'azione doverosa, la falsa testimonianza viene considerata atto offensivo solo se il teste non opera a difesa dell'imputato, dato che il *teste falso* in difesa dell'imputato compie una azione buona che ha lo scopo di realizzare la giustizia come vendetta. Occorre sapere che la ricerca delle false testimonianze è una pratica molto comune avente lo scopo di deviare il corso della legge dalle norme del codice barbaricino che mirano, invece, a una resa dei conti privata. Solitamente la ricerca di testimoni falsi viene utilizzata nel caso di furto del bestiame e si indirizza verso due direzioni: una va verso la ricerca dell'alibi e l'altra è volta a dimostrare la legittimità del possesso del bestiame stesso[99]. Vi sono vari modi per ottenere la falsa testimonianza a favore di qualcuno, ad esempio si cerca di corrompere i servi della parte avversaria, oppure si trovano persone pronte a testimoniare di avere visto il bestiame in quel determinato gregge prima del furto o di avere assistito alla segnatura. Il teste falso che opera per il trionfo della vendetta barbaricina è uno strumento per difendersi dalle insidie della giustizia, mentre il teste falso che consegna l'imputato nelle mani della giustizia è fortemente condannato dalla tradizione barbaricina. Non vi è contraddizione in questo, in quanto la falsa testimonianza cessa di essere offesa nell'atto in cui si attiene all'assoluto dovere di lealtà al codice non scritto. Si comprende che, anche in questo caso, siamo di fronte a un comportamento che regola e disciplina tutta la vita dell'uomo barbaricino. Il ricorso alla falsa testimonianza si rende necessario a causa delle norme astratte e contraddittorie presenti nella giustizia dello Stato. Ad esempio, relativamente al furto del bestiame, il diritto positivo prevede l'esistenza di tutta una serie di norme aggravanti che, per il pastore sardo, hanno ben poco significato. In particolare, l'articolo 61 del codice di procedura penale inerente le circostanze aggravanti comuni prevede, quale circostanza aggravante, l'avere agito per motivi abbietti o futili. Ci vuole poco per comprendere che certi motivi possono apparire futili in Lombardia e non esserlo in Sardegna ed è difficile accettare il verdetto di un giudice che livella le circostanze facendo di tutta l'erba un fascio. A volte addirittura le aggravanti paiono ridicole agli occhi del pastore sardo, ad esempio l'aggravante che scatta se il furto del bestiame viene fatto di notte. Non occorre essere pastori sardi per comprendere quando possa essere ridicolo, anche solo a pensarlo, che un furto di bestiame possa essere effettuato in pieno giorno.

Tutto questo pare profondamente ingiusto agli occhi del pastore barbaricino il quale trova indispensabile il ricorso al codice non-scritto e all'utilizzo della falsa testimonianza che rappresentano l'unico modo per difendersi dalle ingiustizie delle leggi dello Stato.

Chi hat favore in corte non more di mala morte[100].

L'offesa all'onore

Una offesa, per essere tale, deve essere intenzionale. Questo permette di capire perché il danno patrimoniale, in certe circostanze, non costituisce offesa. Nel codice barbaricino il senso delle offese ha un significato preciso. In entrambi i casi, ciò che offende è l'intenzione di fare del male colpendo ciò che la persona ha di più caro con il chiaro intento di danneggiarla gettandola nella precarietà dell'esistenza. Si comprende che, nella società barbaricina, il concetto di *onore* è strettamente legato a una necessità di sopravvivenza.

Cominciamo innanzitutto col distinguere le offese patrimoniali dalle offese alla persona. La pratica dell'abigeato è una offesa patrimoniale che offende solo se a consumarla è il nemico. Anche in questo caso il codice si richiama a un concetto di slealtà che, di fatto, maschera la difesa delle proprie condizioni di esistenza. Offende la pratica di abigeato consumata, ad esempio, da un ex compagno di ovile che, approfittando della fiducia concessagli, commette il furto di bestiame quando il pastore è assente. Non offende il furto commesso dal paesano dato che, con un altro furto, il danneggiato può, in qualsiasi momento, riprendersi il bestiame. L'offesa si valuta, quindi, in relazione allo stato di necessità che la produce: è questo un modo che, in una società dove sopravvivere è, a volte, davvero difficile, consente di reagire con prontezza al bisogno. E' per questo che in Sardegna l'abigeato è stato elevato a sistema ed è un comportamento che, mentre per altri ordinamenti è criminoso, per il codice barbaricino è legittimo e necessario.

Secondo Costantino Cavalleri[101] si può dire che l'abigeato sia espressione di una specifica realtà culturale:

Ciò che per lo Stato è delitto, crimine, può non essere tale per la cultura sarda. Il furto di bestiame, prassi tipica di tutte le società pastorali, per la legge è delitto grave, per i sardi, al contrario, tale prassi non rappresenta affatto un delitto di proporzioni così grandi, tanto che la mentalità comune lo situa nell' ordine delle cose[102].

Si considerano offesivi della persona, invece, tutte quelle azioni messe in atto con l'intento di colpire i più deboli, ad esempio offende il furto di una vacca destinata a un neonato o l'uccisione della capra che una madre alleva in casa per dar da mangiare ai figli mentre il padre-pastore è lontano, e così via. Anche qui quello che offende è la slealtà del comportamento. Offesa alla persona è anche la rottura di un fidanzamento, atto considerato grave e condannato dalla comunità. Mentre la Suprema Corte ritiene che il non mantenimento della promessa di matrimonio non costituisca un fatto di particolare rilevanza morale, secondo il codice barbaricino è un fatto rilevantissimo e il giudizio della Suprema Corte non è condivisibile. Ritrattare una promessa di matrimonio significa rompere una tradizione di principi morali basati sul culto della famiglia e accettati dalla intera comunità e, soprattutto, significa mancare a una parola data. E' rilevante notare come quasi tutte le offese alla persona guardino alla famiglia e alla sua tutela e questo conferma, una volta di più, che il codice barbaricino è una forma di tutela giuridica.

Justitia noa, ferramenta acuta[103].

La pratica della vendetta è, nel codice barbaricino, un fatto rilevantissimo. Le norme sulla vendetta barbaricina, pur disciplinando un istituto arcaico, contengono aspetti insospettabilmente moderni da attribuirsi all'influenza di un diritto "colto". Quel diritto è, come abbiamo visto, la *Carta de Logu* di Mariano IV e di Eleonora d'Arborea, promulgata nel 1392. La Carta de logu, del resto, era stata redatta basandosi su consuetudini sarde, ma i suoi redattori erano giuristi e poterono perciò compiere un formidabile adattamento alle consuetudini del popolo sardo.

Il codice barbaricino è un codice violento, come lo era la Carta de logu che concepiva l'istituto della vendetta come legittima difesa. L'atteggiamento di vendetta del pastore barbaricino è esattamente quello espresso da Sebastiano Satta nella sua poesia *Il pastore*:

Padre, la medicina è nelle vene del mio coral nemico. Voglio, solo una grazia voglio, che il mortal nemico affoghi nel suo sangue, la sua femmina, madre dei suoi figli, accatti negli ovili e alle anime penanti in purgatorio una giovenca metterò, più bianca della neve... [104]

Al di là della retorica tipicamente carducciana [105], in questa poesia si può cogliere quanto, nel codice barbaricino, il senso della vendetta sia profondamente radicato. Cercare di comprendere la componente psicologica del concetto di vendetta barbaricina è doveroso, dato che può apparire inspiegabile il contrasto tra il mite carattere barbaricino e la brutale vendetta che il pastore offeso è in grado di mettere in atto.

Su chi si depet fachere, si 'acat [106].

La logica della vendetta

Tramandare la consapevolezza che l'uomo barbaricino non è uomo, non è *balente*, se si sottrae al dovere della vendetta, alla fedeltà alla famiglia, al paese e alla sua condizione di uomo d'onore significa consentirgli di imparare, fin dalla nascita, che se vuole sopravvivere non si può sottrarre alla pratica della vendetta. I sardi sono uomini miti e leali, quindi non può essere che una istanza fortissima quella che porta a scelte tanto tragiche! La mitezza del carattere dell'uomo barbaricino e il codice della vendetta possono apparire come una contraddizione piena di mistero. Sappiamo che la coscienza barbaricina concepisce la vendetta come un dovere, ma da cosa deriva tutto questo? Inquadrando la vendetta nel contesto generale, pare poco probabile che essa derivi da qualcosa che ha a che fare con la moralità o con il rispetto di un codice di diritto. E' più probabile che accada esattamente il contrario. La pratica della vendetta è una fondamentale norma di sopravvivenza, un'azione necessaria e fatale che consente di mantenere l'ordine e che fornisce lo strumento necessario per sopravvivere in condizioni di vita difficilissime. Dunque, la pratica della vendetta non deriva da qualcosa che ha a che fare con la moralità o con il rispetto di un codice di diritto, ma sono piuttosto la moralità e il codice di diritto che derivano dalla pratica della vendetta in un contesto dove si fa di necessità virtù. Ecco che il senso del dovere ha finito col legarsi indissolubilmente al bisogno di sopravvivenza e, per darsi una legittimazione, si è trasformato in legge morale e in codice di diritto. Il codice della vendetta non è, quindi, solo un modo per affermare un personale risentimento, ma è un vero e proprio diritto-dovere esprimente un sistema di vita e di pensiero. La pratica della vendetta, in questo contesto, risultando un comportamento utile e funzionale, ha finito col trasformarsi in azione di diritto.

La vendetta barbaricina ha delle caratteristiche che le sono proprie, infatti, non assume i connotati di reazione immediata e istintiva, ma è concepita secondo una logica di tutela giuridica[107] che ha finito col formare le coscienze individuali per il suo carattere di *giusto* inteso come *naturale e utile*. Non esplode mai immediata come risposta incontenibile all'offesa, ma è covata lungamente, silenziosa e clandestina per anni, spesso per tutta la vita. Colpisce in modo calcolato e nel giorno più propizio, *sì che alla strage del nemico corrisponda l'incolumità propria e, possibilmente, l'ergastolo per il nemico numero due, verso cui devono convergere tutti gli elementi di accusa. Vendetta, come ognuno vede, impeccabilmente razionale*[108].

No tuttus sas hosas si mandi'an chejentes[109].

La vendetta come ordinamento giuridico

Considerando sia l'influenza che ebbe l'esperienza romanistica sul codice arborense sia il fortissimo legame di esso con le consuetudini giuridiche sarde, Pigliaru formulava l'ipotesi che la comunità barbaricina, in un momento imprecisato della sua storia, *sia pervenuta al concetto che la vendetta è un dovere*, grazie al fortissimo influsso che la legislazione penalistica della *Carta de Logu* ha esercitato sulla società sarda nel corso di vari secoli, seppure in una dialettica sovente conflittuale tra *consuetudine e legge*[110]. A tal proposito il noto giurista sassarese citava l'articolo n. 6 della Carta de logu che così recita:

Volemus et ordinamus qui si alcuna persona esseret morta in alcuna villa deforas, o inconfines et habitationes de sa villa, siant tenudus sus iuradus dessa dita villa, de provare et de tenne su malufactore et dellu batire tentu assa corti nostra infra unu mese: pro faghirende sa iusticia. Et in casu que su malu factore non tenerent et nolu batirent assa corti nostra. Infra su dictu tempus, paghint sos iurados totu et issos hominis dessa dita villa pro sa maquicia et prosa negligentia issoro pro que non tensierunt su homini llrs. ducentas, si est sa villa manna. Et issa villa pixia paghit llrs. C. Et si cussu homini qui avirit mortu su homini

*fuirit et non si poderet aviri infra su dito tempus de uno mese siat isbandidu
daesas terras nostras et issos benes suos totu siant confiscados assa corte
nostra. Reservando pro sas ragiones de sas mugeres et de sos figios que avirint
dae atera mugere qui non avirint appidu sa parti pertinenti ad issos pro parti de
sa prima mugheri. Et similimenti si intendat salvas sas ragiones de sos creditores
qui avirent ad ricivir supra sos benes decussos. Et si per alcuno tempus cussu
homini qui avirit mortu su homini beneret in forza nostra non esendo fidado siat
illi tagiada sa testa per modu quindi morgiat. Et niente de minus ogne persona
illu pozat offendere in persone et dareli morte senza incurrere pena ne maquicia
alcuna duranti su dictu tempus de su isbandimentu suo*[111].

Questo articolo imponeva all'intera comunità il dovere di catturare
e consegnare agli organi giudicali il colpevole di un omicidio
commesso nel territorio. Gli organi giudicali avrebbero provveduto a
sanzionare i comportamenti delittuosi con pene severissime.

Naturalmente oggi le cose sono cambiate, ma la pratica della
vendetta continua ad essere, in Barbagia, un fatto rilevante proprio
perché è concepita come un dovere che, con il tempo, ha finito per
interiorizzarsi come ordinamento giuridico. Questo senso del dovere
deriva dal fatto che alla vendetta viene attribuito il riconoscimento di
un diritto, il diritto di vedere punito un reato. Questo è un diritto che,
nella pratica, non viene adeguatamente riconosciuto dall'ordinamento
giuridico dello Stato che, più che punire il reo, mira alla sua
redenzione. Il codice barbaricino decreta che ogni offesa deve essere
vendicata secondo precise norme che non combaciano affatto con
quelle dello Stato. L'esercizio della vendetta non opera secondo la
logica del diritto positivo, ma questo non deve far pensare che operi
in modo istintuale! L'esercizio della vendetta opera conformemente
all'ordinamento giuridico che la società barbaricina ha legittimato nel
pubblico interesse.

Supponiamo, ad esempio, che un pastore, per un rancore creatosi
con un vicino per motivi di sconfinamento di pascolo, subisca
ripetutamente l'incendio dei pascoli e poi il furto continuo di pecore,

66

lo sgarrettamento e l'avvelenamento dell'acqua destinata ad abbeverare il gregge. Può accadere che l'uccisione di un agnello, episodio in sé apparentemente banale, scateni la vendetta barbaricina. Infatti, se da un lato l'offesa più grave è quella di sangue, non altrettanto si può dire per l'uccisione a scopo di vendetta, che può avvenire per svariati motivi. Può accadere che si arrivi a uccidere per episodi apparentemente banali, ma che in realtà sono conseguenza dell'effetto di accumulo esercitato da un insieme di offese, perché un torto subito non si dimentica mai. Questo accade perché vi sono delle regole nell'esercizio della vendetta. E' la stessa comunità barbaricina che obbliga ogni suo appartenente a sottostare a regole imperative di comportamento che costituiscono delle vere e proprie norme, non solo morali, ma anche giuridiche. Si comprende quanto tutto questo sia lontano dalle norme del codice penale.

La comunità concepisce la vendetta come norma morale, ma per il fatto che il *chertare*[112] debba avvenire secondo certe regole, va a costituire anche un codice giuridico avente funzione punitiva, come ben espresso da G. Pititu:

Signori, la giustizia dello Stato non è la giustizia dei nostri paesi. La giustizia dello stato condanna e assolve secondo le leggi, la giustizia dei nostri paesi emette le sue sentenze secondo le regole non scritte del vivere in comunità. E nei nostri paesi non si commettono reati se non violando queste regole che sono di reciproco rispetto, di convivenza, ma anche di complicità, di aiuto soprattutto quando uno di noi ha a che fare con la giustizia dello Stato, sempre temuta e mai desiderata, proprio perché non condanna e non assolve secondo quelle leggi non scritte del codice dei nostri paesi[113].

Si tratta ora di chiedersi se la vendetta barbaricina, in quanto codice di ordinamento giuridico, vada riconosciuta come forma di diritto penale avente i connotati di una specifica appartenenza culturale. Si deve, d'altra parte, secondo Höffe[114], riconoscere che il diritto penale, in qualche forma, è presente in pressoché tutte le culture, che alcuni suoi principi hanno validità interculturale e che le classi di delitti oggi praticate sono riscontrabili in tutte le organizzazioni sociali. Secondo Höffe il diritto penale *rappresenta un elemento irrinunciabile dell'organizzazione di una società che intenda se stessa come vincolata all'ideale dei diritti umani ed espressione del legame della società con le vittime della loro violazione [...] in questa funzione esso avanza a buona ragione la pretesa di possedere una validità interculturale*[115]. Infatti, egli sostiene, *affermare che si ha diritto a qualcosa, per esempio alla vita ed all'integrità fisica, significa che il soddisfacimento di questo diritto è dovuto a ognuno e che in caso contrario si può ottenere tale soddisfacimento con la forza*[116].

Il problema affrontato da Höffe è, almeno per il momento, senza soluzione, ma pone la questione se e in che termini, tutte le culture giuridiche abbiano o meno lo stesso diritto di vedere riconosciuti i diritti umani che la loro società di appartenenza esige. Posta la questione in altri termini, ciò equivale a chiedersi se è lecito che un reato punito, poniamo, con la vendetta barbaricina o piuttosto con la sedia elettrica o con una pena detentiva possa essere considerato come lo stesso reato punito in forme che si rapportano all'ambiente culturale dove il reato viene giudicato.

Uno dei punti focali della questione è la concezione retributivistica[117] della pena che, secondo il sentire della gente comune, pare la più adeguata anche sotto il profilo del confronto interculturale. Considerare il diritto penale come un sistema per l'attribuzione di giuste punizioni per atti da considerare illeciti pare il modo più semplice, allo stato attuale delle cose, per arginare efficacemente le violazioni dei diritti fondamentali della società barbaricina e di tutte le forme sociali che non si riconoscono nelle norme del diritto positivo. Il fatto che il retribuzionismo venga considerato storicamente debole comporta la tendenza, oramai consolidata, di intervenire sui crimini non tanto in forma punitiva, quanto come atto di prevenzione sui crimini stessi e vi è la tendenza di eliminare dagli ordinamenti tutto quanto abbia un sapore anche vagamente retributivo. Così facendo le norme giuridiche vengono valutate sotto un profilo etico. Questo, se da un lato fa concepire la pena come qualcosa mirante a ricostruire l'eticità del soggetto, dall'altro comporta inevitabilmente che gli individui appartenenti alla società barbaricina, e non solo loro, si sentano vittime di continue ingiustizie.

Il mito della prevenzione generale induce i legislatori a diminuire le pene nell'ambito del diritto penale nell'illusione che sia possibile attuare un'azione di prevenzione. Il carattere diffuso della teoria prevenzionista della pena è una delle cause più importanti dei gravi problemi che affliggono la giustizia italiana e che la portano sempre più lontano dal mondo barbaricino.

Bastat, limba mia caglia, su c'as de narrer in buca ti rezzo[118].

La civiltà matriarcale ha avuto in Sardegna uno sviluppo eccezionale. I ritrovamenti archeologici, relativamente recenti, ne hanno messo in evidenza la sorprendente dimensione, soprattutto nel Neolitico. Questa sacralità della figura femminile si è conservata fino ai giorni nostri e, soprattutto nelle zone interne, ha contribuito al fenomeno antropologico del matriarcato barbaricino[119].

Mezus acconzamentu lanzu chi non sentenzia rassa[120].

Il culto della Dea Madre

Sappiamo che da sempre i sardi hanno pensato alla Terra come alla Dea Madre, genitrice di tutte le creature. Sappiamo anche che veniva adorata e che le venivano dedicate cerimonie e offerte votive come ringraziamento per ciò che donava. La Dea Madre, simbolo della società matriarcale sarda, è rappresentata come una donna robusta, nuda, scolpita in alcuni luoghi con tre seni, proprio a simboleggiare l'abbondanza di nutrimento e la fecondità. Il corpo nudo si può definire obeso, ma ha tutti i particolari ben definiti, le mammelle, le grosse gambe, le braccia con le mani ben delineate, abbandonate sui fianchi. In stile geometrico, ha testa cilindrica con folta capigliatura, l'arcata sopracciliare disegna una T col naso triangolare e gli occhi sono semichiusi.

La prima grande cultura sarda fu quella di Ozieri dove, intorno al 3500 a.C., si diffusero nuovi valori culturali. Cambiarono le abitudini dei sardi e il loro sentire si tradusse in forme nuove e originali. Anche

71

tra i manufatti risalenti a quel periodo si sono trovate testimonianze del culto della Dea Madre sotto forma di simboli somiglianti a segni culturali che si sono trovati anche in altre terre, a dimostrazione di quanto frequenti dovessero essere le relazioni fra i sardi e gli altri popoli neolitici del Mediterraneo. La Dea Madre, simbolo di fecondità, rappresentava per i Nuragici l'essenza del divenire del loro universo, la forza che genera la vita.

Si possono ripercorrere le tracce del matriarcato barbaricino attraverso le ceramiche, le sculture e attraverso le raffigurazioni delle dee che si trovano rappresentate dovunque. In tutti i siti preistorici, sia anteriori che posteriori alla fase nuragica, sono visibili disegni di donne: a Orgosolo, a Oliena, a Dorgali, a Baunei, a San Vito ecc. le donne sono sempre raffigurate con grandi seni rappresentanti il potere e la maternità. Ne troviamo traccia anche in insediamenti in superficie scavati nella roccia calcarea: le Domus de Janas[121].

Oltre cinquemila anni fa, il popolo sardo di cacciatori e di allevatori seppelliva i propri defunti nelle Domus de Janas. Diffuse in tutta la Sardegna, il loro uso si fa risalire al Neolitico recente fino all'età del rame, in un arco di tempo che va dagli ultimi secoli del IV° millennio fino agli inizi del II° millennio avanti Cristo. Costituite da una o più stanze circolari e quadrangolari comunicanti fra loro e con una sala centrale, presentano particolari architettonici, quali porte e travature che, riproducendo le dimore dei vivi, dimostrano inequivocabilmente la fede in una vita ultraterrena e una fede nella rinascita del defunto. Questi monumenti sono importanti testimonianze della società matriarcale sarda. Il rito della sepoltura ipogeica nel grembo della Terra ha, infatti, lasciato anche qui, all'interno di queste tombe, vicino o nelle mani del defunto, diversi esemplari di rarissime e splendide statuine antropomorfe della Dea Madre.

Sa facci narada chie est s'homini[122]

Matriarcato barbaricino

E' sempre il culto della Dea Madre ad essere protagonista nel suo ruolo pagano di rappresentante della fecondità in tutte le tradizioni sarde e in tutte le leggende, sopravvissute alla repressione cristiana. E' incredibile come antichi culti e arcaiche credenze siano sopravvissute fino ai giorni nostri. Fino alla prima metà del Novecento, le *deinas* continuarono a essere delle *veggenti stimate e temute allo stesso tempo*[123]. Chiamate anche *videmortos* per la loro capacità di comunicare con i defunti, erano sacerdotesse con doti soprannaturali.

Alla repressione cristiana resistette tenacemente anche l'antichissimo culto lunare di Diana di cui si trovano vistose tracce nella toponomastica dell'isola (Lunamatrona, Nuraghe Luna, Cala Luna, Monte Luna, Monte Diana, ecc.). E poi c'è la *gioviana*, un genio tutelare femminile che si presenta nelle case la notte del giovedì quando le donne si attardano a filare, per aiutarle. Le *surbile,* invece, erano delle donne bruttissime, portavano i capelli spettinati, le unghie lunghe e sporche e il corpo peloso. Qualcuna portava anche una croce pelosa sulla schiena. Queste donne possedevano un potere particolare, erano in grado di trasformarsi in un agile gatto o in una mosca. Chiunque poteva diventare una surbile, bastava fare un patto col diavolo, essere settima figlia, oppure nascere nella mezzanotte di Natale. Erano streghe molto temute perché succhiavano il sangue dei neonati. Quando si avvicinavano ai neonati in forma di gatto, le madri le trafiggevano e, quando tornavano umane, portavano nel corpo i segni delle menomazioni subite, ed erano riconoscibili proprio per questo, perché si aggiravano senza un occhio o senza una mano. Per liberarsi dalle surbile bastava far indossare al bimbo un capo al rovescio, oppure gettare in aria un copricapo. Le *panas o pantamas* erano spiriti di donne morte di parto che, durante la notte, si recavano lungo i corsi d'acqua.

Vi è poi la *Saggia Sibilla* che abitava con altre janas nella grotta del Carmelo presso Ozieri, alla quale la tradizione orale attribuiva il segreto della lievitazione del pane e l'invenzione dei fermenti lattici. E ancora, le *fadas* che vivevano nei nuraghi e tessevano la buona e la cattiva sorte con un telaio d'oro[124]. Le *orassionarjas* guarivano con formule magiche dette verbos e usavano tre grani di sale per scacciare il malocchio e le *accabadòras*[125] accompagnavano nel trapasso della morte e abbreviavano le dolorose agonie.

La figura femminile, dunque, all'interno del sistema sociale sardo, è andata conquistandosi un'autorità del tutto autonoma. In particolare, alla donna barbaricina è affidata la risoluzione dei conflitti attraverso il reperimento di un giusto equilibrio tra tradizione e modernità, non rinnegando né l'una né l'altra. Per questo motivo la donna in Sardegna ha dato origine, nel tempo, a un'emancipazione positiva che si rispecchia da un lato nell'accettazione del suo ruolo di donna e madre, ma anche nell'affermazione della sua libertà personale come equilibratrice di conflitti e protagonista del controllo sociale.

Morte in chentu annos no si irmenticat mai[126].

Sa femmina accabadora

Studi approfonditi e analisi della documentazione rinvenuta presso curie e diocesi sarde e presso musei[127] hanno accertato la reale esistenza di questa figura. S'accabadora era una donna che, chiamata dai familiari del malato terminale, provvedeva a ucciderlo ponendo fine alle sue sofferenze. Un atto pietoso nei confronti del moribondo, ma anche un atto necessario alla sopravvivenza dei parenti, soprattutto per le classi sociali meno abbienti: negli stazzi della

Gallura e nei piccoli paesi lontani da un medico molti giorni di cavallo, serviva ad evitare lunghe e atroci sofferenze al malato.

Sa femmina accabadora arrivava nella casa del moribondo sempre di notte e, dopo aver fatto uscire i familiari che l'avevano chiamata, entrava nella stanza della morte. La porta si apriva e il moribondo, dal suo letto d'agonia, vedeva entrare sa femmina accabadora vestita di nero, una delle gonne sollevata a coprirle il viso, e capiva che la sua sofferenza stava per finire. Il malato veniva soppresso con un cuscino, oppure la donna assestava il colpo de *su mazzolu* provocando la morte[128]. S'accabadora andava poi via in punta di piedi, quasi avesse compiuto una missione e i familiari del malato le esprimevano profonda gratitudine per il servizio reso al loro congiunto offrendole prodotti della terra. Quasi sempre il colpo dato con *su mazzolu* era diretto sulla fronte, da cui, probabilmente, il termine accabadora, dallo spagnolo *acabar* che significa alla lettera "dare sul capo". Su mazzolu era una sorta di bastone appositamente costruito e che si può vedere nel Museo Etnografico Galluras. E' un ramo di olivastro lungo quaranta centimetri e largo venti, con un manico che permette un'impugnatura sicura e precisa. Su mazzolu esistente al museo Galluras è stato trovato nel 1981: s'accabadora lo aveva nascosto in un muretto a secco vicino a un vecchio stazzo che una volta era la sua casa.

In Sardegna s'accabadora ha esercitato fino a pochi decenni fa, soprattutto nella parte centro-settentrionale dell'isola. Gli ultimi episodi noti di accabadura avvennero a Luras nel 1929 e a Orgosolo nel 1952. Oltre i casi documentati, moltissimi sono quelli affidati alla trasmissione orale e alle memorie di famiglia e molti ricordano un nonno o un bisnonno che ha avuto a che fare con la signora vestita di nero. A Luras, in Gallura, s'accabadora uccise un uomo di settant'anni. La donna però non fu condannata e il caso fu archiviato. I carabinieri, il Procuratore del Regno di Tempio Pausania e la Chiesa furono concordi che si trattò di un gesto umanitario. Infatti, circa l'esercizio di s'accabadura, tutti sapevano e tutti tacevano, nessuna condanna sembra sia stata mai perpetrata nei confronti di questa donna missionaria che si faceva carico materialmente e moralmente di porre fine alle sofferenze del malato. La sua esistenza è sempre stata ritenuta un fatto naturale, esisteva la levatrice che aiutava a nascere, esisteva s'accabadora che aiutava a morire.

Questa figura è espressione di un fenomeno socio-culturale e storico e la pratica dell'eutanasia "ante litteram" nei piccoli paesi rurali della Sardegna è legata, non solo al rapporto che i sardi avevano con la morte, ma anche al matriarcato barbaricino. Nella cultura della comunità sarda, infatti, la donna è per tradizione dispensatrice di vita e custode dei morti. Non è mai esistito una vera paura di fronte agli ultimi istanti della vita dell'uomo, si può anzi dire che i sardi avessero una propria e personale gestione della morte[129] in cui la donna ha sempre giocato un ruolo fondamentale.

A banca et a sa muzere accostabili bene[130].

Donne e banditi

Le donne sono sempre state protagoniste nella civiltà sarda e rivestono un ruolo importantissimo, soprattutto nella società barbaricina. Apparentemente assenti, le donne in realtà conservano anche oggi intatta la fierezza e la forza delle loro antenate. La saggista Maria Pitzalis Acciaro ha descritto in modo profondo la realtà femminile in Barbagia, realtà a volte sconcertante, come quella incarnata, come abbiamo visto, nella figura di *sa femina accabadora*[131].

La donna in Barbagia pare sempre assente: raramente compare nei rapporti giudiziari, come raramente è portata davanti a un magistrato, ma in realtà è sempre dietro a ogni avvenimento legato al codice barbaricino. La partecipazione della donna alle dinamiche del codice barbaricino non deve essere intesa nel senso di un aiuto materiale, quanto piuttosto come un complesso comportamento che, sotto il profilo psicologico, contribuisce a mantenere vivo il desiderio di vendetta. La donna, sia essa sorella, madre o sposa, nella società barbaricina tramanda le regole del codice non scritto e si fa testimone, portavoce e garante della tradizione, al punto che si può considerare come il terzo protagonista, dopo l'uccisore e l'ucciso, del delitto barbaricino[132]. Il ruolo svolto dalla donna si esplica in vari modi, innanzitutto con la tolleranza al porto di armi e alle azioni illegali da parte dei familiari, ma anche attraverso le reazioni al lutto e i canti funebri. Tutto ciò che viene dalla donna è tenuto in grande considerazione perché alla donna spetta, non solo la cura della casa e dei figli, ma anche l'assunzione di compiti gravosi essendo il marito quasi sempre lontano da casa.

Molte volte si sono avuti chiari segni che la donna ha partecipato attivamente a sequestri di persona, quando non è stata l'ispiratrice o la fiancheggiatrice, confezionando vivande ed espletando molte altre incombenze[133]. E' senz'altro veritiera la tesi di Gavino Ledda[134] secondo il quale la donna in Sardegna ha un ruolo fortemente simbolico, si potrebbe dire idealmente condizionante. Pensiamo a tutte quelle donne e madri in cui il significato dell'abito nero va ben oltre il simbolo del lutto. Pensiamo a Caterina Pinna, madre di Graziano Mesina, una figura emblematica nel suo ruolo di donna in Barbagia. Sposata col pastore Pasquale Mesina e madre di dieci figli, era rimasta vedova nel 1954. Graziano, che allora aveva solo dodici anni, diventò il punto di riferimento della famiglia.

Il matriarcato barbaricino, contrariamente a quanto si crede, non è una forma di potere per cui il dominio politico ed economico è demandato alla donna e non è nemmeno un istituto giuridico in senso stretto, ma è piuttosto una tradizione e una convenzione. La *Grande Madre Sarda* copre un ruolo unico se confrontato alle altre società matriarcali del bacino del Mediterraneo! Secondo il concetto tradizionale di matriarcato la donna avrebbe diretto e continuo contatto con l'economia della famiglia e dunque avrebbe, di fatto, la prerogativa di gestire il potere: ipotesi possibile, ma poco convincente se rapportata al matriarcato barbaricino. Molto più convincente è l'ipotesi che motiva il primato della donna e la sua gestione del potere economico-politico con l'enorme prestigio che le deriva dal fatto di essere considerata, non solo unica procreatrice dei membri del gruppo, ma soprattutto di essere colei che tramanda le tradizioni del codice non scritto. La madre sarda, custode di ogni tradizione, sacerdotessa di ogni rito, trasmettitrice di *su connottu,* incarna nella sua figura tutta la balentìa della sua gente. Anche il rito e la musica sono permeati da una sorta di matriarcato, dove il ruolo della donna è centrale nella sua figura di madre e di mediatrice fra cielo e terra. Nella cultura popolare sarda la voce e la parola della donna rassicurano, propiziano il sonno, invocano la protezione divina, esprimono il dolore e il compianto della morte.

Potremmo dire che la Sardegna è un'isola che pulsa nel nome della madre.

Pobidda e giusu, in logo tusu[135].

Il Codice Barbaricino appartiene alla Sardegna, ne fa parte integrante, l'attraversa e la compenetra. Come pioggia, il codice barbaricino ha finito per fecondare sabbia e anime, infiltrando radici secolari fino alle viscere della pietra, succhiando linfa fino a diventare esso stesso linfa vitale. La Sardegna che non assomiglia ad alcun luogo[136], che non ha età e che non si è lasciata mai conquistare, frammento di un mondo antichissimo, intatto e misterioso, terra di belle donne, isola tra le isole, è la Dea e la madre del bandito pastore che vive sulle montagne. I sardi non hanno mai avuto un buon rapporto con il mare che ha loro portato solo razzie e incalcolabili sbarchi pirateschi. Anche oggi è visibile lo spopolamento costiero, l'assenza di attività marinare e anche la cucina è fatta di piatti a base di carne. La vera casa del bandito barbaricino è il grande massiccio del Gennargentu, caratterizzato da creste vigorose e grandi anfratti dove la pastorizia è l'unica fonte di ricchezza sullo sfondo di una vita molto dura scandita da muretti a secco, suggestivi da vedere ma espressione di una forma di espropriazione violenta che ha sconvolto un sistema millenario di uso comunitario delle terre. A guardarla, la montagna è livida e scorticata, le foreste impenetrabili, vittime della incuria e della insensibilità dei governi: dal 1811 al 1860 si abbatterono grandi foreste per ricavarne legno e carbone. E poi ancora incendi, malaria, ribellioni e saccheggi hanno plasmato il carattere dei barbaricini, rendendoli più impenetrabili della loro stessa terra.

Il codice barbaricino trova il suo regno in luoghi impervi e spesso inaccessibili, dove i pastori affrontano interminabili marce, dove i percorsi si muovono lungo antichi tracciati che passavano per valli, boschi, pascoli e testimoniano vicende passate, storie di povertà e di orgoglio mai sopito. Perseguitati dalla natura ostile dei luoghi pieni di selvatiche boscaglie, perseguitati dalle incursioni militari e banditesche, i pastori, sovente, dalla costa si spingevano più in alto verso le zone di campagna. Dal mare ai monti diffusero la venerazione del territorio, soprattutto la venerazione dei monti, del monte Limbara e di Punta Ballistreri, battezzata così dalle popolazioni locali, che riconoscevano quei picchi come regno indiscusso dei fuorilegge.

La condizione di pastore, soprattutto nell'Ottocento, spesso continuava in una progressione impercettibile verso la condizione di bandito[137] con il quale aveva in comune la capacità di giustificare le proprie azioni, di risolverle e poi di razionalizzarle in rapporto a un sistema etico risultante da un complesso processo storico e sociale. Dal pastore che "giustifica" al bandito che "giustifica" il passo è breve e porta, come naturale conseguenza, al paese che "giustifica"[138]. Da questo deriva la tacita protezione della gente di cui hanno sempre goduto i latitanti.

Il pastore, una volta diventato latitante, è obbligato al rispetto delle norme non scritte che regolano il codice della vendetta. Il pastore barbaricino, anche oggi, incarna le profonde difficoltà di una realtà economico-sociale dolorosa che è quella della pastorizia nomade, nella quale si raccolgono le contraddizioni del popolo sardo. Queste norme comprendono schemi di comportamento diventati espressione della lotta di una civiltà di montagna per la difficile sopravvivenza in un territorio ostile.

Chi no este ruttu podet rughere[139].

La bardane

La crisi sociale, la povertà, la difficoltà del rapporto con le autorità consentirono al banditismo di manifestarsi sotto varie forme. Le *bardane*, ad esempio, erano molto frequenti nell'Ottocento. Le bardane erano vere e proprie bande armate composte anche di alcune decine di uomini a cavallo, quasi tutti banditi alla macchia. Non erano vere e proprie bande organizzate, ma individui generalmente solitari che, occasionalmente, si radunavano per depredare greggi, assaltare diligenze e depredare case isolate o interi villaggi ricorrendo alla violenza e alle armi, scontrandosi con le forze dell'ordine. L'azione si concludeva poi con la fuga e la separazione dopo la spartizione del bottino. Queste rapine continuarono a verificarsi durante tutto l'Ottocento, diventando sempre più frequenti e sanguinose. Queste bande compivano ogni forma di grassazione. Il fenomeno era talmente frequente che si può dire che molti, tra i maschi più giovani e robusti di ogni paese, vi partecipavano. Feroci e sanguinari spaventavano i paesi limitrofi e, per un pregiudizio comune, non colpivano mai di venerdì. Giunti sul posto, il capo faceva l'appello e si assicurava del preciso numero e della identità delle persone. Se anche uno solo avesse disertato, la brigata si sarebbe sciolta. Se invece tutti erano convenuti, ciascuno, dopo essersi truccato o mascherato, veniva contrassegnato con un numero col quale poi sarebbe stato identificato durante la grassazione. Nell'assalto di una vettura o diligenza, i grassatori uccidevano prima i cavalli e poi, fatti scendere i viaggiatori, li obbligavano a consegnare tutti i loro averi.

Barbagia e Gallura erano le regioni più colpite, tanto che in queste zone, alla fine dell'Ottocento, si contarono centonovantasette latitanti e ben settantasette carabinieri uccisi in conflitti a fuoco.

Pustis de sa justitia benit sa morte[140].

La bardana di Tortolì

Vittorio Depau era un ricco proprietario terriero di Tortolì, cugino del potente vescovo[141] Salvatore Depau. Il 14 novembre del 1849

Vittorio Depau si trovava a Cagliari[142] quando una bardana, formata da un imprecisato numero[143] di individui armati e mascherati, irrompeva nella sua casa di Tortolì uccidendo un servo. I banditi arrivarono poco dopo la mezzanotte, dopo aver disposto un cordone di uomini intorno al Comune per impedire la difesa da parte della popolazione. Giunti nella casa del Depau scalarono il muro di cinta uccidendo il servo Olla Giuseppe dopo che questi aveva a sua volta ucciso un grassatore. I malviventi fecero bottino di tutto ciò che trovarono e, fortunatamente, la famiglia del Depau poté rifugiarsi nel solaio scampando così al pericolo. Anche uno dei grassatori cadde nella ritirata e fu decapitato e denudato. La popolazione di Lanusei e di Tortolì si mostrò solidale con la famiglia Depau e organizzò un servizio di perlustrazione nelle campagne di Arzana, Villagrande, Talana e dintorni, ma con scarsi risultati. L'allora onorevole Merello, avuta notizia del fatto, si affrettò a telegrafare al Presidente del Consiglio dei Ministri con una esplicita richiesta d'aiuto. Ciò che arrivò nell'isola, in realtà, fu solo un gruppo di giornalisti tra cui un famoso redattore del Corriere della Sera. La Sardegna veniva, ancora una volta, lasciata sola, in compenso furono messe a sua disposizione centomila lire per incrementare la forza pubblica e si istituì una forte taglia sulla testa del latitante Sedda.

E' interessante notare come i giornali locali abbiano fortemente criticato le autorità, mettendo in evidenza l'avvio di una inchiesta sul contegno dell'Arma a Tortolì[144] e lanciando invettive verso il governo centrale che concedeva mezzi e uomini solo ai centri importanti.

Ancora una volta, articoli su quotidiani locali, telegrammi inviati, racconti giornalistici rivelarono contrasti tra lo Stato e la società sarda. Anche in questo episodio si conferma la figura di uno Stato che guardava alla Sardegna come a una colonia e al quale poco interessava dare una risposta adeguata alle domande di aiuto, che pure c'erano. Quello che condizionava tutto era l'ansia di cercare di comprendere, in modo non equivoco, fin dove arrivasse in Sardegna la violenza legittima come reazione alle ingiustizie e dove iniziasse, invece, quella immorale. Tutto questo sotto lo sguardo attonito dei continentali che, per incomprensione atavica di un mondo a loro troppo lontano, nulla fecero per cercare di comprendere il fenomeno.

S'innozente non bi depet pranghere mai[145].

Il balente, uomo vendicatore

In una Sardegna che versava in uno stato di arretratezza paurosa, divorata da secoli di dominazioni, paralizzata da carestie, incendi, alluvioni ed epidemie, la Barbagia[146] si dette una propria forma di governo dettata dalle leggi naturali di sopravvivenza. E' in questo contesto che andò sviluppandosi la figura del *balente*[147], il difensore della sardità che fece della propria natura la madre del proprio diritto. Il termine *balente* implica una serie variegata di comportamenti e qualità, quali audacia, coraggio, prudenza, resistenza fisica, sprezzo delle leggi ufficiali[148] e altro ancora. Il *balente* era una persona che riscattava le offese subite dal suo gruppo familiare o dal gruppo sociale di appartenenza, applicando il codice barbaricino per la tutela dei suoi diritti e dei diritti della sua gente. Alla figura del balente si contrapponeva quella del *guastu*[149], che stava ad indicare non tanto una persona affetta da menomazioni fisiche, quanto un uomo incapace di sottostare alle regole della *balentìa*.

La Sardegna dell'Ottocento divenne, così, da un lato la terra delle *bardane* che terrorizzavano con le loro incursioni e, dall'altro, la terra dei *balentes*, valorosi che lottavano contro l'ingiustizia dello Stato e contro la povertà che era un male comune, tanto diffuso da rendere la vita disumana. Nel tentativo di ripristinare condizioni di vita migliori, i *balentes* cercarono di trovare nel codice barbaricino una forma di diritto naturale come fondamento per il loro senso di giustizia troppo spesso calpestato e offeso. E' in questo misto necessario di sangue e di virtù che il *balente* diventò una figura particolarissima che da un lato doveva essere in grado di porre in atto un omicidio perfetto e dall'altro doveva saper essere un saggio dotato di autorevolezza ed equilibrio, in grado di risolvere i conflitti fra le persone del suo gruppo sociale[150].

Il coltello utilizzato, *sa pattadesa*, era lo status simbol del *balente*. Senza molla né fermo, sa pattadesa ha una caratteristica lama a forma di foglia di mirto allungata cui viene data tempera e filo con procedimenti tenuti gelosamente segreti e tramandati da una generazione di artigiani all'altra. Il manico è di corno di muflone e più spesso di montone, sempre scelto per la compattezza e per la bellezza del colore e delle venature.

La figura del *balente*, raffigurato con la sua pattadesa, ha finito col penetrare nell'immaginario collettivo fino a trasformarsi in una icona in cui si intrecciano e si confondono realtà e fantasia, mito e storia. Sulla *balentia* si sono accavallati elementi onirici e lirici con descrizioni di costumi, di comportamenti e di fatti che spesso nulla hanno a che fare con il mondo reale barbaricino. Il balente nella realtà è una figura complessa che merita una introspezione psicologica per il dramma esistenziale che incarna. E' un dolente spaccato della società in cui vive, alieno, però, da vittimismi e lamentazioni, ma fiero guerriero in un mondo che fatica a comprendere. E' un uomo che ha una concezione tragica della vita, per il quale l'importante non è vivere ma vivere da uomo in un mondo senza speranza e senza futuro, un mondo che vede raccolti compromessi, greggi decimati, solitudine, fatica, stenti e privazioni.

Cada mattichedda iuchet oricredda[151].

La latitanza

La latitanza rappresenta la prima manifestazione di sfiducia del pastore sardo nei confronti della giustizia[152]. La latitanza nasce non tanto come esigenza di libertà, quanto come necessità causata dalla lentezza dei procedimenti giudiziari. Attendere i lunghissimi tempi della burocrazia dello Stato significa, per un pastore, perdere il gregge ed esporre le sue proprietà e la famiglia stessa a danneggiamenti di ogni genere. Non è pensabile, dunque, che un pastore, colpevole o innocente che sia, possa scontare anni di attesa e di carcerazione preventiva tra istruttorie, giudizi di primo grado, appello e cassazione magari per poi essere liberato per mancanza di prove o per non aver commesso il fatto. Tornerebbe ad essere un uomo libero ma completamente rovinato da miseria, disoccupazione e fame. Il codice barbaricino non ammette la carcerazione preventiva e la latitanza, proprio per i motivi sopra esposti, è considerata una necessità[153] indipendentemente dal riconoscimento o meno dello stato di innocenza o colpevolezza.

Essere *balente*, in Sardegna, era sinonimo di latitanza ed era una condizione molto comune dettata dalle circostanze. Non sempre essere *balente* o latitante significava essere colpevole di qualche delitto o di qualche crimine. Bastava poco per scappare in latitanza: una spiata falsa, un errore della giustizia o un nemico che metteva in circolazione voci non vere costringeva a fuggire e questo significava già essere un fuorilegge. Del resto quella poca fiducia che i sardi avevano nella giustizia la perdevano al solo pensiero dei mesi o addirittura degli anni di carcere preventivo o di confino per cui, divenire bandito a questo punto era davvero facile.

Lussu chiamava *banditi d'onore* quei latitanti che, per vendicarsi del torto subito, facevano ricorso al diritto naturale barbaricino e cadevano in una spirale di violenza da cui non sarebbero più riusciti ad uscire.

Sos depidores sunu faulalzos[154].

L'omicidio barbaricino

L'omicidio barbaricino è legato a questioni di onore personale e d'immagine sociale facenti capo a un insieme di regole che, seppure non scritte, costituiscono una sorta di codice di comportamento per la regolamentazione dei conflitti. Perché si compia un omicidio ci deve innanzitutto essere un movente, che può essere legato a una faida familiare, alla tutela della proprietà privata o del bestiame, alla necessità di far tacere testimoni che hanno parlato troppo. Un tempo l'offesa veniva restituita per mano propria, oggi invece la parte offesa tende a incaricare un sicario, cosa che permette la costruzione di un alibi. Il mandante, nel momento in cui viene uccisa la parte avversa, si fa trovare in un luogo molto affollato dove è sicuro che ci siano molti testimoni, come un bar. Quando non ha la possibilità di procurarsi un alibi il mandante ricorre, in taluni casi, alla falsa testimonianza cui nessuno si sottrae, dato che viene considerata come un favore che un giorno potrà essere restituito. L'omicidio barbaricino viene posto in atto dopo che si sono raccolte tutte le informazioni necessarie sulla vittima: abitudini, consuetudini, attitudini e comportamenti[155]. Le armi predilette sono sempre armi da fuoco, solitamente il fucile caricato a pallettoni che dà maggiori garanzie di riuscita con la sua classica rosata. Inoltre il fucile a pallettoni non lascia bossoli né residui di polvere da sparo sugli indumenti, quindi non fornisce indizi per gli inquirenti nelle indagini investigative[156].

L'omicidio barbaricino va posto in essere secondo simboli e rituali che vanno interpretati. La mutilazione, vista come linguaggio simbolico e criptato, secondo alcuni studiosi trova dei punti di contatto nel modus operandi con la segnatura eseguita ancora oggi in Sardegna sugli animali. In realtà pare più credibile che le mutilazioni e lo stato in cui viene fatto trovare il corpo siano indicativi delle motivazioni legate al codice, ad esempio, il taglio della lingua starebbe a indicare che il morto si è macchiato del grave delitto della delazione. Le azioni difensive si avvalgono di simboli, di rituali, di armi che in questo contesto non rappresentano solo il mezzo con il quale colpire il nemico, ma rappresentano il segno di uno status.

Nell'omicidio barbaricino non ci sono parole, ma solo azioni, gesti che sono mortali, distruttivi e molto eloquenti, dettati da vere e proprie norme giuridiche dal rispetto delle quali nessuno si può sottrarre. Nella struttura sociale dello Stato, dove la morale ha abolito gli istinti naturali, l'omicidio barbaricino può apparire paradossale. Tutto questo non è, invece, affatto paradossale se si rapportano i comportamenti del diritto barbaricino al loro fine originario che è la conservazione della vita dei membri della comunità. L'omicidio barbaricino va inquadrato in questa logica, una logica in cui l'uso della forza non è contrario alla natura[157], qualora sia necessario agire per la propria sopravvivenza.

Il codice barbaricino, nel suo complesso meccanismo di offesa-vendetta, prevede che la pena sia proporzionale all'offesa. Questo renderebbe le cose fin troppo semplici, *capra pro capra et boe pro boe*[158], una capra per una capra e un bue per un bue, ma non è sempre così. Cita l'articolo n. 18 del codice barbaricino secondo Pigliaru:

La vendetta deve essere proporzionata, prudente e progressiva[159].

In genere, in effetti, è questo che accade: macchiarsi di un delitto per il furto di una pecora sarebbe sproporzionato. Tuttavia, quando l'offesa è messa in atto in modo continuativo, oppure quando offesa si somma a offesa, è previsto che scatti il delitto come vendetta. Le ragioni che portano al delitto barbaricino sono, dunque, varie e si caratterizzano tutte per una buona dose di soggettività, la stessa che è stata ereditata dalla Carta de logu. Il grado di soggettività è, tuttavia, compensato dal fatto che prima di commettere un fatto di sangue l'offeso, con tutti i mezzi che gli sono propri, si cura di accertare le reali responsabilità della vittima. In ogni caso l'omicidio barbaricino è sempre un gesto carico di efferatezza che non manca di suscitare sdegno e orrore. Questo perché è sempre opinione diffusa che la vittima sia innocente e si dà per scontato che la vittima, per il solo fatto di essere vittima, sia stata ingiustamente uccisa. In realtà le cose non stanno sempre così e il rapporto tra la vittima e l'uccisore è molto complesso e l'omicidio barbaricino nulla ha a che vedere con un qualunque omicidio. Tra vittima e omicida si instaurano complessi rapporti informali che ubbidiscono a precise regole di comportamento[160]. Innanzitutto la vittima sa sempre di esserlo, sia per la consapevolezza di aver causato un'offesa, sia perché ha ricevuto molti segnali: togliere il saluto, guardare con disprezzo, mostrare il calcio della pistola che spunta dalla tasca, rovesciare il vino sul tavolo del rivale, sgarrettamento del bestiame, taglio della lingua dell'asino, sono solo alcuni dei gesti simbolici di provocazione. Talvolta il nome della vittima viene scritta su un manifesto o sulla porta della chiesa. D'altra parte la vittima, nel momento in cui è consapevole di esserlo, adotta diversi stili di vita: circola armata, cambia sovente itinerario, modifica le abitudini. Insomma tra vittima e omicida s'instaura una vera e propria guerra, una vera caccia tra preda e predatore.

Il delitto barbaricino, quando viene messo in essere, si svolge con una dinamica di esecuzione del tutto particolare. Innanzitutto l'omicida non deve lasciare indizi, preferisce operare al buio, nella tarda sera o all'alba. Lo scenario del crimine è quasi sempre la località dove la vittima si reca per lavorare, quindi l'ovile o l'azienda. Spesso accade che il delitto venga consumato lungo l'itinerario che dall'abitazione della vittima porta al luogo di lavoro, ma anche in prossimità dell'abitazione, magari quando vi rientra a tarda sera. In questo caso l'itinerario percorso è ostruito con dei massi per far sì che la vittima designata sia costretta a rallentare, divenendo così un più facile bersaglio sotto il fuoco del sicario e dei suoi eventuali aiutanti[161].

Quando viene rinvenuto un cadavere con gravi deturpazioni, comunemente si pensa all'azione di un maniaco o di un malato. Il modo in cui viene trovato un cadavere vittima di un delitto barbaricino, invece, non può mai essere imputato a danneggiamenti dovuti a turbe psichiatriche o a forme maniacali. Dopo che il delitto è stato compiuto, il cadavere viene trattato secondo precise ritualità correlate alla pena commessa dalla vittima. Molte sono le azioni tipiche e le mutilazioni, tutte cariche di un forte significato simbolico. Da notare che tutte vengono praticate sul cadavere e non quando la vittima è ancora in vita. Di seguito ne vengono riportate alcune[162].

Justissia bi holete, ma in domo anzena[163].

Taglio della lingua

Il taglio della lingua risponde a una semplice simbologia e viene inflitto a chi si macchia del delitto della delazione.

Allargamento della rima buccale

L'allargamento della rima buccale viene effettuato con un'arma bianca e consiste nell'aprire la bocca da un orecchio all'altro.

Anche questa pena è inflitta a chi si è macchiato del delitto di delazione. L'uso di questa simbologia è piuttosto frequente, lo dimostra il gran numero di proverbi in lingua sarda che fanno riferimento a questa pratica.

Asportazione degli occhi

L'asportazione degli occhi viene effettuata in caso di delazione. La logica che sta dietro a questa pratica vuole significare che, se la vittima non avesse visto, non avrebbe neppure parlato. L'asportazione degli occhi ha anche un significato generico di vendetta, infatti, chi viene incarcerato a causa della delazione, spesso si fa tatuare un occhio con accanto la data di scarcerazione. Il significato è che all'uscita dal carcere la vendetta sarà sicura.

Taglio delle orecchie

Il taglio di un pezzo di orecchio è una pratica riservata a chi pratica l'abigeato. Un tempo il taglio delle orecchie si riservava alle pecore, infatti ogni proprietario usava marchiare i propri bovini con un taglio preciso, in modo da riconoscerle. Il taglio delle orecchie della vittima sta a significare che a lei si riserva lo stesso marchio riservato ai propri animali, in questo modo si rende manifesta a tutti la motivazione della mutilazione. Quando l'orecchio viene tagliato completamente significa, invece, che la vittima si è macchiata del reato di falsa testimonianza. In questo caso l'arma bianca con cui l'orecchio è stato amputato viene lasciata vicina al cadavere.

Colpo in bocca a bruciapelo

Il senso del colpo in bocca a bruciapelo è lo stesso del taglio della lingua e dell'allargamento della rima buccale ed è una punizione per aver parlato troppo. Anche questo gesto viene espletato sul cadavere e non quando la vittima è ancora viva.

Scarica di pallettoni sul viso

La scarica di pallettoni sul viso rappresenta un profondo senso di disprezzo nei confronti della vittima. Poiché, anche nella vendetta, vi è il pudore di lasciare il viso della vittima riconoscibile dai familiari, soprattutto dalla madre che deve poter dare l'ultimo bacio e l'ultimo saluto al figlio, l'atto di sfregiare il volto è rappresentativo di grande disprezzo anche nei confronti della famiglia. E', questo, il peggior segno di vendetta.

Frattura cranica con esposizione del cervello

Questo trattamento è riservato alle vittime che, umiliando con la propria intelligenza l'omicida, lo hanno messo in difficoltà. Il cervello viene messo in esposizione dopo essere stato spappolato, segno di voler distruggere l'intelligenza della vittima. In un certo senso questa pratica vuole indicare una certa ammirazione nei confronti della vittima.

Frattura cranica mediante sassi

La frattura del cranio mediante una sassata è riservava ai rettili che il pastore trova in campagna. Fratturare il cranio della vittima significa ammazzarla come un rettile, ossia come un essere spregevole. Questo trattamento è talora riservato a individui molto giovani nelle disamistades nella considerazione del fatto che i giovani della famiglia rivale prima o poi cresceranno e diventeranno un pericolo sicuro.

Riposizione dei genitali in bocca

Chi non ha saputo comportarsi da vero uomo deve essere privato dei genitali che sono attributi di virilità. Infatti, chi non si è comportato da vero uomo, vuol dire che si è comportato come una *donnetta* e pertanto, come una donnetta, deve essere privo di testicoli. In particolare quando i genitali vengono posti nella bocca del cadavere, significa che la vittima ha parlato troppo. Vi è un'altra interpretazione legata a questa pratica, ossia la bocca che si è macchiata del delitto della delazione è degna di fare solo quello che fa una donna, ossia la *fellatio*. Insomma, le vere doti di mascolinità risiedono nella bocca, ossia nel saper tenerla chiusa.

Introduzione della lingua in cavità rettale

La lingua viene introdotta nella cavità rettale quando, colpevole di delazione, non è degna di stare al suo posto, ma viene posta nell'unico posto dove è degna di stare. Parlare troppo significa fare una cosa sporca e quindi la lingua deve stare in un posto dove stanno le cose sporche, cioè le feci. Questa pratica ha altresì un significato più generico di sodomizzazione intesa come atto di dominio nei confronti della vittima. Mettere qualcosa nella cavità rettale sta sempre a significare che la vittima è un soggetto atto solo a subire. Nel caso in cui nella cavità rettale sia messo un oggetto del proprio corpo, come nel caso della lingua, il significato è quello di autodistruzione, nel senso che se il soggetto si fosse fatto gli affari propri non avrebbe firmato la propria condanna. L'introduzione della lingua nella cavità rettale è un segno di disprezzo dell'uccisore nei confronti della vittima, che viene considerata un perdente.

Sgozzamento

Lo sgozzamento viene riservato agli usurai. Tagliando la gola alla vittima l'uccisore non fa che compiere la stessa azione che compiva l'usuraio che prendeva per la gola i creditori esigendo compensi sproporzionati. Lo sgozzamento, inoltre, porta ad una rapida perdita di sangue e simula il dissanguamento che l'usuraio ha perpetrato nei confronti del debitore. Così come il pastore sgozza le pecore, così l'usuraio, chiedendo interessi esorbitanti, taglia le gole alle sue vittime e dissangua la povera gente.

Apertura dell'addome

L'apertura dell'addome è riservata alle vittime che si sono mostrate avide e scorrette nella divisione patrimoniale dei beni e, soprattutto nella divisione di proventi illegali derivati da furti, abigeati, estorsioni ecc. La vittima si è dimostrata ingorda e ha mangiato troppo, quindi l'apertura del ventre sta a indicare una simbolica restituzione di ciò che è stato trattenuto ingiustamente.

Squartamento

Lo squartamento è un trattamento che solitamente viene fatto sul maiale, pertanto questa pratica viene messa in opera quando il messaggio che si vuole dare è quello di identificazione della vittima con il maiale. Lo squartamento consiste, dopo l'omicidio, nell'appendere la vittima ad un albero per i piedi e squartarne il corpo come se si trattasse di un maiale. Questa pratica si usa nel caso in cui qualcuno abbia insidiato sessualmente la propria figlia, sorella, moglie o in genere una donna della propria famiglia.

Lampu ti falet![64]

Su mortu

Le norme giuridiche sono strettamente legate, anche nella morte, a norme di carattere sociale. La vittima, *su mortu*, si distingue da un qualunque altro morto per le modalità attraverso le quali si è consumato il suo destino. E se il suo destino è finito così, vuol dire che in qualche modo se lo è meritato. Quel genere di morte è un fatto sociale, non può essere qualcosa di privato e vissuto all'interno della propria intimità familiare, quindi *su mortu* viene sottoposto alla vista di tutti. La *mala morte* non conosce riservatezza, ma viene vissuta dalla collettività. L'evento fa scattare una ridefinizione di giudizi: l'ucciso è giudicato buono, non ha più colpe perché la sua famiglia ha espiato con la morte, per questo l'intera comunità manifesta la propria solidarietà e partecipazione alla famiglia dell'ucciso.

Antichi rituali barbaricini prescrivono che alle donne tocchi il ruolo di esprimere il dolore. Riunite in cerchio esse manifestano il lutto attraverso canti e lamentazioni funebri il cui contenuto supera la dimensione che li lega al singolo individuo, ma acquisiscono un significato di partecipazione di tutto il gruppo sociale. La reazione al lutto diventa così un rito corale che assume quasi i connotati di un rito pagano. Il canto viene iniziato dalla parente più stretta e a questo canto rispondono le altre donne riunite in cerchio[165]. I contenuti del canto assumono le vesti di una improvvisazione nella quale l'attenzione finisce col passare dal morto ai vivi che, privati di una figura importante, devono necessariamente trovare il modo di continuare a vivere ridefinendo il loro ruolo. Questi canti di morte assumono connotati davvero tragici in quanto, seppure dettati dall'emozione suscitata dalla circostanza, finiscono per trasformarsi in un grido di dolore corale, finiscono cioè per rivelare una specie di inconscio collettivo di un gruppo sociale che vive un destino ineluttabile.

Gli uomini invece non cantano, non parlano, restano in silenzio in un'altra stanza dove tentano di allontanare il dolore estraniandosi al destino.

Ancora alla donna toccherà portare il lutto vestendosi rigorosamente di nero per tutta la vita. In modo particolare la moglie della vittima non potrà uscire né partecipare a incontri esterni alla vita familiare. Questo non significa rottura dei rapporti sociali che invece si rafforzano e si intensificano, poiché sarà la collettività a portare la propria solidarietà alla moglie e alla famiglia di *su mortu*. Ma il lutto, per la donna, ha anche un significato inquietante: il colore nero degli abiti si fa custode dell'odio che porta alla vendetta, la donna è, insomma, istigatrice e il colore nero dei suoi abiti ricorda che la morte del congiunto prima o poi sarà vendicata. Il funerale barbaricino riunisce l'intera comunità, è un'occasione sociale dove avviene un vero e proprio scambio tra la famiglia e la collettività. Ne è la testimonianza l'offerta e il dono di cibi vari alla famiglia dell'ucciso. Vengono addirittura offerti interi pranzi già cucinati riservati ai parenti più stretti e intimi della vittima. In occasione, poi, di riti come l'anniversario di trigesimo, la famiglia del morto ricambia distribuendo i pani benedetti in memoria del defunto. La *mala morte*, dunque, è un evento di cui si fa carico l'intera collettività ed è un momento culturale che contribuisce a tramandare costumi e istituzioni sociali fin dalla notte dei tempi.

Mantenne sempre sa ucca serrada[166].

Disamistades

Le disamistades sono inimicizie tra famiglie o gruppi rivali che possono durare anni in un tragico rapporto offesa-vendetta che pare non avere fine. Secondo il codice barbaricino, un fatto di sangue non può essere dimenticato e il dovere della vendetta non cade mai in prescrizione. Infatti, secondo la tradizione del codice non scritto, *sono moralmente impegnati tutti i membri maschi dei gruppi familiari*[167].

Le disamistades hanno origini antichissime e tutt'oggi se ne ricordano alcune per la loro durata ed efferatezza, come la disamistade tra le due famiglie più potenti di Ollolai, gli Arbau e i Ladu. Grande eco ebbe anche quella tra i paesi di Orgosolo e Locoe. Gli Orgolesi avevano i pascoli nel Supramonte, ma quando l'erba scarseggiava le pecore scendevano al piano e spesso invadevano i territori di Locoe. Sistematicamente i locoini uccidevano le pecore, anziché restituirle ai proprietari. Da qui l'origine di tanti delitti barbaricini che hanno insanguinato i due paesi per anni. Infatti, come risposta, i pastori orgolesi si vendicavano con rappresaglie e omicidi. In tempi più recenti si ricorda la disamistade di Aggius tra le famiglie Vasa e Mamìa e quella di Mamoiada tra le famiglie Mele e Cadinu e ancora le disamistades di Olzai, di Ovodda, di Sarule, di Teti, di Aggius.

Numerosi studi hanno rivelato che le disamistades sono tutte scatenate da fattori economici. La cosa può sembrare, a prima vista, piuttosto banale, ma non lo è se si considera che in Barbagia il possesso dei beni significa difesa contro la precarietà dell'esistenza e quindi, chi mette a rischio il patrimonio, mette anche a rischio la sopravvivenza del nucleo familiare. Tuttavia, sul motivo scatenante, finiscono poi per intersecarsi molti altri fattori che contribuiscono a far durare la faida per anni. In questa loro evoluzione le disamistades possono prendere due vie: o rimangono scontri confinati tra due gruppi contendenti, oppure vedono un allargamento a macchia d'olio e la partecipazione di più nuclei familiari. In ogni caso ogni tipo di faida implica non solo omicidi, ma anche danni alle cose e al bestiame, violenze patrimoniali e spesso vede il formarsi di vere e proprie bande che si riuniscono per attuare atti criminosi.

Le disamistades, dunque, nascondono aspetti di grande complessità, ma soprattutto rivelano un legame saldissimo tra l'uomo barbaricino e il suo gruppo di appartenenza. Esse, in genere, non si concludono mai spontaneamente, infatti le *paches* sono solo delle interruzioni momentanee. Le disamistades cessano solo nel caso in cui si arrivi alla cattura del latitante o all'allontanamento geografico di una delle famiglie rivali.

Sa cresura de binza fachet sa ruffiana[168].

L'omertà

Uno dei principi fondamentali del codice della vendetta barbaricina è quello che intima di assumere un atteggiamento di prudenza nel comunicare informazioni o sentimenti personali. Questa è una caratteristica talmente radicata da fare in modo che, fuori dell'isola, si consideri la diffidenza come la caratteristica più peculiare del popolo sardo.

Questa diffidenza, in realtà, nulla ha a che vedere con l'omertà, ma si raffigura piuttosto in un atteggiamento di dignità nel manifestare gli eventi della propria vita, soprattutto quelli spiacevoli, al fine di non dare adito ad atteggiamenti di commiserazione. Molte sono le motivazioni che stanno dietro a questo modo di essere, in ogni caso sono motivazioni che nulla hanno a che vedere con il significato che si dà comunemente a questo termine. Così l'omertà sarda è molto diversa dall'omertà siciliana in cui, ad esempio, il testimone di un delitto di mafia non parla in quanto teme rappresaglie e vendette.

In Barbagia questo comportamento è certamente dettato anche dal timore di rappresaglie, dato che la delazione è considerata una grave offesa, ma è dettato anche e soprattutto da atteggiamenti di sfiducia nei confronti della giustizia dello Stato. Inoltre, l'omertà sta implicitamente a significare anche l'accettazione dell'operato del codice non scritto. Non solo, ma, come abbiamo visto, vi è diffuso un sentimento di identificazione con chi commette l'azione barbaricina, quindi l'omertà sta a indicare non solo la difesa di chi commette il reato, ma anche una propria autodifesa. Tutto questo fa si che l'operato della giustizia sia intralciato da una barriera di silenzio che, come un muro invalicabile, protegge le azioni legate al codice della vendetta. Ciò che sta sopra ogni cosa è il desiderio di riparare a una ingiustizia e, avendo la chiara consapevolezza che la giustizia dello Stato spesso non la ripara affatto, l'omertà è un modo per raggiungere lo scopo. Siccome l'autorità giudiziaria non ritiene utile l'azione deterrente di pene severe, il barbaricino si sente vittima del modo di operare della giustizia e non si sente tutelato da essa. Nascondendo le informazioni utili all'autorità giudiziaria, il Barbaricino può mettere in atto la propria vendetta. Non da ultimo il senso dell'omertà va considerato in un quadro più generale del codice della vendetta, infatti, impedire che si faccia luce su chi ha ucciso qualcuno, consente di lasciare i congiunti in uno stato angoscioso che costituisce un ulteriore modo di punire o umiliare la famiglia rivale agli occhi del paese.

Chi faghet fidanzia prestu sinde pentit[169].

Luoghi e banditi della Sardegna dell'800

La Sardegna dell'Ottocento, così come la conosciamo attraverso l'universo letterario che ci è giunto, dà l'immagine di un entroterra martoriato e irrequieto, dà l'acuta percezione del perdurare di un disagio fortissimo causato da una condizione di ingiustizia mai sanata. In molti scritti di Grazia Deledda, di nascita barbaricina, si avverte il disagio del mondo contadino arcaico della Sardegna dell'Ottocento. Grazie alla fedeltà alla sua radice emotiva e agli slanci irrequieti e ardenti, l'autrice ha tramandato l'immagine di un'isola dalle brughiere aspre e solitarie, con boschi di sugheri e piante di fichi d'India, ginepri, lentischi, pascoli e montagne, villaggi sprofondati in una civiltà arcaica in cui tutte le creature si confondono nella tragica coscienza di un destino ineluttabile.

Attraverso gli occhi di Lawrence, invece, vediamo una umanità sorprendentemente misteriosa: *hardy, indomitable, male, wild, antica, forte, indomabile, maschia, selvaggia,* così come misteriosi e selvaggi gli appaiono i sardi... *spesso solitari in luoghi di selvaggia solitudine*[170].

In realtà la Sardegna dell'Ottocento era abitata da una società pastorale cui accanto si andava affermando anche una classe borghese definita da Michelangelo Pira[171] "borghesia compradora" il cui compito era quello di rendere governabile la Sardegna, soprattutto la Barbagia considerata "zona delinquente". Rendere governabile la Sardegna significava, per la borghesia compradora, non tanto risolvere i problemi legati al mondo barbaricino, ma rendere stabili i propri privilegi cercando di mantenere il controllo sul territorio. Il banditismo sardo però, che da un certo punto di vista altro non era che un modo tradizionale e locale di farsi giustizia, impediva di fatto la cristallizzazione dei privilegi dei neo-borghesi e ne ostacolava l'azione sul territorio. Si può dire che il banditismo contribuì non poco a mantenere intatti i luoghi e le tradizioni pastorali, contrastando le azioni della "borghesia compradora". L'opera di Grazia Deledda si può leggere come uno straordinario resoconto letterario della descrizione dei luoghi, della mentalità barbaricina, della nascita della borghesia compradora e della società agro-pastorale del XIX secolo.

Muros juche orìcras[172].

La Barbagia

Nell'introduzione alla sua Storia di Nuoro e delle Barbagie, Giovanni Todde scrive:

Col nome di Barbagia si suole genericamente indicare la regione più montuosa e caratteristica dell'isola che, proprio in virtù della sua struttura morfologica, è da ritenersi l'area più genuinamente sarda, o, comunque, quella che ha conservato più a lungo strutture autoctone... Un'isola nell'isola... la montagna è la terra degli uomini liberi, della democrazia, e non per esaltazione retorica, ma per precisa e logica evoluzione naturale. Le primitive genti della montagna, possono sì travasare nella pianura parte del loro carico umano... ma allo stesso tempo ne ricevono. E questi apporti di forze nuove... danno un contributo di linfa vitale alla gente della montagna che, pur conservando in buona parte le proprie caratteristiche precipue, recepisce. Non poteva abitarvi e svilupparvisi se non una società pastorale con rapporti difficili sia con gli abitanti della pianura sia con quelli che potevano venire dal mare[173].

San Gregorio[174], invece, così descriveva la Barbagia:

Regione montuosa in cui abita gente che vive nei boschi, senza leggi né vera religione, che si dice sia rimasta là quando l'isola venne ricuperata dalle mani dei barbari d'Africa. Le sue donne sono eccessivamente sensuali e impudiche, e gli

uomini lo permettono. Infatti, dato il caldo e le cattive abitudini, girano vestite di
lino bianco, e sono così scollate da mostrare il petto e le mammelle..

La matrice dell'identità sarda è il mondo pastorale, un universo compiuto, con la sua autonomia economica, la sua cultura e i suoi miti. In questo mondo fare il pastore è più che una professione, è una condizione esistenziale in cui il territorio gioca un ruolo fondamentale.

Essere pastore in Barbagia, ha una doppia valenza:

Tutto ciò che riguarda questo arcaico protagonista della nostra storia ha sempre una doppia valenza, in quanto può presentarsi come valore o come disvalore, a seconda dell'orizzonte da cui si guarda[175].

Da un lato la Barbagia costituisce un valore perché ha contribuito in modo fondamentale alla nascita della cultura dell'identità derivata della condizione di costante subalternità coloniale del popolo sardo, da un altro punto di vista la Barbagia è un disvalore in quanto è l'area di elezione del banditismo. Poiché nella Barbagia l'attività economica è dominata dalla pratica della pastorizia, è nel mondo pastorale che è sempre esistito il codice barbaricino. Fare il pastore comporta attitudini e abilità soprattutto fisiche, com'è richiesto da un'attività in perenne competizione con la natura. Il pastore di Barbagia ha un'attrezzatura minima ma possiede grandi conoscenze veterinarie e botaniche tradizionali. E' un uomo solitario e diffidente a causa dell'ostilità dell'ambiente in cui opera, ma anche perché il suo mestiere lo isola da tutto, compresa la famiglia.

E' a partire da questo contesto che la Sardegna crea il proprio profilo, a partire cioè dall'esperienza dei pastori barbaricini, da quel *connottu* inteso come conservazione di un'identità sicuramente nemica a un progresso fatto di speculazioni, non importa che si chiamino petrolchimico o turismo di massa.

La prima testimonianza documentata dell'esistenza nella zona montuosa centrale della Sardegna di una *Barbària* si ha in due iscrizioni risalenti forse all'età di Tiberio, rinvenute a Preneste e a Fordongianus[176]. Gli abitanti di questa zona venivano descritti come portatori di una cultura inferiore che comunicavano mediante una lingua incomprensibile.

Di episodi di brigantaggio e di rapina perpetrati dai barbaricini hanno parlato molti scrittori latini, mentre Livio[177] sottolineava come questi abitanti della montagna non fossero mai stati completamente assoggettati al dominio dei conquistatori a causa della loro irriducibilità e tenacia.

La Barbagia, ancora oggi, rappresenta la parte più nascosta e misteriosa della Sardegna. La vastità dei monti del Gennargentu che occupa tutta la parte centro-orientale dell'isola insieme alle difficoltà di comunicazione per l'isolamento e per le differenze geografiche e culturali, hanno creato delle divisioni anche all'interno di questa zona distinta attualmente in quattro diverse barbagie: da Nord a Sud sono la Barbagia di Ollolai, la Barbagia di Mandrolisai, la Barbagia di Belvì e la Barbagia di Seùlo.

La Barbagia di Ollolai gravita su Fonni e Gavoi; la Barbagia del Mandrolisai declina dal Gennargentu[178] verso ovest, mentre la Barbagia di Belvì si estende intorno a Sòrgono. La Barbagia di Seùlo, infine, è localizzata sui contrafforti più meridionali del Gennargentu.

"Su pinnettu" è la tipica capanna dei pastori della Barbagia: è costituita da una base circolare di pietre e da una copertura di frasche su un telaio di rami d'albero piuttosto resistenti. Nella regione delle Barbagie se ne trovano molti, alcuni costruiti in tempi recenti per valorizzare una delle caratteristiche del mondo agropastorale sardo, soprattutto delle zone più interne.

Tutta la zona è stata caratterizzata, in tutti i tempi, dalla presenza di numerose figure di "banditi": in un elenco del 1828 erano ben 74 i latitanti delle Barbagie. La vendetta barbaricina, figlia della società pastorale, sopravvive in quasi tutte le sue manifestazioni tipiche. Essa prorompe dall'economia dell'ovile e si esplica sui reati collegati al possesso e alla difesa del bestiame: abigeato, sconfinamento, sgarrettamento, sfruttamento abusivo dei pascoli, macellazione clandestina, vendetta. Ha una fisionomia precisa, origini storiche e psicologia caratteristiche in un ambiente in cui la pastorizia rappresenta ancora uno dei cardini dell'economia. E' qui che il rapporto offesa-vendetta trova la sua massima espressione come forma di ordinamento giuridico naturale in contrapposizione all'ordinamento giuridico dello Stato. Abbiamo visto come la pratica della vendetta non derivi da una codificazione scritta, ma si identifichi in un concetto genericamente perseguito di giustizia locale, privata, alla quale però si attengono intere comunità. Qui la giustizia barbaricina, ereditata come regolamentazione di un sistema di vita che si origina da un complesso di usi, costumi, condizioni psicologiche e ambientali, ha difeso i suoi caratteri originari resistendo a lungo alla penetrazione di civiltà esterne. Vi perdurano faide tra dinastie di pastori e, tra le sanguinose lotte tra latitanti, si rispecchia la Sardegna degli uomini di Barbagia che indossano stivali e giacche di velluto, immersa in una realtà apparentemente statica, che ha traversato i secoli senza consumarsi. I cimiteri sorgono sovente su alti speroni e le tombe sono rivolte in giù: i morti guardano minacciosamente in faccia il palazzo di città ove ha sede l'autorità costituita[179].

La Barbagia di Orgosolo è circondata da una natura inquietante. Orune appare al visitatore immersa tra i grandi spazi e solitudini immense. Più inquietante della stessa Orgosolo, come paese è tra i meno poveri dell'area ma il mondo pastorale, qui più che altrove, non rinuncia al codice barbaricino. Qui la giustizia si fa in casa e qui si cantano i *muttos*, le lunghe, dolcissime lamentazioni funebri accanto al corpo del bandito ucciso. Uno studio accurato condotto da un gruppo di sociologi italiani e stranieri e raccolto in un libro edito da Franco Angeli parla di Orune come del paese che, più di Mamoiada e Orgosolo, meno si riconosce nel codice positivo e che offre possibilità concrete di verifica del codice barbaricino, della *balentìa* maschile, del matriarcato comunitario, del sistema economico pastorale e dell'azione della Chiesa, spesso unica mediatrice dei conflitti[180].

E ancora Oliena, Mamoiada, Fonni, Cabras, Bitti, sembrano paesi senza tempo dominati dal massiccio azzurro del Gennargentu, boscoso e selvaggio, con calanche orride e precipizi micidiali.

A Ollolai e Orotelli è scritto sui muri: *Pro che rughere in manos de sa zustiscia, mezus mortus*, piuttosto che cadere nelle mani della giustizia, meglio morto. Qui le donne producono cesti in fibra vegetale e si vestono con abiti originali e bellissimi. Sembra un paese tranquillo, Ollolai, e nulla fa pensare alla sua impenetrabilità che da sempre lo caratterizza. Perfino il Cristianesimo vi penetrò con grande lentezza ed ebbe reale diffusione molto tardi.

A Gavoi e a Sa Caletta si parla l'antico latino, quello dei trovatori. E' la stessa lingua del codice non scritto: *Furat chie furat in domo o chie venit dae su mare*, ruba chi ruba in casa o chi viene dal mare. Gli abitanti sono quasi tutti imparentati fra di loro e divisi in pochi cognomi fondamentali[181]. A questa grande unità sociale si accompagna anche una grande unità ambientale: le strade sono tortuose e le case, tutte in granito, sono disposte ad anfiteatro sul pendio che abbraccia una conca boscosa, conferendo al paese il classico aspetto barbaricino.

Su tutti questi paesi troneggia Nuoro o meglio, Nùgoro, collocata in alto, a cinquecento quarantanove metri sul livello del mare, cuore di una Barbagia pulsante. Rappresentativa delle tradizioni e dei valori culturali delle zone interne, si estende a cavallo del monte Ortobene. Da sempre tormentata da ondate di violenza, manifestò fino in tempo recenti gravi tensioni e profonde trasformazioni sociali ed economiche, derivate anche dallo strapotere dei vescovi che, nell'Ottocento, arrivarono a esercitare una vera e propria azione di governo.

La Barbagia è anche un cammino incantato, un percorso ricco di meraviglie, di fascino e di cultura che lascia nel cuore del visitatore emozioni indimenticabili. Ovunque si respira l'anima di una terra autentica, con una sua anima precisa, dai connotati austeri e dolci insieme. La Barbagia è zona di grandissimo valore paesaggistico e ambientale con rare specie botaniche e faunistiche, è arte che documenta la storia, con il tempio di *Sa domo de Orgìa* di Esterzili[182], i siti nuragici di Abini, i menhirs di Ovodda, le tombe dei giganti di Fonni. E' la meraviglia di un mondo pastorale che lotta intatto contro una disumanizzante cementificazione, è il vino che sa di terra autentica, è la frutta di Belvì, è artigianato ingegnoso e fiorente.

La Barbagia è luogo dove si rinnovano miti e tradizioni, come il carnevale di Mamoiada, di particolare suggestione con le sue maschere dei mamuthones[183]. La Barbagia è Orani che ha dato i natali al grande artista Costantino Nivola e allo scrittore Salvatore Niffoi, è Nuoro di Grazia Deledda. Sono Barbagia anche i centocinquanta murales di Orgosolo che narrano, a chi vuole stare a sentire, che la terra non è così silenziosa come appare, ma urla le fatiche e denuncia le ingiustizie:

es' s'ora d'estirpare sos abusos a terra sos malos usos a terra su dispotismu...[184]

La Barbagia è anche la terra della giovane Paska Devaddis trovatasi, suo malgrado, protagonista di una sanguinosa faida.

Bellesa non faghet domo[185].

Paska Devaddis, regina di Orgosolo

Paska Devaddis visse alla fine dell'Ottocento ed era una ragazza giovane dal carattere forte, ma gracile nel fisico. L'antropologo sardo Michelangelo Pira così la descrive:

Reina di Orgosolo e de bandidos sorre e sentinella. De sa disamistade in sa burrasca in sa notte orgolesa fod istella. Paska Devaddis reina e bandida[186].

Paska Devaddis si trovò essere, suo malgrado, tragica protagonista della faida di Orgosolo tra le famiglie Cossu e Corraine. Paese di pastori, Orgosolo è uno dei centri più conservativi del nuorese ed è il simbolo del mondo culturale barbaricino. Disposto in pendio, mostra ripide e strette viuzze dove si muovono donne a capo coperto mentre nel Corso Repubblica, vicino alla parrocchiale di S. Pietro, il tempo sembra non passare mai.

Paska Devaddis era molto giovane quando camminava per queste strade e quando iniziò la disamistade di Orgosolo, il 3 aprile del 1905, con l'uccisione di Carmine Corraine. In realtà la causa dell'odio e della vendetta aveva origini più remote e risaliva alla morte di Diego Moro, un ricco proprietario terriero la cui fortuna fu allora calcolata intorno alle duecentocinquantamila lire, cifra davvero enorme per quei tempi. Intorno a questo tesoro si scatenò una rissa tra gli eredi che non avevano trovato giustizia dopo aver tentato la via legale. I parenti di Carmine Corraine, dopo anni di ricerche, consegnarono alla giustizia Egidio Podda, l'assassino del loro congiunto, che tuttavia fu assolto perché la famiglia Cossu, il cui capo spirituale della faida era un prete, don Diego, aveva protezioni presso le autorità costituite. Tutti in realtà sapevano che Egidio Podda era un assassino e che aveva ucciso Corraine, disarmato, sparandogli alle spalle. Il fallimento della giustizia pubblica scatenò la vendetta del codice barbaricino. Tra le due famiglie interessate iniziò una vera e propria guerra che finì per allargarsi a molte famiglie di Orgosolo: oltre i Cossu e i Corraine entrarono nella mischia anche i Succu, i Moro e i Devaddis[187].

I Corraine e le famiglie a loro vicine finirono per trasformarsi in una banda sanguinaria costretta a rifugiarsi sulle montagne per difendersi, non solo dalla famiglia Cossu, ma anche dalla ingiustizia delle autorità. Furono perseguitati tutti i componenti della famiglia Corraine, anche quelli che non parteciparono alla faida: la notte del 6 giugno 1913 vennero arrestate cinquantatré persone della parte dei Corraine, persone che erano rimaste in casa e che non si erano rifugiate sui monti. Tra gli arrestati anche Maddalena Moro, la madre del capo Corraine, oramai ottantenne e gravemente malata. Ma non finì qui: in soli otto giorni, dalla notte del 6 giugno al 14 giugno del 1913 furono uccise sei persone, tra cui due ragazzi di tredici e quattordici anni. Ciò provocò una indignazione profonda e questi fatti furono deplorati anche dalla stampa, soprattutto perché si sapeva che la famiglia Cossu era protetta dalle forze dell'Ordine. Nonostante ciò, le misure repressive estese a tutta la popolazione continuarono. Alla fine della *disamistade,* dopo un processo celebrato a Sassari nel 1917, i morti che si contarono furono più di venti. Nel processo emersero fatti inquietanti: secondo alcuni testimoni Francesco Devaddis, fratello di Paska, dopo essere stato ucciso e sventrato dalla parte avversa, sarebbe stato consegnato ai carabinieri che avrebbero inscenato uno scontro[188] con le forze dell'ordine.

Paska Devaddis si salvò rifugiandosi in casa di amici. Da spettatrice divenne protagonista quando uccisero Antonio Succu del clan dei Cossu nella sua casa davanti alla madre, alla nonna e alla sorella che testimoniò di aver riconosciuto nell'assassino il fratello di Paska e qualcuno giurò di aver visto pure la ragazza aggirarsi nel luogo del delitto. La giovane Paska, che era innocente e che credeva nella innocenza del fratello, dopo l'emissione di un mandato di cattura iniziò la latitanza sui monti della Barbagia[189] dove, assieme ad altri latitanti, organizzava rapide spedizioni in paese per effettuare rappresaglie contro i propri nemici.

Paska era una ragazza dal temperamento forte, ma gracile e debole nel fisico e non adatta a una vita tanto dura sulle montagne del

Supramonte. Proprio nel cuore aspro del Gennargentu Paska morì giovanissima di tisi e di stenti:

Supina, adagiata su una lettiga di frasche in fondo alla caverna di roccia, non avvertiva neppure il calore del fuoco acceso in un angolo. Si sentiva addosso tutto il freddo della notte. Le fiamme alte che non riuscivano a riscaldarla erano il rogo della sua giovinezza [...]. Quando gli occhi della donna si chiusero senza che una mano pietosa ne accarezzasse le palpebre, sei uomini vestiti da pastori che le stavano intorno la coprirono con un lenzuolo di lino candido e un pesante gabbano d'orbace. Spensero il fuoco buttandovi sopra dell'acqua [...]. Arrivati in paese i sei banditi si fermarono davanti alla porta di casa di Paska. Non ci fu bisogno di bussare. I due battenti si aprirono silenziosamente. Portata dentro la giovane, ormai pallida e fredda come il marmo, l'adagiarono su un grande tavolo. Salutarono con un gesto della testa l'ombra scura che si era staccata dalla parete, baciarono la morta sulla fronte e uscirono in fretta.

Il dovere era stato compiuto: secondo la tradizione, chi vive fuori della legalità e muore in latitanza dev'essere restituito alla famiglia[190].

Il dramma di Paska è conseguenza di una giustizia negata. Offeddu[191], vissuto a quei tempi scrisse:

Prendete l'uomo più equilibrato del mondo, circondatelo di tante sciagure, opprimetelo di costante ingiustizia, uccidetegli un figlio nel sonno, buttategli un padre nel pozzo, arrestategli la vecchia madre, fategli morire randagia e spettro umano una figlia per la campagna e perderà l'equilibrio spezzando le catene con cui l'educazione e gli studi lo avevano legato[192].

Paska morì il 15 gennaio del 1914 lasciando nel cuore degli Orgolesi l'immagine di una donna che, da questa brutta storia di sangue, uscì *illuminata da squarci di una luce orgogliosamente barbaricina*[193].

Justitia pronta, justitia facta[194].

Giovanni Salis Corbeddu, bandito di Oliena

Giovanni Salis Corbèddu nacque a Oliena nel 1844 da genitori assai poveri e di estrazione pastorale. Si narra delle sue doti d'intelligenza e di mascolina bellezza che, unite a un indubbio fascino, colpivano inevitabilmente il cuore di tutte le fanciulle che ebbero la ventura di conoscerlo. Nel 1878 fu accusato ingiustamente di furto. Per sfuggire alla legge, a trentaquattro anni si diede alla macchia iniziando la sua carriera di bandito. Racconti misti di verità e leggenda narrano del suo raro senso dell'onore e dell'amicizia che lo rendevano ben accetto al popolo e inviso ai potenti.

Nella primavera del 1894, ormai cinquantenne, si trovava con alcuni pastori nelle campagne fra i comuni di Orgosolo e di Oliena. In tale circostanza si accorse d'essere circondato dai Carabinieri, coi quali ingaggiò un violento conflitto a fuoco. Mortalmente colpito, Giovanni Corbèddu cadde assieme a un compagno di avventura, un certo Congiu, con l'arma fumante ancora in pugno[195].

Così appare la figura di Corbeddu nel ricordo di un vecchio pastore, F.S., di Orgosolo:

Ziu Corveddu si era dato alla macchia dopo l'ingiusta imputazione del furto di un bue. Durante la latitanza gli veniva addebitata buona parte dei delitti che si verificavano nella zona. La mia famiglia era molto amica di ziu Corveddu; ricordo che, io ero allora ancora ragazzetto, veniva spesso al nostro ovile con altri banditi per trascorrervi la notte. Era uomo di valore, non mancava mai alla parola data e raccomandava sempre ai suoi compagni di non infierire mai su alcuno prima di averne accertato la colpevolezza; una volta infatti assalì con duri rimproveri i banditi P. ed M. per aver ammazzato un compaesano innocente che altri aveva avuto interesse ad accusare per farlo fuori. Egli era solito ammonirli con il detto «Su re tenede su lepore a harru» (il re prende la lepre col carro a buoi) a significare che era sempre il re, ossia il potere costituito, ad avere partita vinta dati i mezzi di cui disponeva se messi in opera. Era anche devoto e la sera, prima di prendere sonno, apriva un libricino e leggeva le preghiere ai compagni. Non rubava e morì povero. Fu merito suo se i due commercianti francesi, sequestrati dai banditi, furono rimessi in libertà. Infatti, dopo le infruttuose ricerche delle forze dell'ordine, il sottoprefetto gli aveva dato incarico di intervenire con la sua «autorevolezza» presso i responsabili col preciso scopo di ottenerne la liberazione. Come compenso gli fu offerta una grossa somma in denaro che egli «da uomo» sdegnosamente rifiutò. In tale circostanza però usufruì di un salvacondotto di dieci giorni, «cessu e recessu», per cui, il bandito più temuto e rispettato del circondario, poteva liberamente circolare nel paese fra il comprensibile stupore e la curiosità dei compaesani e dei carabinieri».

Dalla rievocazione del vecchio balza evidente la figura romantica del bandito-eroe, fedelissimo alla parola data e a tutto il codice consuetudinario della comunità barbaricina[196].

Su justu pianghet pro su peccatore[197].

La grotta di Corbeddu

La grotta Corbeddu prende il nome da Giovanni Salis Corbeddu che fece della caverna il suo rifugio nei diciannove anni di latitanza prima di morire, nel 1898, in un conflitto a fuoco. La *grotta Corbèddu* è una cavità a sviluppo pressoché orizzontale, lunga circa centotrenta metri. Per raggiungerla occorre attraversare tutta la vallata di *Lanaìttu*, presso Oliena, sino a giungere in prossimità della *grotta Sa 'Oche*, nei cui pressi si distende un vasto e nudo crinale calcareo, profondamente segnato dall'azione del vento e dell'acqua.

In questa grotta Corbeddu si nascondeva, mangiava e portava le sue vittime[198]. La vita di Corbeddu si svolgeva tutta nei pressi di Oliena, centro agricolo e pastorale fortemente espressivo del mondo culturale barbaricino dove ancor oggi spiccano le case tipicamente barbaricine dipinte in calce, con le piccole corti, i fumaioli dalle forme più varie, le scalette esterne e le numerose chiese.

Si narra che Corbeddu conducesse a forza dentro la grotta i nemici e i delatori: in una sala ipogeica, al lume delle torce, pare istituisse dei grotteschi processi, che per gli infelici si concludevano generalmente con una condanna a morte[199]. Elio Aste[200], in occasione di una sua visita alla grotta, ha notato, graffita su una parete calcarea dell'antro, la raffigurazione stilizzata di una bilancia racchiusa da una spirale del diametro di circa ottanta centimetri e recante la firma di Corbeddu. E', comunque, tutta da dimostrare l'ipotesi che la scritta "Corbeddu Giovanni", incisa superiormente alla spirale, sia autentica.

La grotta è attualmente chiusa ai visitatori in quanto al suo interno, in uno strato datato col metodo del Radiocarbonio, sono stati trovati i resti umani più antichi, non solo dell'isola, ma di tutto il contesto archeologico insulare del Mediterraneo. I reperti, inquadrabili nel Paleolitico superiore, sono un osso temporale ed uno mascellare umani appartenenti a uno stesso individuo e databili a tredicimila anni fa, e una porzione prossimale della prima falange di una mano, risalente a ventimila anni fa. Di particolare rilievo è stato, inoltre, il ritrovamento di una porzione prossimale di un'ulna umana, appartenente ad un individuo ancora diverso.

L'importanza di questi reperti è dovuta al fatto che queste ossa presentano caratteristiche morfologiche che evidenziano un marcato endemismo rispetto alle altre specie del genere *Homo* attestate in Europa in quel periodo.

Sorte currede, e non caddu[201].

La Gallura

La Gallura, o meglio sa Gaddùra, con le sue montagne, le foreste e gli splendidi panorami caratterizzati dall'incombente presenza del granito[202], conserva ancora oggi una stupenda patina di antichità. La Gallura occupa la parte nord-orientale dell'isola, una vasta area i cui confini coincidono con il fiume Coghinas e con la catena del Limbara. Il nome pare tragga origine dall'abbreviazione latina *Galli Rura*, ossia terre dei Galilensi, perché così è segnata dai romani sulle carte dell'epoca. La Gallura si formò come Giudicato alla fine del dominio Bizantino, nel VI secolo. Il territorio ebbe sempre una certa importanza strategica per la presenza delle sue cave di granito, anche oggi punto fermo dell'economia locale.

E' un territorio affascinante per i grandi spazi deserti e per i suggestivi siti nuragici che si fondono con l'antica realtà degli stazzi. La ricchezza artistico-ambientale è straordinaria in questo territorio, dove la Gallura costiera e quella montana, la natura e la storia, hanno conservato aspetti di una identità inconfondibile.

La zona del monte Limbara offre alla vista una alta e impenetrabile macchia mediterranea mentre, in prossimità delle cime, si possono ammirare le lande steppose e le vette formate da rocce grigio-violetto. La vegetazione, maltrattata da numerosi incendi, conserva tracce evidenti di sughere, lentisco, roverella, leccio, cisto, mirto, corbezzolo e ginepro. Ciò che rende straordinario il Monte Limbara sono i giochi di colori e di luci che si formano nelle sue rocce granitiche che fanno di questo monte una meraviglia geologica.

Le disamistades, che qui si chiamano *nimmistai*, hanno costituito l'aspetto più significativo e caratterizzante della criminalità gallurese nei secoli XVIII e XIX. Allora la Gallura era una regione povera e poco popolata e la misera economia si basava esclusivamente sulla pastorizia praticata negli stazzi dove un sistema feudale oppressivo impediva qualsiasi tentativo di crescita economica, sociale e politica. Il ricorso sistematico all'eliminazione fisica del nemico costituiva, quasi sempre, l'unico strumento di lotta per il riconoscimento di un diritto o per ottenere giustizia in seguito a un torto subito. Adottare tali misure voleva anche dire, anche qui come in Barbagia, adempiere a un dovere morale cui nessuno poteva sottrarsi, dovere sancito dal codice non scritto tramandato dai vecchi padri[203].

I fatti che facevano scattare il codice barbaricino in Gallura erano sempre gli stessi: l'offesa all'onore e alla reputazione della famiglia, la falsa promessa di matrimonio, l'adulterio, il mancato rispetto di un contratto sia scritto che verbale, furti di bestiame o di altri beni, usurpazione di confini, pascolo abusivo, contese per l'acqua, falsa testimonianza e delazione alle forze dell'ordine[204].

Aggius è ancora oggi uno dei paesi più caratteristici della zona. Sorge proprio ai piedi di alcune dirupate e suggestive cime granitiche, tra le quali il Monte La Croce e il Monte Sozza, noti comunemente col nome di *Monti di Aggius*. Aggius è stata per circa tre secoli, dalla fine del Cinquecento agli ultimi decenni dell'Ottocento, l'epicentro della criminalità gallurese. Qui succedeva di tutto: attentati nei confronti delle truppe regie e contro i commissari esattoriali, omicidi, furti, danneggiamenti, contrabbandi e persino tentativi insurrezionali di natura pseudo-politica[205]. Inoltre, deteneva in assoluto il più alto numero di latitanti, quasi tutti inquisiti per delitti gravissimi. E' stato, al contempo, anche il paese più temuto dalle autorità civili e militari e dagli abitanti dei centri limitrofi. Nessuno osò mai schierarsi apertamente contro gli aggesi che, con le loro interminabili inimicizie e faide, mai sopite definitivamente, insanguinarono il paese fino ai primi del Novecento.

E' la splendida visuale di boschi e di rocce dei monti di Aggius che, alla fine dell'Ottocento, doveva presentarsi agli occhi di Bastiano Tansu detto *il muto di Gallura*, uno dei più feroci e disperati vendicatori della lunga faida che insanguinò Aggius a metà del secolo scorso, facendo oltre settanta vittime.

Aeras ruias, bentu annuntiat[206].

Bastiano Tansu, il muto di Gallura

Bastiano Tansu, pur essendo diventato un personaggio leggendario, è realmente esistito. Figlio di modesti pastori, è iscritto nel registro dell'archivio parrocchiale di Tempio e risulta nato il 1827 e battezzato il 29 di ottobre dello stesso anno. Nato senza lingua, si dice, ma molto più probabilmente con una grave malformazione del palato, fin da piccolo fu soprannominato "il muto" e, a causa della sua menomazione, visse un'infanzia difficile per le continue umiliazione subite.

Di lui sappiamo che aveva un giro di vita di settantuno centimetri, come dimostra la cartucciera a lui appartenuta e gelosamente custodita da un suo pronipote[207]. La sua cartucciera è un cinturone in pelle con contenitori piccoli per le pallottole e uno più grande per l'acciarino. Fu confezionata, a suo tempo, dallo stesso Bastiano che, in quegli anni, si struggeva d'amore per la sedicenne Gavina. Trapuntato con filo giallo e turchese, reca nella parte anteriore, ben distanziati l'uno dall'altro, quattro cuori ricamati con lo stesso filo.

Bastiano era intelligente, astuto, bello e agile come un capriolo, bandito per vendetta e per amore. Bastiano Tansu impersonò, nell'immaginario gallurese, l'idea del vendicatore giusto. Per quel suo difetto e per la sua invincibilità fu creduto figlio del diavolo e, come il diavolo delle leggende, abitava sulle montagne ripide e selvagge di Aggius. All'età di vent'anni abitava nello stazzo[208] della Giunchizza, nella zona di Vignola. A causa della rottura del fidanzamento di un suo cugino per motivi di sconfinamento di pascolo, si sparse la voce che Michele, parente della promessa sposa, avesse affidato al fratello di Bastiano il compito di effettuare una rappresaglia. Il fratello di Bastiano, però, fu trovato ucciso. Iniziò qui il desiderio di vendetta di Bastiano che, con una fucilata, uccise Michele[209]. Cominciò così la latitanza del *muto* tra gli stazzi di Gallura: Stagnareddhu, Lu Strintoni, L'agliola, Gambaidonna, l'Avru[210] ecc. Nello stazzo di Avrus, ospitato da Antonstefano Pes, il muto lavorava la pelle costruendo cinture

114

sulle quali incideva a fuoco con il coltello splendidi disegni e istoriava calci di fucili. Fu in questo stazzo che si innamorò di Francesca, la figlia di Antonstefano Pes. Un giorno la ragazza scese sulla spiaggia a prendere il sole e qui fu pesantemente importunata da uno sconosciuto. Bastiano, però, era a pochi passi da lei, raccoglieva bacche nella macchia e, dopo aver assistito alla scena, sbucò dai cespugli e prese a botte il giovane molestatore. La ragazza, in segno di riconoscenza, gli regalò la sua collana con una medaglietta raffigurante la madonna. Qualche tempo dopo, però, inaspettatamente la bella Francesca si fidanzò con un altro scelto dalla sua famiglia e per Bastiano fu un duro colpo. Si infuriò e, non potendo proferire parole, strinse sul petto le braccia in forma di croce serrando il fucile e meditando vendetta. Qualche tempo dopo Antonstefano fu ucciso con una fucilata, colpito in pieno petto. Non è certo quale ruolo abbia avuto Sebastiano in questa uccisione, si sa solo che da quel giorno le morti per omicidio crebbero a dismisura. Tra il 1850 e il 1856 si contarono ben 74 omicidi.

La leggenda narra che Bastiano fu ucciso nel 1858 a trentuno anni e che le sue ossa riposano nel tronco cavo di una quercia.

Pustis de sa justizia benit sa morte[211].

Petru Mamìa, lo spregiudicato di Aggius

Ad Aggius spicca anche la figura di *Petru* Mamìa, detto *Luzittà*[212], sicuramente il fuorilegge più temuto e vanamente ricercato della Gallura. Si dedicò fin da piccolo all'abigeato e al contrabbando, sfruttando le lunghe permanenze della sua famiglia nello stazzo di *Giunchizza*. Intelligente, scaltro, spregiudicato, opportunista e coraggioso, era allo stesso tempo cauto e lungimirante. Con il fucile e con la pistola era considerato infallibile. Tutte queste doti e un carisma eccezionale gli consentirono di riunire attorno a sé un numero enorme di fedelissimi pronti a seguirlo in ogni momento e persino a sacrificare la vita per lui. Era temutissimo, sia dai nemici aggesi che dalle truppe regie che non riuscirono mai né a catturarlo né a interrompere le sue attività illecite.

Luzzitta commise il suo più grave reato il 14 maggio 1799 quando, nelle campagne di Vignola, uccise il suo compaesano Martino Lepori. La moglie di quest'ultimo, Mattia Malu, anch'essa di Aggius, si rivolse personalmente al viceré per ottenere giustizia, denunciando per iscritto sia Pietro Mamia che i suoi fratelli, Giacomo e Michele. Tuttavia le autorità, che temevano la sua ferocia, gli garantirono l'impunità. Sulla testa di Pietro Mamìa, ormai bandito *catalogato*, venne posta una taglia di cinquecento scudi, somma ragguardevole a quel tempo. Le autorità, inoltre, stabilirono che chiunque avrebbe potuto ucciderlo senza alcuna conseguenza penale. Nonostante questo nessuno riuscì mai a catturarlo, né vivo né morto. Anzi, continuarono le ruberie e gli scontri a fuoco con le forze dell'ordine, tanto che venne chiesto un immediato intervento del governo.

Nel frattempo in Corsica, alcuni esuli politici sardi[213] che si auto-definivano rivoluzionari seguaci di Giovanni Maria Angioy, conoscendo la spregiudicatezza e il seguito di fedelissimi su cui Pietro Mamìa poteva contare, lo invitarono a far parte di un loro progetto: scatenare, con l'appoggio della Francia, una sommossa in Gallura per instaurarvi una repubblica sarda.

Il piccolo esercito prese forma rapidamente, ma Pietro Mamìa avvertì in gran segreto le autorità assicurando che i suoi uomini non avrebbero partecipato all'impresa. E fu di parola: li ritirò prima dell'attacco con la scusa del mancato intervento franco-corso.

Alcuni rivoltosi furono arrestati. Mamìa ottenne, come ricompensa per aver contribuito a salvare Tempio dal saccheggio, la grazia assoluta. Sciolto da ogni impegno, visse fino a tarda età nella sua casa di Aggius che si era fatto costruire nel 1803.

Lo ritroveremo, suo malgrado, in una faida scoppiata diversi anni dopo tra le famiglie Mamia-Spezzigu e Carta-Muntoni, quando, per l'età avanzata e per una serie di circostanze, ad Aggius, non faceva ormai più paura a nessuno[214].

Sa justizia est pro totus[215].

L'Ogliastra

Bella e selvaggia, l'Ogliastra può essere definita come un anfiteatro sul mare perché il suo territorio è racchiuso su tre lati da una corona di monti sopra i milletrecento metri che digradano verso est fino a incontrare la costa tirrenica centro-orientale. In questo superbo anfiteatro, spiagge, falesie e altopiani di calcare sembrano fondersi in un concentrato di paesaggi che mutano a ogni curva, risalendo da Barisardo fino a Lanusei e Villagrande, oppure inerpicandosi verso la valle del Rio Pardu. Questa complessa conformazione ha fatto guadagnare all'Ogliastra l'appellativo di "isola nell'Isola", appellativo che descrive anche lo storico isolamento cui è stata relegata. Se, da un lato, questo ha consentito di preservare incontaminati i suoi magnifici luoghi, ciò ha anche creato poche occasioni di intreccio con altre popolazioni. D'altro canto le imponenti zone selvagge dell'interno, con il massiccio del Gennargentu che dalla Barbagia si spinge fino all'Ogliastra e i grandi Tacchi calcarei che sovrastano Jerzu e Ullassai, hanno costituito sicuri nascondigli per i latitanti. Scrisse Angius[216] parlando dell'Ogliastra:

Io non so quanto fossero men feroci di quegli uomini riputati civilissimi, i quali per una parola inconsiderata impugnano le pistole a fracassarsi mutuamente le cervella[217].

In certe zone non c'era giorno in cui non fossero segnalati ferimenti e conflitti. Anche Angius, tuttavia, come la maggior parte degli studiosi sardi del fenomeno del banditismo, riteneva che gran parte della responsabilità di questa situazione fosse dei governanti.

Non erano solo banditi ogliastrini quelli che trovavano rifugio in Ogliastra, ma tutti i latitanti sardi trovavano un sicuro nascondiglio nel Gennargentu, splendido e imponente massiccio il cui nome ha origine nel sardo antico: *Genna 'e argentu*, ossia "porta d'argento". E' lo scisto grigio, ossia la roccia che caratterizza la montagna, a giustificare un nome così evocativo. In questo aspro territorio sono comprese le vette più alte dell'Isola, come il *Bruncu Spina, Punta Paulinu* e *Punta La Marmora* da dove, nelle giornate più limpide, si possono ammirare tutte le coste dell'isola. Dalle gelide sorgenti in quota nasce il Flumendosa che scorre incassato in canyon creando grotte, nascondigli e anfratti. Il massiccio costituisce il corpo centrale a cui si legano i monti circostanti della Barbagia, si distende infatti sui vicini Supramonti e scivola fino al mare in un tratto di costa unico ed eccezionale, fatto di falesie e bastioni imponenti. Calette da sogno, come cala Luna, cala Sisine e Fuili custodiscono acque trasparenti, profondità intatte e grotte meravigliose come quella del Bue marino.

Disseminata di Nuraghi e di Tombe dei Giganti, di torri costiere e di chiese campestri, l'Ogliastra è anche un territorio ricco di storia e di tradizioni dove la natura incontaminata è sopravvissuta alla politica dello Stato piemontese che ha distrutto il suo originario, rigogliosissimo manto boschivo d'alto fusto. Ancora oggi si può attraversare l'Ogliastra con lo stesso trenino che un tempo trasportava pastori e latitanti. *The train in the wilderness* lo chiamano gli operatori inglesi che ogni tanto programmano i loro viaggi in Sardegna, proprio a sottolineare il fatto che si viaggia attraverso un paesaggio selvaggio e incontaminato, dove la ferrovia a scartamento ridotto[218] sembra portare fuori dal mondo, in un paesaggio da sogno.

Mezzus terra senza pane, que terra senza justitia[219].

Samuele Stochino, la tigre dell'Ogliastra

Quel bambino ha il cuore a forma di testa di lupo, dice all'improvviso Annìca, ha il cuore spigoloso come quello degli assassini. Antioca le punta il dito contro, ma lo sa che sta combattendo una battaglia già persa. Dio sparge i cuori a forma di testa di lupo, di scimmia, di pesce, dentro ai petti di certi umani, perché sono cuori senza scelta, col destino scritto[220].

Così inizia il libro di Marcello Fois[221] sulla vita del famoso bandito Stochino, bandito bellu, balente e birtudosu, dal volto malinconico e dallo sguardo sereno.

Un ampio spaccato della società ogliastrina dei primi del Novecento ruota intorno alla figura di Samuele Stochino detto *la tigre dell'Ogliastra*, nato ad Arzana alla fine dell'Ottocento, quartogenito di Felice Stochino e Antioca Leporeddu. A sedici anni, dichiaratosi diciottenne, si arruolò nell'esercito, partendo per la guerra in Libia dove diventò un eroe, abilissimo nella lotta con il pugnale. Reduce della Grande Guerra, sottufficiale della Brigata Sassari, decorato con medaglia d'argento al valor militare, uccise, giovanissimo, l'assassino di suo fratello. Egli fu, a parere di molti, un innocente ingiustamente perseguitato, vittima di false accuse e divenuto un giustiziere sanguinario per sete di vendetta. Autore di una lunga serie di delitti, per la sua cattura Mussolini stabilì una taglia di duecentocinquantamila lire, la più alta mai fissata per un ricercato. Stochino, però, riuscì sempre a sfuggire alla caccia dello Stato fascista che pose in opera ogni mezzo per catturare il pericoloso latitante. Fu il favore della popolazione a prolungare la sua impunità [222]. Leggiamo le parole di una centenaria di Arzana che, del famoso rastrellamento del 26 febbraio 1926 così narra:

Dopo la prima guerra mondiale, è sorto il problema del bandito Samuele Stochino. La giustizia voleva obbligare mio padre e i miei fratelli a collaborare per catturarlo. Essendosi rifiutati furono arrestati mio padre e anche mia sorella[223].

119

Samuele godeva della protezione della gente, eppure erano moltissimi i delitti che gli venivano attribuiti. Dal 6 agosto 1920 al fino al marzo 1923 furono i seguenti:

-Giovanni Stochino stroncato con una fucilata in un ovile de su Tancau a Lotzorai nel 1920;

-Michele Serusi Matto di Fonni, ucciso nel 1920;

-Michele Giovanni Gioi di Desulo ucciso con un colpo di fucile nel 1921;

-Antonio Carta ucciso a bastonate a Gairo nel 1921;

-Giovanni Trenini ucciso a fucilate a Villagrande Strisaili;

-Chichinu Lai, pastore di ventisette anni ucciso ad Arzana;

-Bacu Idolu di Arzana, ritrovato ucciso dopo 5 anni dalla sua sparizione;

-Antonio Mereu ucciso nei pascoli di Lotzorai;

-Basilio Balloi ucciso in un duello presso S. Giorgio di Quirra;

-Giuseppe Murru morì per una fucilata;

-Emanuele Dionis Boi ucciso a Jerzu con una fucilata;

-Marco Anedda ucciso nella sua casa a Lotzorai;

-Giovanni Pirisi Locci ucciso a Nadurci.

Eppure la plasticità linguistica, la fantasia nei travestimenti, la sapienza degli espedienti, l'autocontrollo, lo scatto, la perseverante precisione permisero a Samuele una latitanza quasi decennale. Stochino latitante si travestiva da donna e riusciva a mantenersi lavorando alla raccolta delle olive, sotto il naso di chi lo cercava. Si proteggeva dai colpi dei nemici nascondendo in direzione del cuore un'ostia consacrata e sfidava le forze dell'ordine lasciando una *S* sulle strade che percorreva. *La Tigre d'Ogliastra* pareva inafferrabile, beffava tutti e a tutti ispirava terrore e ammirazione ad un tempo e la sua vera storia è avvolta dalle leggende che la sua figura ha ispirato. Morì in latitanza il 20 febbraio 1928, probabilmente di polmonite. Il suo rifugio esiste ancora e si trova nei giardini dell'hotel Villa Selene, a Lanusei. Samuele, però, visse ancora per decenni nell'immaginazione della gente, tramite ricordi affidati all'oralità, nello stile dei *cantadores*.

A chi est amigu, s'amori di durada[224]

Non si può comprendere l'evoluzione che ha subito il codice barbaricino nel corso del XX secolo se non si comprende la realtà storica, politica e sociale che ha caratterizzato l'isola nel Novecento. Nel corso di tutto il secolo è perdurato il tentativo, da parte dello Stato, di imporre ai sardi un modello economico-sociale standardizzato dettato da forti interessi di ogni tipo e questo ha trovato negli esponenti politici della regione dei complici solerti. Scrive Eliseo Spiga:

> *L'agricoltura e la pastorizia, sulle quali abbiamo sempre potuto contare, sono in buona parte in mano alle banche, tra le quali non ce n'è più una sarda, per via dei debiti che strangolano contadini e pastori. L'industria è un campo di sterminio dove ormai circolano quasi soltanto sciacalli e becchini. Dovunque comanda un'oligarchia mondiale che manomette tutto, che ha un'unica legge, il dominio, un unico dio, il denaro, un'unica lingua, l'inglese. Che ha devastato la Sardegna in modo pressoché totale*[225].

Ciò che colpisce è che i sardi, a causa delle circostanze, anche oggi non cessano di sentirsi dei coloni, dei vinti, come sarebbero stati i sardi secondo le tesi di Emilio Lussu[226] o di Francesco Masala[227]. La storia della Sardegna è diventata inevitabilmente, con le sue flessibilità e le sue mille interpretazioni, il fertile campo per rafforzare e giustificare quei convincimenti d'un sardismo estremista che vive drammaticamente ma tenacemente la sua solitudine, la sua estraneità da un mondo "degli altri" che sentirà sempre più diverso e lontano e anche nemico[228].

Fizu de gattu soriche tenete[229].

Dopo l'unificazione del Regno

Nel 1861, con l'unificazione del Regno, la Sardegna divenne italiana, ma l'unità politica non portò sostanziali cambiamenti: l'isola era in forte ritardo rispetto alle altre regioni, anche alle più arretrate; in più c'era l'handicap del mare e i trasporti erano insufficienti e costosi. Alla fine dell'Ottocento, dopo anni di miseria, si cominciò a respirare un clima di fiducia grazie all'intensificarsi dei rapporti commerciali con la Francia: si avviò l'esportazione di bestiame e ogni anno ventimila capi bovini venivano imbarcati a Porto Torres, mentre le banche, apparse da poco, cominciavano a far circolare denaro portando una ventata di ottimismo che faceva ben sperare per il secolo a venire. Fu un ottimismo di breve durata, infatti l'Italia, per disaccordi sulle tariffe di esportazione, ruppe i rapporti commerciali con la Francia e rigettò la Sardegna in miseria. L'allevamento tornò alla destinazione del piccolo mercato interno e molte banche fallirono. Regioni come la Sardegna, che esportavano con profitto bestiame, olio, vino e altri prodotti alimentari, furono duramente colpite dalla restrizione. Per di più la crisi causata da questa guerra economica con la Francia portò molti produttori ad abbandonare le nuove colture specializzate e dirette all'esportazione, per tornare alla produzione cerealicola che bloccò ulteriormente il processo di modernizzazione dell'agricoltura sarda. Senza contare che gli immobili devoluti per debito d'imposta diventarono migliaia e, come scrisse Gramsci:

In cinquanta anni di regno unitario i contadini sardi erano stati derubati di 500 milioni di lire oro in più di quanto avrebbero dovuto secondo un'applicazione fiscale uguagliata[230].

Il malumore, già diffuso per le azioni politiche attuate dal nuovo Regno nel corso dell'Ottocento, crebbe ulteriormente per gli effetti della politica economica attuata dal governo italiano. Le scelte del governo, ancora una volta, danneggiarono le regioni tecnologicamente più arretrate. D'altro canto il governo centrale si mostrava incapace di promuovere una modernizzazione dei settori produttivi affinché potessero competere in un libero mercato con paesi ben più avanti nel processo d industrializzazione e più ricchi di materie prime. Questa grave crisi determinò un ulteriore peggioramento della vita delle popolazioni rurali, costrette spesso a ricorrere agli usurai per cercare di far fronte alle proprie necessità. Anche le risorse minerarie erano sfruttate secondo una logica coloniale e i sardi venivano fatti lavorare nei giacimenti in condizioni disumane. Tutto procedeva a rilento, le ferrovie tardavano ad essere costruite con aggravi di spesa e ristagni del commercio, mentre il territorio continuava a essere indebitamente sfruttato e colonizzato per costruzioni di ogni tipo, ad esempio, del supercarcere dell'Asinara.

A tutto questo è sicuramente ricollegabile l'aumento del banditismo e della criminalità nelle campagne. Molti banditi diventarono leggendari suscitando, tra le popolazioni rurali, paura mista ad ammirazione e il codice barbaricino, anche agli inizi del Novecento, era l'unico codice riconosciuto dal popolo sardo. La reazione dello Stato nei confronti di ogni tentativo di ribellione fu repressiva e persino le popolazioni ne fecero le spese, con rappresaglie e arresti che si susseguirono per molti anni. Il conflitto culturale tra le popolazioni rurali sarde e lo Stato si andò acutizzando: contadini e pastori non furono mai solidali con il governo e continuarono a piangere i loro latitanti, celebrati nei canti popolari come eroi.

Su traitore est dai tutu abbomnadu[231].

Le miniere sarde

Nella prima metà del Novecento l'attività delle miniere sarde conobbe uno sviluppo impetuoso, favorito dalla ricchezza dei giacimenti: il complesso minerario dell'Iglesiente rappresentò, per decine di anni, l'unico vero centro industriale della Sardegna, con più di quindicimila operai. Gli impianti sono oggi abbandonati e, grazie alle belle strutture ottocentesche e alla natura circostante, emanano un fascino particolarissimo. Iglesias, Montevecchio, Buggerru, Ingurtosu erano centri che esercitavano una notevole attrazione sulle popolazioni delle zone circostanti. Soprattutto quando la disoccupazione agricola raggiunse livelli insostenibili, le miniere rappresentarono un modo per sfuggire alla fame, anche se le condizioni di lavoro dei minatori erano terribili e i salari molto bassi. Il 3 Maggio 1871 Quintino Sella, nella relazione alla Commissione Parlamentare d'Inchiesta sulle condizioni dell'industria mineraria in Sardegna, tracciò un quadro dettagliato della situazione dalla quale emerse che:

l'operaio sardo non è neppure di molto rendimento, in quanto riguarda la massa del lavoro prestato... su questo tutti gli osservatori sono concordi: così l'ing. Ferraris, il quale ritiene che il rendimento del lavoro sardo sia di circa il 60% di quello continentale [...] ma meglio di queste testimonianze vengono a provare lo scarso rendimento del lavoro sardo le differenze di salario riscontratesi nelle stesse miniere fra continentali e sardi[232].

Più avanti, la stessa commissione dipingeva il lavoratore sardo secondo la tipologia riservata dal colonialismo ai selvaggi:

il minatore sardo ha i difetti e le qualità del fanciullo, e nel loro insieme sono *una massa ancora relativamente primitiva con le ingenue qualità, le fiducie, gli entusiasmi che l'evoluzione sociale tende a distruggere, ma altresì senza il discernimento, la capacità di resistenza e di sforzo continuo e regolare che la civiltà crea e sviluppa*[233].

È chiaro, in questo caso, che i pregiudizi servivano per giustificare i bassi salari dati agli operai sardi e testimoniano come la Sardegna fosse trattata come una colonia.

Quintino Sella, nella sua relazione, si soffermò anche sulla necessità del trattamento e della fusione dei minerali in loco. La maggior parte dei minerali estratti in Sardegna veniva esportata nel *continente* per essere fusa. I minerali portavano ai sardi pochissimi guadagni perché, dopo la fusione in continente, i materiali venivano trattati, commercializzati e rivenduti a prezzi esorbitanti anche alla stessa Sardegna. L'Isola era, perciò, la fornitrice delle materie prime, ma il ciclo produttivo si fermava con l'estrazione del minerale, secondo una politica di tipo colonialistico. Inizialmente i sardi che lavoravano nelle miniere erano solo un terzo degli operai necessari al fabbisogno della produzione mineraria, a causa dell'ambientale insalubre che, generando una malattia temibile e difficilmente curabile come la malaria[234], impediva di fatto alla gente locale di esercitare questa attività lavorativa per tutto l'anno[235].

Parlare di operai sardi in miniera significa parlare di sfruttamento, di lavoro disumano, del movimento di lotta non solo per il miglioramento delle condizioni di vita della classe operaia, ma per il progresso civile, culturale ed economico dell'intero territorio locale e regionale. Significa parlare del ruolo avuto da donne, ragazze e persino bambine che venivano assunte in miniera per fare un lavoro terribile e retribuito pochissimo. Il lavoro delle donne e delle bambine era quello di cernere il minerale: erano le donne che spaccavano, sceglievano, insaccavano il minerale estratto! Un lavoro massacrante, senza alcuna garanzia sociale, mal retribuito, duro, che causò morti e feriti che non si contano. Già alla fine dell'Ottocento erano iniziati i primi scioperi: sciopero dei battellieri nel 1881, scioperi a Rosas nel 1896 e a Lula nel 1899. Gli scioperi continuarono nel Novecento: a

Montevecchio fu organizzato il primo sciopero nel mese di Agosto del 1903 e a Buggerru nel settembre del 1904.

In quegli anni l'analfabetismo nell'Isola sfiorava ancora il 70%, mentre il reddito pro-capite era il più basso d'Italia. In questa situazione il banditismo dilagava, così come il furto del bestiame, innescando quelle faide che ancora oggi sono presenti in molti paesi dell'interno. Non si contavano né le azioni legate al diritto barbaricino, né gli uomini che si davano alla macchia. Nell'isola continuavano ad arrivare carabinieri e non capitali e la situazione economica toccava livelli talmente bassi che molte famiglie mangiavano solo pane e formaggio fatto in casa. Scioperi, azioni banditesche, lotte e morti si succedettero nei primi decenni del Novecento: ad Iglesias, nel 1920, durante uno sciopero morirono 7 minatori in uno scontro con i carabinieri e le guardie regie. Nonostante la tragica situazione prevalse sempre il bisogno di continuare a lavorare, fu così che le miniere continuarono a produrre, soprattutto Montevecchio e le miniere di carbone del Sulcis le quali portarono alla nascita di Carbonia, inaugurata da Mussolini nel 1938, città voluta per dimostrare la grande capacità organizzativa e produttiva del fascismo.

Nel 1956 un abbassamento del valore dei minerali portò inesorabilmente alla chiusura di alcune miniere tra cui quelle di Argentiera e Ingurtosu. La chiusura continuò fino al 1968, quando l'intervento dello Stato portò a una svolta. Nel 1968 fu costituito l'Ente Minerario Sardo, il cui controllo passò finalmente alla regione Sardegna che tuttavia non riuscì a risollevare una situazione finanziariamente oramai da troppo tempo compromessa[236].

Mischinu, est ruttu in dirgrassia[237].

Il supercarcere dell'Asinara

L'isola Asinara è nota quasi esclusivamente per essere stata sede dell'omonimo carcere. Nel 1775 un nobile sassarese, Don Antonio Manca Amat, Marchese di Mores[238], riuscì a convincere l'allora Re di Sardegna, Vittorio Amedeo II di Savoia[239], a concedergli l'isola con il titolo di Duca dell'Asinara. Don Antonio fece arrivare dei Liguri che, forti delle loro esperienze, diedero segni concreti di sviluppo nell'agricoltura e nella pesca. Nel 1885 l'isola divenne proprietà demaniale. La Legge n.3183 del 28 giugno 1885 autorizzò, infatti, l'espropriazione dell'Asinara per stabilirvi una colonia agricola e un lazzaretto, con uno stanziamento di ben seicentomila lire per la prima e di quattrocentomila per il secondo. Gli agricoltori e i pescatori che vi abitavano furono scacciati dall'isola e costretti a trasferirsi sulla costa sarda dove fondarono il paese di Stintino. La legge passò non senza contrasti, nonostante la ferma e ostinata reazione degli abitanti della piccola isola. Trasferire in Sardegna gli abitanti dell'Asinara non fu cosa di poco conto: dovette intervenire la forza pubblica e navi da guerra traghettarono forzatamente i più ostinati. La maggior parte del bestiame perì nelle operazioni di trasporto, mentre più tardi gli ex asinaresi furono decimati dalla fame e dalla tubercolosi.

L'atto di trasformazione del territorio in proprietà demaniale fu un vero e proprio sopruso perché la colonia penale fu istituita con l'esproprio dei terreni e dei fabbricati di cinquecento isolani, unitamente alla creazione di un lazzaretto il cui scopo era quello di ospitare gli equipaggi delle navi colpite da contagi o provenienti da paesi esotici e che dovevano sottostare alla quarantena prima di poter essere dimessi. A proporre il disegno di legge fu l'allora ministro dell'Interno Agostino Depretis[240] che riteneva il carcere un'utilità per il governo e per i detenuti e non considerò affatto l'ingente danno che il suo provvedimento avrebbe arrecato alla popolazione del luogo. Il governo, facendo lavorare i detenuti sull'isola, non avrebbe dovuto inviare del personale per la costruzione del lazzaretto e i detenuti avrebbero potuto condurre una vita più attiva, e tanto bastava. Ecco le parole di Depretis:

...si era riconosciuto conveniente l'impianto di una colonia di coatti, dei quali molti si hanno sempre relegati in località in cui manca assolutamente il modo di occuparli al lavoro...e che pure ad essi si ravviserebbe conveniente trovare produttivo impiego[241].

Il progetto, in realtà, non fu per niente conveniente, perché il comune dovette allora pagare settecentocinquanta lire al giorno per ognuno dei detenuti e, alla fine del 1888, nella colonia dell'Asinara i detenuti erano duecentocinquantaquattro.

Durante la Grande Guerra, l'Isola fu utilizzata per ospitare ventiquattromila soldati austro-ungarici prigionieri, ma lo scoppio di un'epidemia ne uccise oltre cinquemila. I resti sono conservati nell'ossario di Campu Perdu.

Dopo la fine della grande guerra, la martoriata isola risultò divisa fra tre Ministeri: il Ministero della Marina per i fari di Punta Scorno e della Reale, il Ministero della Sanità dalla Stazione Sanitaria della Reale a Trabuccato, al Ministero di Grazia e Giustizia andò tutto il restante territorio.

Negli anni successivi alla campagna di Etiopia, tra il 1937 e il 1939, furono deportati all'Asinara centinaia di confinati etiopi per essere sottoposti a "osservazione e bonifica sanitaria". Tra essi anche la figlia del Negus Ailè Selassiè[242], che morì poco dopo a Torino, dopo aver perduto il figlio proprio all'Asinara. E' sempre di quel periodo la costruzione di fortini e di postazioni antisbarco, tuttora visibili in tutta l'isola.

Nella seconda guerra mondiale l'Asinara non fu direttamente coinvolta in alcuna azione bellica, anche se non mancarono episodi rilevanti, come l'affondamento della corazzata italiana *Roma* avvenuto al largo di Punta dello Scorno, esattamente il giorno dopo l'armistizio. In quegli anni cessò l'attività della stazione sanitaria che fu in parte destinata a ospitare persone in soggiorno obbligato per sospetto di mafia.

Dopo la seconda guerra mondiale l'amministrazione carceraria riprese il controllo dell'isola con la colonia agricola impegnata nella coltivazione di cereali, ortaggi e vigneti e con l'allevamento di bestiame.

Chie la faghet, la hat pensada[243].

Le ferrovie

In Italia il primo tratto di ferrovia costruito fu quello da Napoli a Portici, inaugurato nell'ottobre del 1839. Da quel lontano 1839 al primo tratto se ne aggiunsero rapidamente altri: nel 1840 la Milano-Monza, nel 1845 la Padova-Vicenza, nel 1844 la Livorno-Pisa e così via. La ferrovia in Sardegna giunse cinquant'anni dopo, nel 1889 con il breve tratto Nuoro-Macomer. Quanto questo ritardo sia costato ai sardi è presto detto. Parlare di carbone in Sardegna significa, il più delle volte, parlare del carbone del Sulcis, dimenticando che, nell'isolata Barbagia, per numerosi decenni ha prosperato una miniera di antracite, il più pregiato tra i combustibili solidi. L'antracite fu scoperta nel 1827 da Alberto La Marmora che, seguendo alcuni racconti popolari, individuò il carbone nella regione di San Sebastiano, nel territorio di Seùi. Fece scavare una galleria di oltre novanta metri e iniziò a delimitare l'estensione del giacimento. La concessione della miniera di Corongiu, a Seùi, fu assegnata nel 1877 a un gruppo di imprenditori, ai quali subentrò la Società di Correboi del barone e parlamentare Andrea Podestà. L'imprenditore fu promotore in parlamento della realizzazione della ferrovia ogliastrina, ottenendo una stazione nei pressi della miniera che, in questo modo, tentava di ridurre il più grande problema che ostacolava il suo sviluppo, quello dei trasporti. Naturalmente tutto fa supporre che lo fece più per il buon funzionamento della sua miniera che per il progresso dell'isola. La miniera passò poi sotto il controllo della Società di Monteponi che intendeva utilizzare l'antracite nelle caldaie dei suoi impianti, ma i costi del trasporto del carbone da Corongiu a Monteponi non risultarono convenienti a causa di una linea ferroviaria impraticabile. Il problema era l'aggravio di spesa causato dai differenti scartamenti dei tronchi ferroviari: Seui-Cagliari e Cagliari-Monteponi; il primo era a scartamento ridotto e costringeva a una fase di trasporto su carri assai costosa. Era più conveniente per la Monteponi acquistare il carbone all'estero e affidarsi ai trasporti marittimi. Solo nel 1936 la miniera di Corongiu fu ceduta alla Compagnia Mineraria Veneto-Sarda che riuscì a incrementare le reti ferroviarie e con esse anche le produzioni. Tutto questo zelo improvviso fu, in realtà, dettato dalla mutata condizione politica che aveva creato la necessità di inviare le produzioni a Cagliari per essere impiegate nella costruzione di navi da guerra. Conclusasi la guerra e terminata la fase di emergenza che aveva reso conveniente la coltivazione di un giacimento così disagiato, ricominciarono le difficoltà per la miniera e per i sardi.

Oggi della miniera di Corongiu non rimangono che pochi ruderi vicino alle gallerie e la grande laveria, svuotata di tutti i macchinari, giace vicino alla ferrovia che continua a percorrere quelle tortuose curve, unendo la Barbagia col Campidano.

Occorrerà del tempo affinché la rete ferroviaria, realizzata dalla Compagnia Reale delle Ferrovie Sarde, giunga a spezzare un secolare isolamento tra le varie parti dell'isola, portando finalmente sulle coste i prodotti dell'interno e fornendo l'impulso decisivo allo sviluppo della zootecnia e alla coltivazione di produzioni agricole per l'esportazione[244].

Passò molto tempo prima che lo Stato si accorgesse che, mentre in tutto il continente le ferrovie contribuivano ad incrementare lo sviluppo, le ferrovie in Sardegna erano trenini in perenne ritardo presi d'assalto da gente ridotta alla fame.

Come abbiamo visto, fu intorno all'allevamento che tentò di ruotare il fulcro dell'economia sarda. Vennero fondate le prime banche, come la Banca Agricola Sarda fondata ad Oristano nel 1871 da G. A. Sanna, impegnate a fornire i crediti necessari all'incremento della zootecnia e all'affermazione di un modello di agricoltura intensiva. Anche qui, però, si dovette fare i conti con una linea ferroviaria inadeguata.

A spegnere del tutto sul nascere gli entusiasmi, giunse inaspettata nel 1887 la già citata rottura del trattato di commercio con la Francia, in seguito all'innalzamento delle tariffe doganali votate dal governo Crispi con il preciso intento di proteggere le nascenti industrie del Nord. La chiusura del principale mercato d'esportazione per i prodotti sardi fece ripiombare l'economia dell'isola nell'atavica depressione, testimoniata dai disastri bancari e dal fallimento di numerose iniziative imprenditoriali.

Così, agli inizi del Novecento, una linea ferroviaria carentissima trasportava attraverso la Sardegna pastori, emigranti, banditi e latitanti. Quel trenino che tanto entusiasmò lo scrittore inglese David Herbert Lawrence rappresentava in realtà la latitanza dello Stato. Lawrence guadava la Sardegna con occhi molto diversi da come la vedeva un minatore o un pastore, girò la Sardegna in lungo e in largo, si entusiasmò e le dedicò un libro, *Sea and Sardinia*, dove scrisse che *la Sardegna è fuori dal tempo e dalla storia*[245]. Forse tale pareva a lui, ma nessun luogo è fuori dal tempo e dalla storia, e in questa affermazione ha forse voluto esprimere quel senso di abbandono che ha visto pervadere ogni cosa e che altro non era che la condizione di assenza dello Stato. Scrisse parlando di Cagliari:

E' un paesaggio davvero strano: come se il mondo finisse qui. La baia è di per sé estesa; e tutte queste cose curiose che accadono sul suo capo: questa strana città scoscesa, simile a una grande colonnetta di roccia coperta di case che si protende verso l'alto dalle secche della baia: e intorno, da un lato, la stanza pianura malarica, simile a quelle arabe desolate e ricoperte di palme, e dall'altro le grandi saline, proprio dietro lo sbarramento di sabbia, con alle spalle, all'improvviso, montagne serrate e raggruppate, mentre lontano, oltre la pianura, colline sorgono nuovamente verso il mare. Terra e mare sembrano finire entrambi, spossati, sul capo della baia: la fine del mondo[246].

Con gli anni la situazione andò normalizzandosi molto lentamente e riprese numerosa l'emigrazione, mentre si cercava di sostituire il mercato francese con nuove piazze commerciali nella penisola, come Genova e Palermo, innovando anche alcune produzioni per renderle più appetibili ai gusti italiani. Intanto si allungavano sempre di più le attese nelle piccole stazioni dei paesi che ogni giorno portavano i sardi verso il centro di produzione della propria esistenza precaria. I trasporti, gli scambi commerciali, gli spostamenti, erano fatti di avventure quotidiane ad attendere un treno che arrivava, forse, in assurdo ritardo, un modello in sintonia con la precarietà di vita di allora, di squilibrio lavorativo e di emergenza abitativa e ambientale.

Non mancavano gli assalti ai treni fatti da gente esasperata per la quale, per ogni centimetro di terra ingoiato, per ogni minuto di vita rubato, c'era uno spazio nuovo da liberare, una nuova ingiustizia da combattere, una nuova rivolta verso uno Stato padrone.

I sardi più agguerriti e più disperati combattevano la miseria assaltando il treno della precarietà e derubando il vagone portavalori che arrivava vuoto. Era legittimo riprendersi, centimetro per centimetro, i propri spazi, centesimo per centesimo il proprio reddito!

Né cane de piga, né homine balente, nde mori mai bezzu[247].

La prima guerra mondiale

Nel 1915 iniziò per l'Italia la Prima Guerra Mondiale e la Sardegna, da sempre considerata una colonia, sfruttata, maltrattata, considerata terra abitata da esseri inferiori e geneticamente delinquenti, fu chiamata subito in causa per dare il suo contributo di vite e di mezzi. La maggior parte dei soldati sardi, per il 95% contadini e pastori, fu arruolata nella *Brigata Sassari* che nel corso della guerra ebbe modo di distinguersi in molte imprese. La guerra non fece che peggiorare una situazione generale già grave, soprattutto dal punto di vista economico. La Sardegna perse duemila dei suoi figli in questa guerra, in compenso l'orgoglio e la cooperazione formatisi in trincea portarono molti reduci a costituire una nuova organizzazione, quella degli ex-combattenti. Il movimento riuscì a diffondere il suo programma e i propri obiettivi di lotta, raggiungendo un discreto successo. Nel 1921 il movimento dei combattenti si trasformò in *Partito Sardo d'Azione* che diventò un punto di riferimento per molti sardi. Emilio Lussu, già ufficiale in guerra e più avanti figura di primo piano dell'antifascismo militante, fu tra i suoi fondatori. Il partito, schierato al di fuori dai poli della politica italiana, si pose a sinistra come portatore delle istanze delle classi proletarie in un quadro di recupero della questione nazionale sarda.

A mala solte, paradili folte[248].

La Brigata Sassari

E' a Tempio Pausania, entro le mura della caserma Fadda, che nel gennaio del 1915 si avviò la costituzione del 152° Reggimento fanteria che, insieme al 151° formatosi a Sinnai, dette vita alla leggendaria Brigata Sassari. Alla data della dichiarazione di guerra la nuova Brigata era formata da seimila uomini in tutto e da tre sezioni di mitragliatrici. Equipaggiati con le nuove uniformi grigioverde fregiate dalle mostrine biancorosse, i soldati si imbarcarono da Cagliari e Porto Torres fra il tredici ed il ventuno di quel mese. L'attendeva l'assalto a un obiettivo ritenuto imprendibile e contro il quale nulla avevano potuto i precedenti assalti: le munitissime Trincee delle Frasche e dei Razzi[249], nel Carso. Abituati da sempre a confrontarsi con una natura aspra, i soldati sardi trovarono quel genere di guerra assai congeniale al loro spirito, alla loro notevole perizia nel destreggiarsi in terreni impervi e nel maneggio del coltello.

Nella Brigata si può dire che, durante il corso della guerra, siano passati tutti i sardi aventi obblighi di leva. E poiché nell'Isola fu fatta la leva in massa, alla quale si sottrassero solo i ciechi, vi passò tutta la Sardegna, nessun villaggio escluso. Per disposizione del Comando Supremo i sardi inquadrati in altri reparti venivano man mano trasferiti alla Brigata. Per la prima volta la gioventù sarda si trovò assieme ed ebbe modo di confrontarsi sollevando il capo dalle questioni esistenziali per guardarsi intorno. La Brigata si distinse subito per la sua abilità a rompere il fronte nemico, soprattutto nelle sue azioni sul Carso e fu certamente questo che suggerì al Comando Supremo il reclutamento regionale. Fu la prima brigata ad essere citata all'ordine del giorno dell'esercito, ed ebbe altre tre citazioni nel restante prosieguo della guerra: le bandiere dei due reggimenti ebbero ognuna due medaglie d'oro al valor militare.

La Sardegna aveva trovato modo, dunque, di entrare all'ordine del giorno della Nazione: questo non era mai avvenuto. E poiché rare erano le famiglie che non avessero un loro caro in guerra, tutta la Sardegna partecipò alla commozione e all'orgoglio che la Brigata suscitava.

Quando le nostre compagnie passavano in riga e si faceva l'appello per mestiere, il 95% dei soldati sardi risultava essere contadino o pastore. Il restante era fatto di operai, minatori e artigiani. Gli ufficiali, pressoché tutti di complemento, erano impiegati, professionisti, giovani laureati e studenti e facevano parte della piccola e media borghesia sarda. La vita in comune, le privazioni, i rischi e la morte esercitarono una forte influenza e crearono una enorme solidarietà tra i sardi. Di qui quell'unità morale che ha caratterizzato l'armata nei giorni di combattimento.

Appartenevano alla Brigata Sassari anche quelle azioni individuali o di piccoli gruppi, in cui i nostri pastori-cacciatori erano particolarmente abili. Che la guerra si dovesse fare non era questione. Che la formazione della Brigata Sassari avesse contribuito a dare dignità al popolo sardo era indiscutibile, ma perché il re l'avesse ordinata era incomprensibile: i prigionieri, austriaci, ungheresi, cechi, bosniaci erano trattati bene, perché erano anch'essi tutti contadini e operai, ma tutto pareva assurdo:

Nei giorni di depressione maggiore, quando i morti erano troppi e bisognava ricominciare da capo una guerra che sembrava non dovesse ormai aver più fine, era sempre il richiamo alla Sardegna che rianimava tutti. Per rendere meno triste uno di questi giorni, sull'altipiano di Asiago, dopo un combattimento in cui tanti erano caduti, il comandante la Divisione, alla Brigata a riposo nel fondo di una vallata, faceva ogni pomeriggio suonare la banda. Ma pareva che la banda suonasse canti funebri, tale era il disinteresse di tutti che rimanevano sparpagliati sulle colline circostanti, a piccoli gruppi, ognuno cantando le melopee del villaggio. Per suggerimento d'un gruppo d'ufficiali, fu fatto venire d'urgenza lo spartito del ballo tradizionale sardo e, senza preavviso, la banda lo suonò. In un attimo, dalle cime, si precipitò nel fondo valle tutta la Brigata, Quattro o cinquemila uomini apparvero, stretti gli uni agli altri, esaltarsi in un trasporto di cui è difficile dire se fosse gioia o dolore.

Senza queste premesse, non si comprende il movimento dei combattenti sardi nel dopo-guerra, che dette subito vita al Partito Sardo d'Azione[250].

Fino al 1915 i sardi, nella gerarchia delle regioni e della vita parlamentare, erano stati collocati all'ultimo gradino perché incapaci di inserirsi nel dibattito sui grandi temi nazionali e perché avevano sostenuto gli interessi dell'isola sempre con voce dimessa. Erano, insomma, considerati dei vinti. Finalmente con la Brigata Sassari mostrarono il senso dell'onore e della fierezza, nonché l'orgoglio che li caratterizzava, come cita un noto verso dell'inno della Brigata

Sassari: *Sa fide nostra no la pagat dinari. Aioh! dimonios! Avanti fortza paris*[251].

Nei momenti critici in cui era necessario fare appello all'orgoglio etnico, il grido *Avanti Savoia*[252] veniva sostituito con il grido *Avanti Sardegna*, cui faceva seguito il grido di guerra *Forza Paris*, che tradotto significa *Forza Insieme*. Nei momenti difficili dell'assalto, contro un avversario spesso superiore per numero e per mezzi, occorreva più che mai che i sardi fossero uniti, per garantirsi protezione reciproca e per fronteggiare insieme e compatti il problema da superare. Alla fine della guerra i sardi tornarono portando con sé la psicologia di combattenti vittoriosi, ma lasciarono sul fronte duemila morti e dodicimila feriti per una Italia ingrata che, di certo, non meritava il sacrificio di tante vite.

Chi hat azza, hat parte[253].

Il primo dopoguerra

Nel corso degli anni 1919-22, la situazione politica nazionale fu sconvolta da una serie di eventi importanti: la nascita del Partito Popolare Cattolico, la formazione del Partito Comunista d'Italia[254], lo sviluppo del movimento operaio e delle organizzazioni dei lavoratori e lo sviluppo del movimento fascista con l'azione violenta delle sue squadre. Anche la Sardegna fu investita da questi processi e anche nell'isola entrarono in azione le squadre fasciste. Con l'ascesa al governo di Mussolini, le squadre si moltiplicarono e la loro azione violenta si fece più intensa, con scontri e spedizioni punitive contro avversari socialisti, popolari e sardisti.

Con le leggi volute da Mussolini, per abbattere le opposizioni, scomparvero tutti i partiti e con loro le libertà politiche e civili, ma soprattutto scomparve il sogno di una Sardegna autonoma. Nonostante le opere di trasformazione, come le bonifiche e la creazione di nuovi centri attuati durante il fascismo, il mondo rurale sardo si trovò nelle condizioni iniziali di povertà e miseria. Anche la massiccia propaganda attuata dal regime per unificare la nazione sotto il profilo culturale funzionò solo in parte: le culture locali non furono soffocate, così come la lingua sarda, i costumi e gli usi tradizionali che il fascismo avrebbe voluto abolire. L'organizzazione fascista non riuscì a debellare nemmeno il codice barbaricino, nonostante l'imponente impiego di uomini e mezzi, anzi si può dire che l'organizzazione fascista dello stato fu accolta con indifferenza dal mondo rurale sardo, che espresse un consenso molto limitato al regime. Anche la Sardegna, in ogni modo, sperimentò le conseguenze della politica totalitaria del regime: controllo sulla stampa, sulla scuola e su ogni manifestazione della vita pubblica. Ogni opposizione era soffocata con arresti e condanne al confino. Un vero e proprio antifascismo militante si espresse da parte dei sardi soprattutto all'estero, tra le file di numerosi emigranti: in Francia, Tunisia, America del Sud. Molti sardi, ad esempio, militarono come volontari nelle Brigate Internazionali, contro l'esercito franchista, durante la guerra di Spagna (1936-39).

Così Giuseppe Fiori[255] descrisse mirabilmente l'ambiente pastorale sardo del dopoguerra e la convivenza di quel mondo con il codice barbaricino:

Un bambino pastore sui monti di Sardegna, il padre amato lontano e perduto, tradito da una falsa lettera d'accusa. Il ragazzo sa e cresce, educato dal nonno all'osservanza di un codice primitivo. In un giro di vite implacabile, quel codice lo porta a scegliere di essere bandito. [...] Con la Sardegna bella com'è, intatta e scabra, tra nebbie e squarci altissimi di azzurro, mentre sopra suoni di greggi e raffiche di mitra trascorrono gli elicotteri dell'antimalaria, e sui casolari e i paesi del dopoguerra, si accende il miracolo dell'energia elettrica[256].

Segundu su qui mi faghes, ti facto[257].

La seconda guerra mondiale

Nel 1940 iniziò la Seconda Guerra Mondiale. L'Isola subì subito le conseguenze economiche del conflitto: l'insularità e il controllo del mare da parte dei nemici limitò la possibilità di commercio e la Sardegna fu costretta a contare soltanto sulle sue modeste risorse. Dolorosa e pesante fu anche la partenza di migliaia di giovani, inviati a combattere, a morire o ad affrontare la prigionia. Dal 1943 anche la Sardegna conobbe gli orrori della guerra e Cagliari fu quasi completamente distrutta dai bombardamenti alleati. La caduta del fascismo nel 1943 e l'armistizio liberarono l'isola dalle truppe tedesche prima della fine della guerra. In quegli anni la direzione, politica, amministrativa e militare fu affidata ad un alto commissario affiancato da una consulta.

In Sardegna, per la mancanza del fenomeno della Resistenza, non ci fu una cesura incisiva tra fascismo e postfascismo ma una sostanziale continuità. Saranno le vicende degli anni immediatamente successivi a creare le premesse per una profonda modificazione della vita sociale e politica.

Nomine chizi basciu, nomine traitori[258].

Il secondo dopoguerra

Nel 1947 l'Isola, grazie a fondi americani, fu liberata dalla malaria[259] con un'opera di disinfestazione che aprì zone, prima insalubri o paludose, a nuovi insediamenti e valorizzazioni. Sempre nel 1947 la Sardegna, insieme a Sicilia, Trentino-Alto Adige, Friuli Venezia Giulia e Valle d'Aosta, fu riconosciuta dalla Costituzione come regione a statuto speciale, tenuto conto della sua specificità, storica e culturale. Nel 1948 ebbe inizio la vita della regione Autonoma della Sardegna e la prova più importante che il governo politico isolano dovette affrontare fu quella di favorire la rinascita economica e sociale dell'isola. Le città sarde cominciarono a popolarsi e il codice barbaricino cessò di manifestarsi in città, ma si mantenne vivo nell'entroterra.

Nel 1962 fu varato il cosiddetto "piano di rinascita" che prevedeva cospicui finanziamenti statali per l'economia. Il piano prevedeva interventi in vari settori, ma soprattutto in quello industriale. Tuttavia, la speranza che l'industria avrebbe svolto un ruolo trainante per l'economia sarda fu eccessiva e molte delle scelte fatte diedero risultati negativi. L'idea di privilegiare l'industria non risolse il problema della disoccupazione, inoltre contribuì a sacrificare altri settori produttivi come l'artigianato e il commercio. Tutto ciò riacutizzò il malessere popolare e provocò una nuova esplosione del banditismo e un aumento dell'emigrazione[260]. A questi fenomeni negativi se ne aggiunsero altri: la progressiva crisi delle miniere e l'abbandono completo del settore, il degrado ambientale, l'aumento della disoccupazione furono tutti segni evidenti della debolezza delle strutture e dell'economia sarda. Tuttavia, altri importanti elementi cominciarono a farsi strada per trovare pieno sviluppo dopo gli anni sessanta: l'inizio dello sviluppo turistico, l'espansione della pastorizia, l'incremento della collaborazione tra i produttori, il sorgere e il moltiplicarsi di cantine sociali, caseifici e oleifici. Furono questi gli aspetti che cambiarono il volto dell'isola.

Qui traighet s'amigu non la perdonat a frade[261].

Nei primi anni del Novecento i banditi sardi conducevano un'esistenza in sintonia con i diversi aspetti ereditati dalla società del malessere della Sardegna dell'Ottocento, una società dove la presenza dello Stato era inesistente. Basta fare i conti con i numeri: negli anni trenta, in poco più di quattro anni, sono stati commessi cinquecento settantuno omicidi, trecento tre grassazioni, duecentosettantacinque abigeati, trecento settantacinque sparatorie e altri reati gravi.

La giustizia dello Stato era sostituita delle compagnie baracellari, un'originale forma di polizia rurale. Erano composte da cittadini dalla condotta irreprensibile che, autorizzati a portare le armi, erano dei veri e propri agenti della pubblica sicurezza che esercitavano vigilanza assidua per reprimere i delitti contro la proprietà mediante perlustrazioni notturne e collaboravano a operazioni di ricerca di malfattori e di evasi. La compagnia baracellare trova ben pochi riscontri nel panorama di altri corpi di polizia. Si presentava come una speciale squadra di guardie campestri che, in cambio dei contributi versati dagli allevatori e dai coltivatori, si impegnava a pattugliare il territorio, a proteggere le attività agricole, a prevenire i reati, a sorvegliare i beni rurali e in particolare a risarcire i danni causati da furti, atti vandalici e sconfinamenti del bestiame. Funzionava, cioè, ad un tempo come polizia rurale e come società di assicurazione. L'istituto baracellare, che è tuttora in funzione in vari centri dell'isola, ha origini antiche, trovando le sue radici, almeno per alcuni aspetti, nel periodo giudicale, anche se si presentò, con l'attuale denominazione e con caratteristiche simili a quelle delle odierne compagnie, soltanto a partire dalla seconda metà del XVI secolo. Le sue origini non sono facilmente documentabili dato che, come molte altre istituzioni sarde, non risulta alcun atto istitutivo ufficiale. E' nota solo una richiesta di estenderlo a tutta l'isola formulata al parlamento del 1572-74 dal sindaco di Sassari.

Le compagnie baracellari non facevano paura ai banditi in quanto il loro comportamento era prevedibile e, dunque, facilmente aggirabile. Infatti, le compagnie erano formate da gente del luogo, da gente del paese o dei paesi limitrofi, magari da vicini di casa. I banditi non avevano, quindi, difficoltà nell'eludere la loro sorveglianza per cui, nonostante la loro presenza, omicidi, furti di bestiame, sconfinamenti di pascolo e sgarrettamenti erano all'ordine del giorno. D'altra parte la politica delle amministrazioni locali, che avrebbe dovuto tutelare gli interessi del popolo sardo, dovendo sottostare a continui compromessi e adattamenti al codice positivo imposto dallo Stato, continuava a urtare contro i dettami e i valori della coscienza popolare fino ad apparire come una forzatura, una prepotenza, un'imposizione, un'espressione politica non equa alla quale il popolo non ha mai cessato di reagire.

Anche l'età giolittiana[262] vide tumultuose manifestazioni contro le istituzioni e contro il carovita con distruzioni, morti e feriti. A Cagliari il 14 maggio del 1906 i dimostranti devastarono la stazione ferroviaria[263] e gli uffici del dazio quali simboli di un'ingiustizia fiscale. Mentre nelle città qualcosa si muoveva e la protesta cominciava a farsi sentire, nelle campagne nulla si percepiva: la vita pastorale sembrava fuori dal mondo e la gente pareva, da tempo, aver cessato di interessarsi della giustizia dello Stato; il codice barbaricino, con le sue consuetudini, pareva aver cristallizzato ogni sentire. Nelle campagne l'età giolittiana e il fascismo passarono quasi senza lasciare il segno, la vita continuava, scandita solo dai suoi ritmi ancestrali. Il primo Novecento pareva non volersi staccare dal secolo che lo aveva preceduto e continuò sulla scia dell'Ottocento, con i racconti di Grazia Deledda e gli scritti di Sebastiano Satta. A dispetto del mondo che correva veloce, si andò consolidando una interpretazione romantica del fenomeno del banditismo. La figura del latitante continuò a essere vista come quella di un ribelle isolato, un giustiziere in lotta contro le leggi ingiuste imposte da uno Stato estraneo.

Mezus mortu che in galera[264].

Giovanni Tolu

Giovanni Tolu, famoso bandito di Florinas, piccolo villaggio del Sassarese, fu probabilmente il più famoso tra tutti i banditi sardi. Si diede alla macchia dopo aver ridotto in fin di vita il parroco del suo paese dal quale, probabilmente non senza motivo, si riteneva perseguitato e che gli impediva di sposare la ragazza che teneva in casa come domestica e che in realtà pare fosse la figlia del pio uomo di chiesa, incline a svaghi non precisamente mistici[265].

Tolu, figlio di umili agricoltori, era stato educato con severità e durezza. Morto il padre, si era trovato a soli diciassette anni a dover provvedere alla famiglia alla quale, lavorando duramente nelle campagne, era riuscito ad assicurare una modesta agiatezza. A venticinque anni si era innamorato di una ragazza quindicenne, Maria Francesca Meloni che prestava servizio nella casa di un ricco e influente sacerdote, prete Pittui, che spadroneggiava nel paese di Florinas. Chiesta la mano della ragazza il prete pose in essere ogni tentativo per scoraggiare il pretendente diffondendo non poche dicerie sul suo conto.

Dopo varie peripezie, il matrimonio fu celebrato nel 1850, ma la giovane sposa, mal consigliata da vicini e parenti e dallo stesso sacerdote, assunse nel tempo un atteggiamento aspro e scostante contrastando il marito su ogni decisione familiare. Le liti sfociarono in una separazione quando la ragazza, in attesa di un figlio, si rifiutò di andare a vivere in una nuova casa che i due avevano scelto di comune accordo. Ne nacque un diverbio dai toni molto accesi nel corso del quale Giovanni schiaffeggiò la moglie. L'intervento del padre della ragazza che, in preda a un attacco di collera irruppe nella casa dei giovani gettando in strada le masserizie della coppia, fece perdere il lume della ragione a Tolu che, impugnato il fucile, minacciò il suocero. Il chiasso attirò una folla di curiosi, arrivarono il sindaco e il prete Pittui che dichiarò che il matrimonio poteva considerarsi concluso. Giovanni Tolu, tormentato da dolori alle giunture che attribuiva ai malefici del prete Pittui, si sentiva perseguitato, pensò, dunque, a vendicarsi di quel sacerdote, causa della sua rovina. Così all'alba del 27 dicembre 1850 lo affrontò mentre si recava a dir messa nell'oratorio di S. Croce e lo ridusse in fin di vita:

Nascosi l'arma sotto il cappotto e tornai ad appoggiarmi allo stipite della porta tenendo l'occhio sempre fisso sulla strada dell'oratorio. Finalmente, verso le sei, vidi il prete che scantonava. Il cielo si faceva sempre più fosco e il sole non era ancora levato. Per le vie non si vedeva anima viva. Le porte delle case erano tutte chiuse, poiché il freddo tratteneva più dell'usato gli abitanti i quali non avevano l'obbligo di lavorare in quel giorno festivo. Avvolto nel suo lungo pastrano dalle ampie saccocce, col bavero alzato, il prete attraversò il breve tratto di strada col capo chino contro al vento furioso che gli soffiava di fronte. Passò come una visione e scomparve. Allora io mi mossi ed affrettai il passo per tenergli dietro. Scantonata la via, studia di camminare rasente le case per raggiungerlo inosservato. Il vento che ci soffiava di fronte gli impediva di avvertire il rumore delle mie pedate. Gli tenni dietro per una cinquantina di passi, e lo raggiunsi all'imbocco del largo detto Funtana manna, in cui a destra la strada fa scarpa in campagna aperta, fronteggiando il villaggio di Codrongianus. Il sito era opportuno perché spazioso e poco frequentato. Giunto a tre passi da lui, tolsi la pistola di sotto il cappottane, gliela puntai quasi a bruciapelo alla nuca e premetti il grilletto. L'arma non prese fuoco, perché il cane non aveva schiacciato il fulminante. Continuai a camminare assieme a lui, sempre alla stessa distanza, e altre tre volte ritentai il tiro. Il colpo non partì mai e il vento contrario impedì che lo scatto del grilletto giungesse all'orecchio del prete. Io era atterrito. [...] Feci ancora altri due passi avanti, levai in alto il braccio e con tutta la mia forza lo lasciai ricadere con un manrovescio sulla guancia sinistra del prete, che stramazzò supino. Gli fui sopra come una

*tigre, gli posi un ginocchio sul petto, lo afferrai colla sinistra alla gola e puntandogli
la pistola all'occhio, feci scattare tre o quattro volte il grilletto, sempre invano. Il
prete si dimenava in tutti i sensi e mandava sordi rantoli che si confondevano col
gemito del vento. Aveva la lingua tutta fuori, gli occhi spalancati, Le sue unghie
penetravano nelle mie carni, ma le mie braccia erano di acciaio. [...] Nel
frattempo dietro di me diverse porte si spalancarono con fracasso. Una dozzina di
uomini robusti si lanciarono verso di noi* [266].

Cominciò in questo modo la lunghissima latitanza di Giovanni
Tolu nelle campagne tra Osilo e Sorso, nei cui ovili trascorreva le sue
ore all'erta, con il fucile e *sa pattada* in mano in compagnia del suo
fedele cane. In questi lunghi anni riuscì a diventare una leggenda:
terribile con i nemici e i ladri di bestiame, pietoso con i deboli e
generoso con i bisognosi, arrivò ad acquistare una enorme fama e
grande autorevolezza. La sua latitanza ebbe fine quando si fece
arrestare dai carabinieri per evitare una sparatoria e non spaventare la
figlia incinta che era con lui. Fu tradotto a Sassari dove si adunò una
folla immensa. Il processo fu celebrato due anni dopo a Frosinone
per evitare che l'enorme clamore suscitato in Sardegna dal suo arresto
potesse influenzare la giuria. Il caso, seguito da tutti i giornali
nazionali, suscitò una grande e appassionata partecipazione. Il
verdetto, attesissimo, giunse dopo soli tre giorni di dibattimento:
assolto per legittima difesa[267].

Chie hat favore in corte non morit de mala morte[268].

Dalla parte dei banditi

La gente del luogo ha sempre mostrato simpatia nei confronti dei
banditi. Anche molta parte della letteratura isolana compresa fra gli
ultimi decenni dell'Ottocento e primi del Novecento, da Grazia
Deledda a Sebastiano Satta, ha dato del fenomeno del banditismo

un'interpretazione *romantica* e ha presentato la figura del bandito come quella di un giustiziere idealizzato dalla fantasia popolare. Gli abitanti del luogo, in lotta contro le leggi di uno Stato estraneo che si occupava di loro solo per esigere tributi e che li abbandonava nel momento del bisogno, vedeva con simpatia il ribelle che si faceva giustizia da sé. Per questo il latitante che, ricercato dalle forze dell'ordine era costretto ad allontanarsi da casa e a rifugiarsi sulle montagne, non era mai solo. Trovava sempre qualcuno disposto ad aiutarlo, gente del popolo e pastori che gli davano ospitalità presso i loro ovili.

Come interpretare tutta la simpatia mostrata dalla gente nei confronti dei latitanti? Secondo il codice positivo il latitante è un criminale, secondo il codice barbaricino è un giustiziere che incarna gli ideali di giustizia degli umili nei confronti dell'arroganza dei più forti. Una interessante interpretazione sociologica del fenomeno si trova in un saggio scritto nel 1921 da Freud e intitolato *Psicologia delle masse e analisi dell'Io*, in cui l'autore tentò di esaminare i processi che stanno alla base dei comportamenti delle masse. Freud definì la massa come un insieme di singoli che hanno inserito nel loro Super-Io[269] la medesima persona, identificandosi fra loro in base a questo elemento comune. Egli constatò che nella società, accanto alla gente comune che forma una massa transitoria e non organizzata, convivono altre masse, artificiali e più durevoli, ad esempio la Chiesa e l'esercito. Il sentimento sociale che lega le masse artificiali al capo è l'illusione che il capo contraccambi l'amore e il senso di protezione che le masse hanno per lui. I cattolici si illudono che Dio possa contraccambiare il loro amore e dia loro protezione, allo stesso modo i militari pensano che lo Stato contraccambi la loro devozione e li protegga, e così via. Nel caso delle masse transitorie il discorso è analogo e la società barbaricina si raffigura come una massa che vede nel balente un capo, ossia qualcuno che la rappresenta e pertanto, amandolo e proteggendolo, spera di ricevere in cambio amore e protezione. Alla base del sentimento sociale, secondo Freud, starebbe quindi un sentimento di identificazione della massa con il proprio capo [270]. Il sentimento sociale che lega le masse transitorie al latitante è un sentimento di identificazione della massa con chi rappresenta le norme del codice naturale in cui si riconosce. Giovanni Tolu, ad esempio, ha rappresentato per la gente gli ideali di giustizia e si è con lui identificata. L'assoluzione di Tolu da parte del tribunale di Frosinone è un singolare e forse unico caso di adeguamento del codice positivo al codice naturale. Evidentemente la giuria si è riconosciuta nella massa transitoria e nei suoi ideali e li ha trasferiti nel codice positivo.

Chie in janna anzena iscüstada males suos intenne.

Tra leggenda e realtà

Le storie di vita legate a leggendarie figure di latitanti meritano attenzione, soprattutto perché nessuno, fuori dell'isola, cercò di analizzare i fatti legati al codice della vendetta barbaricina per interpretarli alla luce delle trasformazioni che, a più riprese, hanno investito la Sardegna nell'ultimo secolo, ad esempio il grave calo nella esportazione di bestiame per la chiusura del mercato francese in seguito all'innalzamento delle tariffe doganali votate dal governo Crispi.

Già Marc Bloch[271] notò come *l'evoluzione della struttura sociale, così pure strettamente legata all'evoluzione agraria propriamente detta, sia lasciata completamente in ombra*[272].

Nonostante da più parti si sia proclamata la necessità di comprendere, in continente c'è stato un interesse scarso e distorto relativamente ai fatti che sono accaduti in Sardegna e ciò ha alimentato il rancore dei sardi nei confronti dello Stato e il fiorire di leggende legate a fatti e personaggi. Eppure ci sono stati importantissimi scritti, tutti di studiosi sardi, che avrebbero potuto portare alla conoscenza il fenomeno del banditismo legandolo alla vita economica, politica e sociale nella Sardegna di ogni epoca. Invece, nel giugno del 1924, *La rivoluzione liberale*, settimanale di critica politica fondato e diretto da Piero Gobetti[273], si limitò ad avviare la pubblicazione di un'inchiesta a puntate dedicata alla Sardegna e realizzata dal piemontese Augusto Mazzetti, con l'intento di analizzare le cause di quello che, sin dal titolo del primo articolo, era esplicitamente definito "Il problema sardo"[274]. In questo lavoro è ravvisabile la sostanziale estraneità del Mazzetti rispetto alla realtà sarda, infatti, i mali della Sardegna, secondo questa inchiesta, non avrebbero avuto un'origine economica, politica o sociale, ma la loro radice più profonda si sarebbe dovuta cercare in una crisi interna allo spirito e all'animo dei sardi, una sorta di dimensione intrinseca alla loro stessa identità. E' evidente che questa inchiesta ha generato echi di malintesi per la connotazione razzista nei giudizi formulati dall'autore. Veniva così confermata l'ipotesi di Cesare Lombroso sulla razza delinquente, mentre il testo di Pigliaru, che pur esaminava in modo scevro da pregiudizi le norme del comportamento barbaricino, rimase praticamente sconosciuto.

Dando per scontato che i sardi costituissero una razza geneticamente criminale, nessuno cercò di comprendere a fondo, senza pregiudizi e in modo analitico, come mai in Sardegna si sia potuto affermare uno spirito libertario dalle spiccate venature anarcoidi tenacemente ostile a qualsiasi senso di responsabilità che non fosse quella dettata dai vincoli familiari, dal diritto naturale e dal sentimento di indipendenza. Sono queste incomprensioni che hanno alimentato storie e leggende di ogni genere. Venendo a mancare il senso storico, politico e sociale dei fatti legati al banditismo in Sardegna, le gesta dei latitanti hanno continuato a essere viste in modo distorto e i giudizi espressi sono stati caratterizzati da interpretazioni leggendarie e ambivalenti. Da una parte vi erano i sardi che vedevano il bandito come un vendicatore leale e passionale, dall'altra vi erano i continentali che consideravano il bandito come un grassatore, un sequestratore disonesto e avido, abbietto e infame.

In realtà entrambi sono archetipi che tuttavia, con il tempo, hanno portato a una visione leggendaria e distorta della figura del pastore-latitante. In Sardegna, nella prima metà del Novecento, si è continuato a considerare il latitante come un invincibile vendicatore e giustiziere, in continente lo si è fatto vivere nell'immaginario collettivo sotto il segno del sottosviluppo, accusandolo di non essere in grado di fare un salto nella modernità, salto che lo avrebbe dovuto portare a placare i conflitti. In entrambi i casi il latitante sardo non è riuscito a scrollarsi di dosso la distorta reputazione.

Sa fama innocente clamat septe boltas[275].

Libro-scandalo in continente

Abbiamo visto che la crisi sociale ed economica che caratterizzò la Sardegna nella prima metà del Novecento ebbe gravi ripercussioni nell'isola, ma fu poco compresa in continente. Quando nella Barbagia si verificavano azioni banditesche, lo Stato si preoccupava di reprimerle con l'invio di truppe e con l'arresto indiscriminato di intere famiglie, sospettate di combutta con i briganti.

Il libro *Caccia grossa*, edito nel 1900 e firmato con lo pseudonimo di Miles dall'autore Giulio Bechi, rappresentò un vero e proprio libro-scandalo. Tenente dell'Arma, spedito in Sardegna per prender parte alle operazioni contro il banditismo volute dal governo Pelloux, Bechi diede un ritratto tra cronaca e romanzo della stagione forse più acuta del banditismo in Sardegna. Bechi proponeva soluzioni sociali che, in un certo senso, testimoniavano che in continente, nella mentalità generale, non era stata abbandonata l'idea della razza delinquente di Cesare Lombroso. Scriveva Bechi:

Bella giornata! Peccato che non si impicchi nessuno! Fa rabbia quel bell'azzurro sprecato su questo sporco paese![276].

Questa frase, dai toni altamente offensivi, la dice lunga su quello che in continente si pensava dei sardi. L'idea che vi era la tendenza generale di credere all'ipotesi della razza delinquente è testimoniata anche dai metodi usati per l'estirpazione del banditismo, come il conflitto di Murguliai nel quale carabinieri e truppe dell'esercito sterminarono le persone più scomode dell'epoca.

Appena avuta notizia della pubblicazione del libro scoppiò in Sardegna una furiosa polemica guidata dall'avvocato Ciriaco Offeddu, nuorese, consigliere provinciale di parte progressista, che avvertiva che il libro di Bechi era mosso da una ideologia coloniale. Anche Gramsci dedicò alcuni passaggi delle sue note dal carcere a Giulio Bechi, collocando l'autore fra i *nipotini di padre Bresciani*[277] (ne aveva già scritto sull'Avanti, nel 1920) e riteneva Caccia grossa *uno dei libri peggiori che si possano immaginare*.

Riletto oggi, il libro lascia ancora un'impressione di ambiguità e di sgradevolezza, dovuta all'impreparazione culturale e antropologica dell'ufficiale fiorentino e al suo palese intento di voler cogliere l'occasione di fare della mediocre letteratura su avvenimenti gravi e tristi per la storia dell'isola. Il conflitto di Murguliai e il libro di Bechi non modificarono le cose: i *balentes* continuarono a godere della complicità del popolo che creava attorno a loro un velo di omertà, una omertà sinonimo non di paura, ma di solidarietà, ed è in questa solidarietà fra diseredati che si è temprata la fedeltà nelle amicizie e il senso della giustizia tra i fautori del codice barbaricino. Nella prima metà del Novecento il codice barbaricino continuò così a imperare, leggi e processi si continuarono a fare in casa seguendo un'antica consuetudine diventata codice.

L'onore è la prima cosa da difendere, ecco perché un'offesa non può restare impunita e soprattutto non cade in prescrizione. E se trovate una foglia di insalata davanti alla porta state sicuri che farete da contorno[278].

Chi, nella prima metà del Novecento arrivava dal continente, viaggiava con la scorta armata pensando al popolo sardo come a un popolo di volgari delinquenti, mentre fiorivano pubblicazioni che volevano i sardi razza criminale secondo le teorie di Cesare Lombroso[279]. Pochi si sono soffermati a riflettere che significato potesse avere in Sardegna l'altissimo senso di giustizia, più alto che in ogni altro popolo, negli umili come nelle persone colte. Proprio dalle offese al senso di giustizia sono scaturiti sanguinosi drammi, moti di fazioni, conflitti con la forza pubblica che non è riuscita quasi mai a vincere l'omertà popolare a favore di coloro che erano considerati perseguitati. L'omertà sarda non ha mai avuto l'aspetto di quella di altre regioni: mai sono esistite in Sardegna forme di camorra o di mafia, mai i potenti hanno esercitato rappresaglie sui deboli come è accaduto e accade in altre regioni. Solo lo Stato ha portato repressioni e ingiustizie ed è questa secolare esperienza di ingiustizie che ha, probabilmente, creato e affinato l'istintiva diffidenza dei sardi verso gli strumenti del pubblico potere e che ha sviluppato fra essi un vincolo profondo di solidarietà.

Justitia noa, ferramenta acuta[280]

Prima degli anni Sessanta il 17% della popolazione sarda era analfabeta, il 65% aveva la licenza elementare e il rimanente sapeva leggere e scrivere senza avere alcuna scolarizzazione. Il livello di analfabetismo si assestava sulla media nazionale mentre il livello di scolarizzazione elementare era più alto rispetto al valore nazionale, che era pari al 59%. Il numero di abitanti per Kmq in Sardegna era cinquantuno contro il centottanta nazionale. Per kmq gli ovili erano centodieci, più del doppio del numero di abitanti.

Dall'analisi di questi dati emerge che, agli albori degli anni Sessanta, la cultura sarda era di tipo agro-pastorale e questo consente di avanzare l'ipotesi che, dato che una cultura di tipo agro-pastorale difficilmente è violenta, il banditismo sardo non sia espressione di una cultura primaria, ma che rappresenti piuttosto una risposta a una condizione esterna, a una prevaricazione secolare che ha sfruttato e marginalizzato l'isola e a cui il mondo pastorale ha offerto diverse forme di resistenza alla sua distruzione[281]. Il banditismo, i sequestri di persona, le vendette barbaricine prima degli anni Sessanta sono stati tutti fenomeni di difesa in un quadro globale di grande incertezza giuridica. Numerosissime sono le storie che si possono raccontare e non tutte sono state raccontate con accertato rigore. Solo i numeri e i nomi sono certi: sulla facciata della chiesa, la mattina del 14 aprile del 1950, gli Orgolesi trovarono venticinque annunci di morte. Nomi e cognomi di chi doveva essere ucciso, scritti in vernice nera. Il pensiero ricorda i caduti di quella mattanza: Il 18 aprile Antonio Maria Floris, pastore. A maggio Giovanni Massola contadino. Il primo luglio una donna, Antonia Maria Pichereddu. Due giorni dopo Alfonso Biscu. Poi Maddalena Soro, casalinga: andava in carcere a trovare il marito Giovanni Battista Liandru rinchiuso dopo aver collezionato 11 mandati di cattura[282]. Maddalena Soro fu fulminata tra le vigne di Locoe. In agosto uccisero Francesco Cucchedda. A settembre Nicola Taras, barbiere. In novembre Giovanni Taras, pastore. Atri tre omicidi nel 1951, due nel 1952[283], sei nel 1953. Una strage senza fine.

La politica delle amministrazioni, che avrebbe dovuto tutelare gli interessi del popolo sardo, continuava a fallire a causa dei suoi continui compromessi e adattamenti al codice positivo imposto dallo Stato.

Qui hat runza, qui si la ratet[284].

La Sardegna dopo il 1960

Dopo il 1960 in Barbagia continuarono a convivere due sistemi normativi contrapposti, ma solo uno era quello formalmente riconosciuto, quello incentrato sulla pratica consuetudinaria della vendetta. Come abbiamo visto, la pratica della vendetta in Barbagia è consuetudine giuridica, fatto normativo capace di generare comportamenti percepiti come doverosi da parte dei singoli membri della comunità. Il titolare del dovere della vendetta viene a configurarsi come una sorta di organo della comunità stessa e il codice barbaricino esprime, secondo Pigliaru, l'esistenza di un ordinamento giuridico nel senso proprio del termine, dando luogo a un contrasto fra tale ordinamento e quello dello Stato[285].

Dallo scritto di Pigliaru scaturì un vasto dibattito. L'opera, però, sottoposta spesso a interpretazioni distorte e fuorvianti, fu sottratta dall'ambito scientifico e accademico per essere trascinata sul terreno dello scontro politico. Le più aspre polemiche divamparono negli anni in cui cresceva l'allarme sociale per i sequestri di persona, proprio per l'incapacità di capire che la realtà descritta dallo studioso orunese andava calata sul terreno antropologico, prima che su quello criminale. Serviva a poco invocare l'intervento repressivo dello Stato, perché quello che mancava era l'incapacità di analizzare a fondo la realtà sociale delle aree del malessere.

Dopo gli anni Sessanta e dopo la prematura scomparsa di Pigliaru, le manifestazioni di diritto autoctono in Sardegna non sono più state oggetto di studi. Sono venute a mancare anche adeguate analisi sociali relative a eventi successi nell'isola dopo la morte di Pigliaru, analisi che avrebbero consentito di comprendere il volto che il codice barbaricino andava assumendo. Il codice barbaricino, cosa singolare, è rimasto pressoché immutato fino agli anni Sessanta perché fino a quel periodo le condizioni dei pastori e dei contadini sardi hanno subito ben poche modifiche, ma a partire dagli anni Sessanta si sono succeduti nell'isola eventi di una tale portata da modificare anche un codice millenario: invasione da parte di potenze militari, espropri, utilizzo di supercarceri, sfruttamento turistico incondizionato, distruzioni e cementificazioni, disattenzione per problemi sociali urgenti ecc.

E' in questo contesto che le norme del codice barbaricino hanno subito profonde mutazioni: figure come Giovanni Tolu che facevano del codice barbaricino il proprio codice naturale individuale, hanno cominciato a lasciare il posto ad azioni che facevano intravedere un tentativo di organizzazione politica e sociale. A cominciare dagli anni Sessanta, ossia dopo l'invasione della Costa Smeralda da parte di capitalisti miliardari, da un lato proliferarono i sequestri di persona miranti a una più equa distribuzione delle ricchezze, dall'altro si fecero strada attentati di tipo politico, segno di malcontento circa il modo in cui veniva gestita la politica territoriale.

Gli anni Sessanta dunque, hanno costituito per la Sardegna una specie di spartiacque, tanti e tali sono stati i cambiamenti e gli eventi che si sono succeduti e che hanno contribuito a fare assumere al codice barbaricino i connotati che attualmente lo caratterizzano.

S'ingannu torrida a s'ingannadori[286].

Le miniere sarde

Nel 1971, esattamente un secolo dopo la Relazione della Commissione Parlamentare d'Inchiesta sulle condizioni dell'industria mineraria fatta da Quintino Sella, in Sardegna la politica era ancora di tipo colonialistico e Giovanni Rolandi, nel suo Libro *La Metallurgia In Sardegna,* ribadì la necessità di una metallurgia che completasse nell'isola il processo produttivo, dato che la maggior parte dei minerali estratti veniva esportata nel *continente* per essere fusa[287].

Nei primi anni Ottanta le miniere passarono all'ENI che non riuscì a migliorare la situazione già disastrosa. In seguito la gestione delle poche miniere metallifere ancora aperte passò alla S.M.I. controllata dalla regione Sarda e la produzione continuò fino al 1995, anno in cui chiuse definitivamente anche l'ultima miniera.

Oggi basta passare per Monteponi, per Ingurtosu o per Buggerru per comprendere che nelle miniere i sardi hanno fin troppo sofferto. Anche negli scritti di autori locali affiora il coraggio e la spassionata lucidità intellettuale di questa sofferenza, e tra le righe si legge come questo sentimento sia diventato una cosa sola con la cultura sarda in genere. Antonio Gramsci, Emilio Lussu, Grazia Deledda, Francesco Ciusa, Costantino Nivola, Antonio Ballero, Mario Delitala, Sebastiano Satta, Salvatore Satta, Salvatore Cambosu, Girolamo Sotgiu costituiscono l'espressione più vera di questa sofferenza dai molteplici volti:

Succede un triste fenomeno in Sardegna. I contadini disertano i fertili campi abbandonano il nativo paese, la moglie, il padre, e vanno taciturni all'oscura miniera a guadagnarsi un pezzo di pan nero, ad accorciarsi la vita nelle umide gallerie, a lasciar brandelli di carne fra un macigno e l'altro. Perché il contadino lascia il bel cielo azzurro per andare a nascondersi nelle oscure gallerie? [...] La terra è troppo avara dei suoi frutti per chi la lavora, dice il contadino, ma non è quella la verità, o per meglio dire, tutta la verità: la terra coltivata coi sistemi preadamitici non produce abbastanza per saziare l'inesorabile fisco e l'usuraio crudele, i quali non lavorano e non contribuiscono alla sua fertilizzazione, ma s'appropriano dei frutti che essa produce ad esuberanza per chi su di essa lascia la vita[288].

Il 1995 ha visto la chiusura dell'ultima miniera, ma la sofferenza non è ancora finita. Attualmente vi è l'idea progettuale di inserire le aree minerarie dismesse di Montevecchio e Ingurtosu nel costituendo Parco Geominerario della Sardegna. Queste aree sono, infatti, particolarmente appetibili, non solo per il paesaggio minerario, ma anche per le zone naturalistiche vicine, come le Dune di Piscinas e l'Arcuentu e per la presenza di numerosi siti di interesse culturale. Inoltre, il sito minerario di Montevecchio è uno degli esempi più interessanti di archeologia industriale della Sardegna. La riqualificazione di questo sito, il cui valore è stato recentemente sancito dall'Unesco, prevede itinerari di visita turistica e un museo che ripercorre l'intero ciclo produttivo del sito industriale.

Il recupero di questo patrimonio culturale dovrebbe essere in grado di attrarre un flusso di visitatori tale da giustificare la creazione di un sistema locale di offerta di servizi integrati. Nel costituendo Parco esiste uno straordinario patrimonio edilizio e di strutture geominerarie che attendono solamente di essere valorizzate, però questa zona, con le sue bellezze naturali e ambientali, deve essere disinquinata, recuperata, valorizzata.

Ma sarà davvero un progetto favorevole per i sardi? Dipende. Certamente no se, come al solito, imprese e capitali stranieri interverranno nella gestione del progetto spartendosi i finanziamenti europei. Non è difficile prevedere che sarà una legge nazionale a dare l'avvio al parco, con la solita abitudine di far calare le decisioni dall'alto, quando invece ogni decisione in merito dovrebbe venire da una norma regionale e che solo questa dovrebbe costituire la base per l'istituzione e la gestione al territorio. Dovrebbe spettare unicamente alla regione Sardegna fare in modo che anche questa ricchezza non cada in mano a investitori stranieri. Alla regione Sardegna dovrebbe spettare anche la definizione delle normative d'uso delle aree sensibili per la regolamentazione degli interventi finalizzati al riuso del patrimonio edilizio; così pure dovrebbe spettare alla regione Sardegna l'organizzazione delle partecipazioni col privato, con gli enti locali e le università sarde per l'istituzione di centri di formazione, capaci di realizzare programmi didattici e di ricerca nel campo delle scienze ambientali.

Per la massima integrazione fra storia e ambiente dovrebbe, dunque, spettare ai sardi sia la possibilità di decidere la gestione del proprio territorio, sia qualsiasi intervento di infrastrutturazione, quali la rete di elettrificazione, l'approvvigionamento idrico, la depurazione delle acque, viabilità e parcheggi, aree attrezzate, senti eristica ecc. Dovrebbe pure spettare ai sardi la possibilità di decidere ogni intervento di restauro conservativo dei manufatti civili e industriali di interesse pubblico da destinare alle funzioni museali, a salvaguardia della memoria storica e della tutela paesaggistica.

La questione è prettamente politica ed è noto come i sardi, più o meno apertamente, covino un certo malumore per come la politica gestisce le loro questioni. Per questo negli ultimi decenni la Sardegna sta vivendo un momento intenso di attività rivoluzionaria: nell'ottobre del 2003 pacchi bomba sono stati recapitati alla sede della regione Sardegna, a Roma; a gennaio del 2005 un'autobomba è stata fatta esplodere davanti al carcere contro la casa di un carabiniere; nel gennaio del 2006 una bomba è esplosa nella caserma dei carabinieri di Vallermosa, in provincia di Cagliari.

Attentati di questo genere erano praticamente sconosciuti prima degli anni Sessanta. Questo è il segnale che il vecchio codice barbaricino sta lasciando il posto a un nuovo codice che, al passo con i tempi, sta perdendo i connotati di codice naturale romantico per assumere quello di codice naturale anarchico-rivoluzionario. Come già Kant intuiva nella sua *teoria del mutamento politico-storico*, l'uomo è per natura un animale bisognoso di padrone, ma è sempre meno animale e ha dunque sempre meno bisogno di un padrone. Il tasso di dispotismo, nei tempi passati utilizzato per il mantenimento dell'ordine civile, deve andare via via decrescendo al fine di rendere possibile dare a un popolo una forma più rispondente al suo codice naturale:

A questo punto la libertà è una necessità storica: il «padrone» deve rinunciare al comando su sudditi giunti a maturità. Se tergiversa, le risposte non si faranno attendere: «società segrete», resistenza, quindi rivoluzione[289].

Hoe ad mie, cras ad tie[290].

Paolo VI a Cagliari: il discorso della vergogna

Il 24 aprile del 1970 Papa Paolo VI visitò, a Cagliari, il quartiere Sant'Elia, una zona degradata, afflitta da povertà e disoccupazione. Solitamente al Papa gli umili e i poveri di tutto il mondo riservano una calorosa accoglienza, ma a Cagliari nessuno lo applaudì, anzi, il suo discorso fu contestato da un folto gruppo di giovani che bloccarono la strada destinata al suo passaggio e gli lanciano sassi. La polizia effettuò centocinquanta fermi, tramutati in arresto per ventidue di essi con l'accusa di *violenza, resistenza e oltraggio a pubblico ufficiale*, ma i trattenuti denunceranno a loro volta violenze subite durante il fermo e oltre.

Ma qual è stato il motivo di tanta rabbia mostrato dalla gente del quartiere Sant'Elia nei confronti del Papa? Per comprenderlo occorre leggere il discorso di Paolo VI, qui trascritto per esteso:

Cagliari, 24 aprile 1970

Eccoci al Quartiere S. Elia.
Abbiamo Noi stessi desiderato venire fra voi, abitanti di questo Quartiere, che ci hanno detto essere destinato alla gente bisognosa di tutto. Qualcuno chiederà:

161

perché, in una giornata così breve e così piena di incontri belli, solenni e piacevoli, il Papa vuol andare anche al Quartiere S. Elia, dove non vi è nulla di interessante da vedere? Rispondiamo: voi sapete che Noi abbiamo il grande e tremendo ufficio di rappresentare -- indegnamente, ma veramente - il Signore, nostro Signore Gesù Cristo; quel Gesù del Vangelo, che attribuì a Se stesso le parole del Profeta Isaia: «Iddio mi ha mandato a portare la buona parola all'umile gente» (Luc. 4, 18). Se così ha detto e ha fatto Gesù, Signore e Maestro, dobbiamo fare lo stesso Noi pure: dobbiamo andare a cercare la gente umile e povera anche a Cagliari, come abbiamo fatto anche durante gli altri Nostri viaggi.

Eccoci allora fra voi, abitanti del Quartiere S. Elia, figli e fratelli carissimi. Grazie per la vostra accoglienza.

Noi leggiamo nei vostri occhi un'altra domanda: e adesso, che cosa viene a fare il Papa fra noi? una visita di curiosità? una visita di pubblicità? Che importa a noi d'una visita di pochi minuti e di poche parole? Ancora rispondiamo, e considerate bene ciò che vi diciamo: Siamo venuti per dimostrare a voi e per dimostrare a tutti che Noi riconosciamo la vostra eguaglianza a confronto di tutti gli altri uomini, anche se questi sono più istruiti e benestanti. Voi siete cittadini con pari diritti a tutti gli altri; la società non vi deve trascurare, né disprezzare. Diciamo di più, voi siete cristiani, siete figli di Dio, siete fratelli nella Chiesa di Cristo; avete eguale dignità! Anzi, voi, proprio perché siete poveri, avete una «eminente dignità»; siete più degli altri meritevoli di rispetto e d'interessamento. Voi, nel Vangelo, siete i preferiti, siete avanti agli altri, i più vicini all'amore di Cristo e al grande dono del suo regno. Siamo venuti perciò per salutarvi, per rendervi onore, per rivendicare nella Chiesa e anche nella società civile il posto degno che a voi spetta, e a riconoscere oltre i vostri bisogni (e quanti ne avete!) i vostri diritti naturali: alla casa sufficiente e decente, al pane e al lavoro, alla scuola e all'assistenza sanitaria, alla partecipazione ad un comune benessere, per voi e specialmente per questi vostri figlioli.

Parole dirà qualcuno: e i fatti?

Rispondiamo: sì, sono parole; ma sono parole buone e vere; e Noi vogliamo credere che esse vi portino almeno qualche conforto, Non è un «fatto» anche il conforto? Non è forse di «parole che vengono dalla bocca di Dio» che vive l'uomo, prima ancora che di pane materiale? L'ha detto il Signore. E così è, perché voi,

Noi lo sappiamo, avete bisogno, innanzi tutto, di essere consolati; avete bisogno d'essere sollevati nell'anima. Non avete voi un'anima? un'anima, che vale più del corpo? un'anima afflitta? un'anima capace di vivere dei tesori più preziosi, quelli dello spirito? i tesori della fede, della preghiera, della bontà?

E poi voi sapete che i «fatti» cominciano dalle parole. Anche i fatti, a cui le vostre penose condizioni vi fanno pensare: i fatti economici, i fatti sociali. Questi fatti, cioè il benessere, degno d'un uomo, derivano dalle parole, cioè dalle idee, dai principi, dai buoni ragionamenti. E pronunciare qui le parole che devono preparare i fatti, che voi desiderate, non è già qualche cosa di positivo? Siamo qui, come dovunque andiamo, come avvocato dei poveri: vi dispiace che Noi siamo il vostro avvocato? e che invochiamo qui da coloro che possono e debbono aiutarvi di fare qualche cosa per voi, di fare di più, di fare bene, di fare presto? Vedete: Noi, perché siamo mandati da Cristo, possediamo una ricchezza particolare, possediamo l'amore. L'amore è una forza. Lo vogliamo infondere a voi questo amore cristiano, per vostro conforto, per vostra unione, per vostra speranza; ma lo vogliamo anche infondere negli altri, cioè i ricchi, i responsabili del bene pubblico, i fratelli ed i ministri della Chiesa: se tutti questi si lasciano penetrare maggiormente dall'amore cristiano, non sarebbero più facilmente e più rapidamente migliorate le vostre sorti? senza odio, senza egoismi, senza rivoluzioni e senza ritardi.

Il dialogo, Noi lo avvertiamo, vuole ancora continuare: perché ci si chiede, il Papa non dà l'esempio? Miei cari: accettiamo anche questa domanda. Il Papa, sì, deve dare l'esempio. Ma il Papa non è ricco, come tanti dicono. Noi abbiamo difficoltà a sostenere le spese per i servizi necessari all'andamento centrale di tutta la Chiesa; e poi abbiamo tante necessità, a cui provvedere, in tutto il mondo, quelle delle missioni, per esempio. Ma tuttavia cerchiamo di fare ciò che possiamo, col cuore staccato dai beni economici, e col cuore attaccato ai bisogni dei poveri e dei sofferenti. Non possiamo fare che poco, purtroppo; ma un segno cerchiamo di dare dappertutto del Nostro buon volere. Anche qui, un segno, un piccolo segno, Noi lasceremo. Ma un altro segno, spirituale questo, un grande segno di fede, di speranza, di amore, in nome di Cristo, Noi vi lasciamo: la Nostra benedizione.

Gli abitanti del quartiere Sant'Elia si sono sentiti offesi e non hanno legittimato un papa che si è rivolto a loro dicendo: *Siamo venuti per dimostrare a voi e per dimostrare a tutti che Noi riconosciamo la vostra eguaglianza a confronto di tutti gli altri uomini.* Da questa frase si comprende che, se lo Stato ha sempre trattato la Sardegna come una colonia, la Chiesa non è stata da meno. Eppure la Chiesa, con la sua morale sulla carità cristiana, avrebbe dovuto essere vicina ai poveri e ai meno fortunati! In realtà, non diversamente dallo Stato, la Chiesa ha trattato il popolo sardo come gente di razza inferiore.

E ancora, come dire a una popolazione affamata che *Non è un «fatto» anche il conforto? Non è forse di «parole che vengono dalla bocca di Dio» che vive l'uomo, prima ancora che di pane materiale?* E' comprensibile che, a una popolazione affamata e stremata, queste parole possano essere suonate come una presa in giro.

Ma il massimo della collera la gente la raggiunse quando si sentì dire che *il Papa non è ricco, come tanti dicono. Noi abbiamo difficoltà a sostenere le spese per i servizi necessari all'andamento centrale di tutta la Chiesa; e poi abbiamo tante necessità, a cui provvedere.*

Davvero difficile sopportare questo discorso per i ragazzi poveri del quartiere di Sant'Elia! Con questo discorso la Chiesa mostrava il suo vero volto. Sotto il dominio di Roma, già dal 238 a.C. la Sardegna intera fu colonizzata dalla Chiesa non meno che da fenici, cartaginesi, romani, arabi, aragonesi, spagnoli, piemontesi. La Chiesa, fin dai tempi più remoti, non solo poteva contare sul potere spirituale, ma anche su un potere economico rilevante. La decima che la Chiesa chiedeva al popolo[291] era un tributo che incideva, in molti casi, più del tributo dovuto e riscosso dal feudatario. Un potere economico, questo, che la Chiesa poté mantenere a lungo, sia durante tutto il medioevo, anche con l'ausilio dell'Inquisizione, e molto oltre. E' il perdurare di questo dominio mascherato da belle parole che i ragazzi poveri del quartiere di Sant'Elia hanno preso a sassate!

Anche dopo gli anni sessanta processioni, ardie, ritratti, paesaggi marini e feste paesane mascherano il dominio della Chiesa sulla gente semplice:

Questo è il lato più atroce dell'insegnamento morale quale è impartito dai papi e dal clero: che esso sviluppa i lati più vili della natura umana, avvezzandola a non sentire le proprie responsabilità', ma a mettere le decisioni finali nelle mani di un sacerdozio, che non dà il consiglio dell'amico, ma dà l'assoluzione o la condanna del giudice[292].

Deus mi liberet de cane incadenadu et de nomine infuriadu[293].

Presenza militare in Sardegna

La Sardegna, per la sua collocazione centrale nel Mediterraneo e per le particolari caratteristiche climatiche e ambientali, dopo gli anni Sessanta, vide aumentato il suo ruolo strategico all'interno degli equilibri politici internazionali.

Agli inizi della guerra fredda la Sardegna fu scelta come luogo in cui concentrare impianti di supporto per lo sforzo bellico nella guerra prevista contro l'Est comunista. E' nelle alte sfere che si decise, ancora una volta, il futuro dell'isola. Utilizzando lo strumento dell'esproprio nacquero tre grandi poligoni: la base aerea di Decimomannu[294], il poligono di Capo Frasca[295] e i poligoni Salto di Quirra[296] e Teulada[297], i più estesi d'Europa. A occidente mare e cielo furono adibiti a campo di combattimento, a oriente a campo di sperimentazione di nuovi sistemi d'arma e a bersaglio di missili. L'estremo Sud e l'estremo Nord diventarono due grandi poli di approvvigionamento messi a disposizione della Nato. A Cagliari si sventrò la Sella del Diavolo e Monte Urpinu per far posto ai giganteschi serbatoi di combustibili ad uso di aerei e flotte di guerra. A La Maddalena-Santo Stefano si costruirono depositi sotterranei per carburanti e per armi. Infine, in applicazione di accordi tuttora segreti e mai ratificati dal parlamento, si installò la base nucleare americana, la sola in Italia e in Europa che agisca fuori della copertura Nato, in regime di piena extraterritorialità ed extragiurisdizionalità.

A tutt'oggi il demanio militare impegnato ammonta a ventiquattromila ettari a fronte dei sedicimila di tutto il restante territorio della penisola italiana. A questa cifra si devono sommare i dodicimila ettari di terra gravata da servitù. L'estensione delle *zone di sgombero a mare* supera, con i suoi quasi tre milioni di ettari, la superficie dell'intera isola[298]. Se consideriamo gli spazi aerei sottoposti a restrizione o interdizione, dobbiamo constatare che il loro volume è incommensurabile.

Nel 1972 il governo Andreotti, raggirando gli art.11-80-87 della Costituzione e prevaricando il parlamento con il sotterfugio di qualificazione del patto "in forma semplificata", stipulò un accordo bilaterale segreto con gli Stati Uniti per la militarizzazione della Maddalena. L'opposizione della Sardegna si sollevò forte e immediata e il presidente della regione inviò al governo una dura nota di protesta. Seguirono le proteste dei consigli provinciali di Iglesias, Nuoro, Sassari, Orgosolo, Quartu, Carbonia, Porto Torres, Guspini ecc.

Cinquecento fisici riuniti a Cagliari votarono una mozione contro il nucleare militare, scioperi e manifestazioni scossero l'Isola, ma invano. In parlamento si tentò di aprire un confronto, ma evidentemente la protesta non fu abbastanza forte da farsi sentire e l'accordo con gli Stati Uniti per la militarizzazione della Maddalena ebbe il suo corso.

Solitamente la procedura costituzionale impone alla maggioranza l'obbligo di confrontarsi con tutte le forze politiche prima di stipulare patti che possono incidere sulla comunità! Gli impegni internazionali devono essere conosciuti dal paese e su di essi deve essere espresso un giudizio che è anche una garanzia di controllo democratico. La forma semplificata, invece, consente che l'accordo sia concluso senza l'esame e l'approvazione del parlamento. Basta la semplice firma di un qualsiasi funzionario o militare delegato dal governo. E' un espediente truffaldino per dare una parvenza di correttezza formale alla delegittimazione del parlamento. Questo è uno strappo costituzionale che ha ferito profondamente i sardi ed è una ferita non ancora rimarginata. La reale portata delle concessioni offerte dall'Italia agli Stati Uniti senza il consenso del popolo sardo non è stata digerita perché manifesta un rapporto di vassallaggio intollerabile, in quanto l'Italia non è legittimata a continuare a trattare la Sardegna come una colonia!

In Italia non esiste una legge sul *segreto di Stato*, esiste invece un groviglio di decreti, circolari, regolamenti che hanno costruito un muro invalicabile, una zona *off limits* a protezione di inconfessabili verità che i sardi vogliono conoscere perché li riguarda! Il tentativo di tutti i governi, della prima e della seconda Repubblica, di non mettere in discussione la portata dell'abdicazione alla sovranità si aggroviglia tra tabù, menzogne e illegalità e questi sono solo alcuni dei risultati:

-24 febbraio 1974: trapela la notizia che l'equipaggio della nave-balia è stato sostituito a causa di una contaminazione radioattiva.

-22 marzo 1974: Il Messaggero parla di probabili tracce di cobalto nelle acque sarde.

-29 novembre 1974: il settimanale corso Kirn denuncia il ritrovamento di rifiuti radioattivi sotterrati a S. Stefano e individuati con rilevatori geiger. Il giorno successivo i Comandi militari americani rassicurano: «Ci sono, ma non sono pericolosi».

-12 febbraio 1976: medici di base denunciano tre casi di cranioschisi e percentuali in eccesso di patologie tumorali.

-25 luglio 1978: il Corriere della sera rivela la presenza di cobalto 58 e 60, radio-nichel, radio-zinco, radio-ferro, elementi altamente radioattivi.

-10 luglio 1981: si registra un altro caso di cranioschisi[299].

Speculando sull'antica povertà dell'isola si è cercato di creare consenso con l'elargizione di alcuni posti di lavoro e molte promesse di futura occupazione. L'opposizione popolare non è mai stata presa in considerazione. Il dissenso è stato confinato nell'ambito di proteste locali e si è frantumato in isolate azioni individuali o di piccoli gruppi contro gli espropri delle terre, in difesa del lavoro e dell'uso di pascoli e zone di pesca. Il malcontento non ha abbastanza voce, ma esiste, si esprime e lascia i segni nei murales di tutta l'isola[300].

Le istituzioni e le forze politiche continuano a trattare la Sardegna come una colonia, mentre in Friuli, la regione più militarizzata d'Italia dopo la Sardegna, si ottengono indennizzi, occupazione e servizi contro i gravami militari. La militarizzazione della Sardegna si sviluppa in un perverso intreccio di arroganza e prevaricazione da parte delle forze armate, delle amministrazioni statali e anche delle amministrazioni locali. Lo scontento della gente si vede sui messaggi lasciati sui murales di Orgosolo, ma si esprime anche nei numerosi attentati alle caserme e agli assessori in molti paesi dell'isola: il 28 marzo del 2005 una bomba fu ritrovata all'ingresso del distaccamento del distretto militare di Cagliari a Sassari. La bomba, composta da un candelotto di dinamite e una miccia non collegata, fu collocato tra la serranda a maglie e il portone dell'edificio di via Duca degli Abruzzi. Questo è solo uno dei tanti analoghi atti intimidatori compiuti nell'isola. Solo nel primo semestre 2004 se ne sono registrati sei. Il 10 gennaio e il 20 febbraio due episodi a Sassari : un ordigno rivendicato *dall'Anonima Sarda Anarchici Insurrezionalisti*, e un attentato incendiario firmato *dall'Organizzazione Indipendentista Rivoluzionaria*.

Gli inquirenti non escludono che queste azioni possano essere legate a gruppi antimilitaristi in reazione agli aloni di menzogna che circondano gli insediamenti militari. Si sbandierano i posti di lavoro mai precisati e quantificati e si dimentica di prendere in considerazione e valutare i costi pagati da tutta la collettività: pochi traggono lievi vantaggi e molti sopportano pesanti danni. Nessun centro studi di sindacato, partito o ente locale si è mai preoccupato di quantificare le attività lavorative perdute o gravemente compromesse a causa della sottrazione della terra e del mare agli usi civili né, tanto meno, di stimare i danni subiti dalla collettività in termini di uso alternativo delle risorse, di mancato sviluppo e di danno subito in termini di restrizioni e divieti alla navigazione da diporto, mancato sviluppo dei trasporti, inquinamento acustico ecc.

Ma contro tutto questo non si può fare nulla, il rapporto al Congresso, "National security strategy for a new century 1997", è stato esplicito.

La maggior parte delle riserve petrolifere si trova in Medio Oriente e col tempo la dipendenza Usa da queste fonti acquisterà importanza crescente man mano che le nostre riserve saranno consumate [...] Abbiamo interesse vitale ad assicurarci l'accesso a risorse critiche [...] Dobbiamo essere preparati e decisi a usare tutti gli strumenti della nostra potenza per influenzare gli altri stati e soggetti non statali [...] avere la volontà e capacità di continuare ad esercitare la leadership globale". Lo strumento fondamentale, secondo vari analisti talmente importante da porsi come obiettivo strategico in sé, è la Nato: "insostituibile meccanismo per l'esercizio della leadership Usa [...] e per la proiezione della potenza e della influenza americana attraverso l'Atlantico e oltre[301].

Il Mediterraneo, individuato come settore operativo per tenere a bada i popoli della sponda Sud, è destinato a essere area militare.

Fino al 1999, le forze politiche e istituzionali, dai comuni alla presidenza della Repubblica, sembrano non accorgersi della militarizzazione del mare sardo. Solo la lunga e vincente lotta dei pescatori del Sulcis costrinse a prendere in considerazione i danni subiti a causa della sottrazione delle risorse naturali. Con determinazione si impose il riconoscimento del diritto al risarcimento danni, diritto che si fonda su principi codificati nel lontano '76 dalla legge 898 e ribaditi dalla legge 104/90.

Sulla spinta della lotta popolare il consiglio regionale ha mostrato alcuni sprazzi di attenzione sul tema dei gravami militari che mortificano l'isola, varando un disegno legge da presentare in parlamento.

Riprendiamo un interrogativo posto da Limes N.4/99:

E' possibile valutare in termini economici il valore delle basi italiane? Non sono disponibili dati in Italia, ma ci viene in aiuto il Rapporto sul contributo degli alleati alla difesa comune redatto ogni anno dal Dipartimento della Difesa Usa per il Congresso. Secondo il rapporto del 1999 l'Italia ha contribuito per oltre un miliardo di dollari. Rilanciamo l'interrogativo: in quale misura la Sardegna contribuisce alla cosiddetta difesa comune? Ovviamente non esistono dati. Considerando le basi una sorta di tassa in natura, sulla falsariga del Dipartimento alla Difesa Usa, tentiamo un calcolo rozzo e approssimativo. La Sardegna, con i suoi 24.000 ettari di demanio militare rapportati ai 16.000 ettari di tutto il resto della penisola italiana, contribuisce nella misura del 66% circa. Se a questo sommiamo i 12.000 ettari di servitù e i 2.800.000 ettari di mare messi a disposizione della Nato, la percentuale, in rapporto alle altre regioni italiane, sale ad una percentuale elevatissima. L'Italia paga la sua quota Nato prevalentemente con pezzi di Sardegna.

Ma in Sardegna accade anche che una base militare, installazione improduttiva per antonomasia, produca reddito. Il Poligono Interforze Salto di Quirra, oltre che impegnato da Aeronautica, Marina ed Esercito in attività addestrative e sperimentali, funziona anche come grande città mercato.

Organismi militari stranieri e ditte private effettuano esperimenti, prove e dimostrazioni promozionali di nuovi sistemi d'arma per i potenziali clienti prima dello shopping. Il noleggio del territorio e del mare, con annesso diritto di bombardamento, è pagato sia con il sistema della compensazione (sconti speciali sullo stock di ordigni venduti alla Difesa), sia in moneta sonante. Circa 60/80 milioni a giorno è la cifra fornita da ambienti dell'Aeronautica. Ci cimentiamo ancora in calcoli grossolani. Nei primi sei mesi del '98 risulta un utilizzo da parte dell'Alenia e della Fiat per 244 giornate (il poligono è spesso affittato contemporaneamente a ditte diverse nell'arco dei 181 giorni di un semestre). In questo periodo la base militare avrebbe prodotto un "reddito" di 16,5/19,5 miliardi. Questo fiume di denaro, che finisce nel bilancio del ministero della Difesa, lascia nei comuni interessati solo un misero rigagnolo. A Perdasdefogu, il comune più beneficato, viene elargita una cifra che non sfiora il due per cento. Nulla è dovuto ai comuni che subiscono il sequestro e il bombardamento dell'immenso tratto di mare che va da Siniscola a Castiadas. Oggi, nel piano di ottimizzazione delle risorse, si prevede anche di affittare a pascolo alcune zone inutilizzate dell'enorme poligono e, nel periodo di pausa estiva, di noleggiare parti

170

di spiaggia ad uso zone di ristoro. L'operazione è propagandata con lo slogan "servitù militari asservite alle esigenze civili [302].

Ma la cattiva ideologia non finisce qui.

Ha fatto scuola l'auspicio di Fulco Pratesi, presidente del WWF, che sulla rivista Nuova Ecologia dichiarò:

I poligoni hanno fatto da argine all'invasione del cemento; bisognerebbe aumentarne il numero [303].

Dalla premessa scaturisce presto il dogma che le basi militari tutelano l'ambiente. Allo stesso tempo, i vertici militari dichiarano ufficialmente che il promontorio di Capo Teulada e il mare che circonda la base non sono bonificabili e quindi permanentemente interdetti, a causa dell'accumulo di residuati inesplosi e dell'elevato ritmo di attività. Non è ufficialmente ammesso, non è visibile, ma è facilmente deducibile lo scempio dell'ambiente marino al largo delle coste orientali e occidentali, da circa quaranta anni quotidianamente cannoneggiato e bersagliato da bombe, razzi e missili.

Da sempre le contraddizioni sono sotto gli occhi di tutti. Nel 1995 il deputato Edo Ronchi firmava interpellanze sostenendo:

La presenza della base Usa (di La Maddalena) contrasta, da una parte, con il progetto di Parco naturale, previsto dalla legge nazionale e dall'altra, con il programma comunitario Parco Marino internazionale. Appare evidente l'incompatibilità della presenza nucleare statunitense con tali progetti [304].

Tuttavia, il ministro allo stesso tempo inglobava la base atomica Usa tra i gioielli ambientali del parco nazionale Arcipelago della Maddalena, unico parco eco-nucleare del pianeta Terra [305] in cui si regola il traffico di bagnanti e gitanti e si lascia via libera all'intenso e incontrollato andirivieni di sommergibili a propulsione nucleare e armamento atomico.

Il Mediterraneo è destinato a continuare a essere il mare a più alto tasso d'inquinamento militare e nucleare. Il lento ricambio delle acque, l'alta densità demografica, la vicinanza delle coste, dovrebbero indurre a considerare modelli di sicurezza meno irrazionali e più consoni alle esigenze dei popoli che nel Mediterraneo vivono. In una intervista di Costantino Cossu, nel Manifesto del 3 maggio 2005, Renato Soru, presidente della giunta regionale, affermava:

Nei prossimi mesi faremo resistenza pacifica per far sì che il governo riconosca l'iniquità del peso delle servitù militari in Sardegna[306].

Dalla spiegazione che Soru ora dà al *Manifesto* di quel primo accenno alla *resistenza pacifica* si capisce che la faccenda comincia a diventare molto seria. Sono due, infatti, gli sbocchi della decisione del presidente dell'esecutivo regionale: un vero e proprio scontro istituzionale tra presidenza del Consiglio dei ministri e regione e la messa in crisi del dispositivo militare Nato nel Mediterraneo.

Il giorno dopo le rivelazioni di un istituto francese sul disastro atomico sfiorato a un passo dalla costa il 25 ottobre 2003, il ministro della Difesa Antonio Martino ha rivelato di aver concordato, in un incontro a Washington con Donald Rumsfeld, il trasferimento fuori dal territorio nazionale della base per sommergibili nucleari della Maddalena. L'operazione si inserirebbe nel quadro della ridislocazione delle forze Usa in Europa. Sono ancora ignoti i termini dell'accordo, ma ci sarà mai un accordo?

Mundu, ingannadu m'has male[307].

L'articolo 14 dello Statuto sardo

Nel periodo post guerra-fredda si diffonde una nuova leggenda: l'invasione militare dell'isola sarà ridimensionata, le servitù militari asservite alle esigenze civili, i poligoni aperti alle greggi e presto i sardi riavranno la Sella del Diavolo, le loro spiagge e la loro terra. Le ultime finanziarie prevedono che gli altissimi costi saranno coperti dal contenimento del personale, con buona pace di chi si ostina a sostenere che le basi creano occupazione, e dall'alienazione di alcuni immobili. Però, l'iter programmato per il reperimento fondi incontra un ostacolo. L'articolo n. 14 dello Statuto Sardo impone alle amministrazioni dello Stato di restituire alla Sardegna i beni non utilizzati per gli scopi istituzionali. Finora il ministero delle Finanze non ha mai mostrato interesse a riconsegnare i beni loro affidati e li ha trattenuti all'infinito, anche se inutilizzati o palesemente non adeguati agli scopi istituzionali. Meno ovvio che regione e comuni si siano appagati di sporadiche promesse di restituzione, esibite come grandi successi. L'ultima risale al 14 marzo 2000: *Regalo alla regione. Lo Stato rinuncia ai beni demaniali*, cioè lo Stato promette che adempirà (ma quando?) agli obblighi, assunti nel 1948 e sempre evasi, di riconsegnare quanto ha finora trattenuto, irridendo una legge che ha forza costituzionale[308].

Due esempi tra i tanti, tratti dalle cronache cagliaritane, di abuso consolidato:

- ex caserma Griffa in viale Buoncammino, dismessa dall'Esercito e *trattenuta* dal ministero delle Finanze da oltre cinquant'anni;

- area della Marina Militare a Monte Urpinu, inutilizzata da oltre venticinque anni, ma *trattenuta* dalla forze armate.

Oggi, la necessità impellente delle forze armate di coprire gli alti costi di adeguamento ai nuovi standard Nato e raggirare l'ostacolo dell'art. 14, si trova a convergere con gli appetiti della lobby potente della speculazione edilizia, turistica e sportiva[309]. Si elaborano piani e si propongono permute, i cosiddetti "Progetti chiavi in mano". Questi progetti prevedono il trasloco da installazioni inutilizzate o inadeguate, ad esempio si ipotizza il trasloco dall'ospedale militare di Cagliari[310], a condizione che le amministrazioni locali mettano a disposizione nuove aree. In altre parole, si propone di barattare a costo zero beni che, per legge, devono essere restituiti alla popolazione. Anche altre aree funzionali ai fini della difesa sono diventate oggetto di interesse! Ingegneri e consiglieri comunali hanno progettato, nella cittadella militare Sella del Diavolo-Sant'Elia-San Bartolomeo-Calamosca, campi da golf e da tennis, alberghi e quant'altro. I generali professano piena disponibilità e sollevano il prezzo del baratto: chiedono impianti e strutture più moderni. I costi, imprecisati, ma di certo astronomici, sono a carico della popolazione, invitata ad accollarsi la spesa per l'adeguamento ai nuovi standard Nato e a dimenticare il diritto, costituzionalmente garantito dall'art.14, di rientrare in possesso dei pezzi del suo territorio.

Morale della favola, il vento di dismissioni che soffia in varie regioni d'Italia non arriva in Sardegna. Non è arrivato neanche quello attivato dalla L. 898/'76 che ha comportato una riduzione di circa il sessanta per cento delle servitù militari in continente, e il raddoppio in Sardegna. Dalla fine degli Anni Ottanta, di pari passo ai segni di cedimento dell'Urss, invece di smantellare i presidi militari si è cercato un nuovo nemico. Di volta in volta è stato identificato in Gheddaffi, Saddam, Milosevic, ecc. Un nemico si trova sempre.

Chie pigat a sa justitzia pigat in contu a su fogu[311].

Il supercarcere dell'Asinara

L'azione per la riconquista dell'Asinara da parte dei cittadini di Porto Torres iniziò nell'ottobre del 1967, quando si svolse all'Hotel Lybissonis un convegno di studio per lo svincolo dell'Asinara. In questo stesso anno il ministero per i beni culturali e amministrativi riconosceva, per l'Asinara, il vincolo paesaggistico dovuto alle sue bellezze naturali. L'Asinara era, dunque, da una parte un luogo ameno di bellezza e dall'altro la sede di una delle carceri più dure d'Italia, *il "lager di Stato" dove i detenuti e anche le guardie vi sono tenute in condizioni subumane*[312].

Tra una battaglia legale e l'altra si arrivò all'accantonamento del progetto quando, alla metà degli anni Settanta, gli anni di piombo, una diramazione del carcere fu destinata a detenuti di particolare pericolosità. Solo nel 1978 si propose per la prima volta in modo formale la costituzione del Parco Nazionale dell'Asinara, con un disegno di legge a firma del deputato Mario Segni[313].

Passarono ancora anni fra carte, interrogazioni parlamentari e chiacchiere finché, nel maggio del 1992, un attacco di mafia scosse l'intera nazione: in un attentato a Capaci, nei pressi di Palermo, morì il giudice Giovanni Falcone, la moglie Francesca Morvillo e tre agenti della scorta. Due mesi dopo, a Palermo, venne ucciso il giudice Paolo Borsellino con cinque agenti della scorta. In seguito alle due stragi il governo decise nuove misure tra le quali quelle di istituire o riattivare carceri di massima sicurezza e imporre un regime carcerario duro per reati di mafia, il ben noto art. 41 bis del Nuovo Ordinamento carcerario[314].

Mentre in regione veniva firmata l'intesa per il parco nazionale, all'Asinara, in gran segreto, si riattivava la diramazione di massima sicurezza di Fornelli e venivano trasferiti sull'isola i detenuti più pericolosi, nel completo disinteresse delle proteste della comunità locale. Anzi, per le opere di ristrutturazione da eseguire, il governo stanziò addirittura settanta miliardi di lire, a sottolineare la fermezza della decisione statale[315]. Il Ministro di Grazia e Giustizia, Claudio Martelli, garantì comunque che l'utilizzo dell'Asinara come supercarcere sarebbe stato limitato nel tempo e che, al massimo il 31 dicembre 1995, sarebbe stato dismesso per permettere la realizzazione del Parco Nazionale. In realtà con l'arrivo dei detenuti imputati di gravi reati mafiosi e sottoposti al carcere duro in base all'articolo 41 bis, si realizzò anche il cosiddetto bunker, al quale si accedeva passando attraverso quella che era la chiesetta del carcere. A partire dal 1992 furono rinchiusi all'Asinara detenuti come Totò Riina e Nitto

175

Santapaola, Raffaele Cutolo e Leoluca Bagarella. Le celle del 41 bis, che prevedevano il controllo a vista ventiquattro ore su ventiquattro, erano illuminate notte e giorno, i bagni non avevano porte, dallo sportello dotato di vetro antisfondamento il detenuto era sempre visibile alle guardie carcerarie. Erano presenti piccoli cortili per l'ora d'aria in modo da garantire che i diversi detenuti non si incontrassero tra di loro.

Nel 1993 nel comune di Porto Torres venne rieletto sindaco Dino Dessì, già primo cittadino ai tempi del convegno del 1984, e fece riprendere slancio alle proteste locali attraverso nuovi contatti con il Ministero dell'Ambiente.

Nel gennaio 1996, dopo l'arrivo nell'isola dell'Asinara di un altro detenuto di spicco, Renato Vallanzasca, la reazione della comunità locale si fece sentire più forte: il Sindaco Dessì e l'intero Consiglio Comunale minacciarono le dimissioni nel caso in cui il governo non ottemperasse agli impegni presi e il deputato sardo Giampaolo Nuvoli invitò gli altri parlamentari sardi a fare altrettanto.

Il 7 febbraio del 1996 il consiglio comunale, dopo ripetuti tentativi di dialogo istituzionale, si riunì in piazza Montecitorio a Roma, davanti alla camera dei deputati, per manifestare tutta la rabbia nei confronti del governo che non aveva ottemperato alla data di scadenza del 31 dicembre 1995 per la dismissione del carcere. Il 22 febbraio, però, il decreto decadde e venne reiterato il testo originario. In giugno arrivò anche il parere negativo ai requisiti della necessità e urgenza dell'utilizzo delle carceri di Pianosa e Asinara: le azioni popolari e istituzionali evidentemente portarono i loro benefici effetti.

Seguirono altri anni di battaglie burocratiche e solo il 27 dicembre 1997 il carcere venne chiuso e l'Asinara, colonia penale per centodieci anni, fu proclamata ufficialmente parco naturale. L'ultimo detenuto ha lasciato l'isola il 28 febbraio 1998[316].

Nel giugno 2000, l'intero compendio dell'Asinara comprendente terreni ed immobili venne trasferito dal demanio dello Stato alla regione Sardegna, così come previsto dallo statuto sardo per le dismissioni demaniali. Restarono comunque allo Stato, in capo a vari Ministeri, alcune limitate porzioni di territorio per usi governativi: oltre al faro di Punta Scorno ed alcune zone sommatali di Punta Maestre Serre affidate ai ministeri di difesa e delle comunicazioni, vennero affidate al ministero dell'ambiente a al ministero dei beni culturali le strutture più importanti dell'area di Cala Reale. Altre strutture vennero affidate al ministero delle finanze, della giustizia, della difesa e dell'interno. Dismesso il carcere, l'isola è oggi un luogo suggestivo, con un eccezionale habitat floro-faunistico e un paesaggio quasi intatto da abitazioni, al centro di un parco naturale istituito sotto la forte spinta degli amministratori e degli abitanti di Porto Torres allo scopo di difendere questo gioiello naturalistico dalla speculazione edilizia che tenta comunque ancor oggi di dare l'assalto sia all'Asinara che alla antistante Isola Piana.

A guastare il tutto sopraggiunge però un protocollo d'intesa firmato l'11 febbraio 2005 dal ministro dell'ambiente Altero Matteoli e da quello della giustizia Roberto Castelli, mirante a far tornare all'Asinara i detenuti secondo un progetto di recupero[317]. Il ministro della giustizia Roberto Castelli[318], infatti, ha spiegato che il protocollo si pone fra i suoi obiettivi anche quello *di salvare dal degrado molte zone protette, dando contemporaneamente un'occasione di lavoro ai detenuti.*

L'idea di riportare i detenuti sull'isola sottoscritta con un protocollo d'intesa dai ministri della giustizia Roberto Castelli e dell'ambiente Altero Matteoli, è perlomeno discutibile. Se si vogliono chiamare le cose con il loro nome, si tratta di riaprire la struttura carceraria. Evidentemente la regione Sardegna gestisce l'Asinara solo sulla carta e l'ente parco, sempre e solo sulla carta, gestisce il paradiso naturale strappato, solo pochi anni fa, all'invalicabile ruolo di supercarcere di sicurezza. Piccolo dettaglio: regione, ente parco e comune di Porto Torres, sul cui territorio ricade il parco, non sono stati messi al corrente del futuro che il governo riserva per l'isola, perla incontaminata e super protetta, o colonia penale per detenuti non pericolosi?

I sardi si sono chiesti quali benefici possano derivare dalla presenza di strutture penitenziarie nell'isola oramai totalmente destinata a parco e quali siano i costi per riattivare il carcere dell'Asinara. A più voci hanno espresso anche la più ferma contrarietà alla decisione di ripristinare il carcere nel parco. Il Codacons è andato oltre l'indignazione e ha diffidato gli organi di governo dall'attuare tale disegno, minacciando di ricorrere al Tar per salvare l'Asinara e garantirle un futuro da parco nazionale senza colonie penali. Tutto questo ufficialmente. Ha cominciato, tuttavia, anche a farsi strada un modo di reagire meno ufficiale e meno ortodosso. Accanto ai principi di una civiltà agro-pastorale barbaricina ha cominciato a farsi sentire la consapevolezza che, forse, si stava oltrepassando il segno. Prese avvio, soprattutto in zona, una particolare evoluzione del codice della vendetta, sotto forma di una guerra alle istituzioni attraverso offensive contro gli amministratori pubblici, i sindaci in particolare, accusati di non saper difendere il territorio.

Abbiamo visto che nel 1972 il governo Andreotti, raggirando gli art.11-80-87 della Costituzione e prevaricando il parlamento con il sotterfugio di qualificazione del patto "in forma semplificata", ha stipulato un accordo bilaterale segreto con gli Stati Uniti per la militarizzazione della Maddalena, regalando agli americani il territorio come se fosse cosa propria. Allo stesso modo, nel 2005, i ministri Castelli e Matteoli, con qualche firma su protocolli d'intesa, hanno disposto a loro piacimento di un territorio come fosse cosa propria, in nome di una autorità transitoria che è stata loro conferita. I sardi si chiedono come mai il ministro Castelli per le supercarceri e per le scorie nucleari non parli mai di federalismo, come dire che i padani vogliono un federalismo per la ricchezza che producono e decidono invece, forti della loro carica istituzionale, di mandare la loro spazzatura e i loro criminali in Sardegna!

I sardi, a forza di interrogazioni parlamentari e diffide, rischiano di veder passare altri cinquant'anni senza poter disporre dei loro territori perché oramai è risaputo, non esiste giustizia per il popolo sardo e la Sardegna, anche oggi, continua a essere trattata come una colonia.

Dae su bisonzu, su murrunzu[319].

Is Arenas

Percorrendo la S.S. 292, dopo Riola Sardo, si giunge nell'area costiera di Is Arenas, da cui prende il nome l'omonima spiaggia. L'arenile, molto esteso, è composto da una sabbia chiara e fine. A causa del forte maestrale che soffia su questa costa, la spiaggia di Is Arenas è conosciuta come la più pericolosa in provincia di Oristano.

Nei primi decenni del secolo scorso, nei litorali della Sardegna centro-occidentale, in particolare i territori di S. Vero Milis e Narbolia, l'invasione della sabbia risultò essere un vero e proprio problema in quanto strade, pascoli e campi coltivati, erano sistematicamente invasi dalla sabbia per l'azione del vento. Caratteristiche dune di sabbia, alte mediamente dai dieci ai trenta metri, con punte di settanta, costituirono fino agli anni Cinquanta un vero e proprio deserto nel cuore del Mediterraneo settentrionale. L'area, di circa mille ettari, si trova a pochi chilometri di distanza dalla zona umida di Sale Porcus, oasi di protezione faunistica, ben nota per la presenza dei fenicotteri e confina con lo stagno di Is Benas, dove anche qui soggiornano spesso numerosi i gent'arrubia.

A partire dal 1951 l'ispettorato dipartimentale delle foreste avviò un imponente progetto di rimboschimento artificiale dell'area. Per fissare le masse sabbiose che si muovevano sotto la spinta dei venti, vennero avviati i lavori di rimboschimento con l'impianto di oltre un milione piante. L'opera iniziò con la realizzazione di una fitta rete di siepi verdi e successiva semina di specie forestali con largo impiego del pino domestico. Data la difficoltà di attecchimento della pineta per l'azione del vento, dopo gli anni Sessanta fu impiegata, in sostituzione delle siepi morte, l'acacia che ha consentito il successivo attecchimento del pino.

Si attuarono due progetti: lavori di consolidamento e fissazione delle dune seguiti da semina di pino e piantagione adatta all'ambiente condotti da parte dell'ispettorato forestale di Cagliari, in concertazione con l'ufficio regionale del genio civile. Grazie a questa grandiosa opera, che si raffigura tra i più estesi rimboschimenti d'Europa, oggi Is Arenas si estende dalla spiaggia verso l'interno per circa millecinquecento metri ed è la sede della foresta compatta più estesa dell'oristanese. Si tratta dell'unico bosco presente nella penisola del Sinis, dove sono rigogliosamente presenti il pino domestico, il pino d'aleppo, tamerici ed eucaliptus. Ricco è anche il suo sottobosco di elicriso, mirto, lentisco, corbezzolo, ginepro, rosmarino.

Dopo gli anni Sessanta la pineta fu mèta di visite da parte del mondo accademico forestale: visitatori giunsero dai corpi forestali e da università di Grecia, Turchia, Spagna, Portogallo, Francia, Africa, India, USA, Israele. Il progetto di forestazione prevedeva interventi su un arco temporale di duecentocinquanta anni e una successione vegetale che, partendo dal rimboschimento di pino domestico, potesse raggiungere lo stadio di prevalenza, nel tempo, del ginepro. Attualmente la pineta di Is Arenas sta entrando nella fase di semi naturalità, superando quella di artificialità, come lo sono la maggior parte delle foreste europee impiantate su duna a partire dal secolo XVI. Immediatamente alle spalle del vastissimo e ampio litorale sabbioso, si trova la vegetazione tipica delle sabbie: giglio di mare, soldanella e altri arbusti. Diversi sono gli esemplari di fauna selvatica come conigli, volpi, gatti selvatici e donnole. Tra gli uccelli si segnalano numerosi migratori come l'upupa, la quaglia, la tortora, il gruccione. Così Mele descrive il Montiferru:

Tra Montiferru e Sinis e' la zona di Is Arenas, l'ultimo ' deserto ' d'Europa, le cui sabbie sono state parzialmente fissate dalla pineta artificiale: dune di caldo colore rosato si susseguono l'una dietro l'altra, e ancora nelle giornate ventose, la sabbia invade la statale. In primavera quando l'acqua e' abbondante, e i torrenti provenienti dalle alture circostanti riescono a penetrare nelle sabbie, si assiste alla nascita di una strepitosa vegetazione, fatta di erbe, fiori, orchidee: il verde del cisto e della tamerice diventa piu' brillante, mentre distese di margherite si arrampicano sulle dune. Uno spettacolo che raggiunge il massimo splendore nella piccola valle di Sos Tramatzos, raggiungibile con una stradetta che parte dalla statale presso la Cantoniera di Cadreas, e che proprio per la sua effimera durata, e' ancora piu' affascinante. Cessate le piogge, la vegetazione rapidamente ingiallisce, e le sabbie ritornano ad essere dominate dal timo, dalla gariga, dalla palama nana, le uniche che resistono alla siccita' estiva.

Il Pischinappiu segna il vero confine tra Sinis e Montiferru: terminano le sabbie e iniziano i calcari.

Il fiume scorre qui in una profonda gola, per passare poi nelle sabbie della pineta, scavandosi un profondo solco dove abbonda una tipica vegetazione di riva.

Solo raramente le acque riescono ad arrivare nella spiaggia, dove divagano prima di gettarsi in mare .Di fronte a Is Arenas, le bianche scogliere di S' Archittu, coi calcari miocenici che si presentano con pareti verticali, promontori, piccole grotte, deliziose spiaggette.

Spicca qui il celebre arco (s'archittu), che la Legge Regionale n. 31/89 ha riconosciuto come monumento naturale[320].

Fino agli anni Sessanta si aveva davvero la cognizione della valenza economica e naturalistica di quelle dune a due passi dal mare. Oggi le cose sono cambiate. La società Is Arenas s.r.l. ha avviato, da alcuni anni, un faraonico progetto. Dopo aver realizzato un campo da golf a diciotto buche, il progetto prevede la costruzione di alberghi, residence e servizi per circa trecentomila metri cubi di cemento e altri campi da golf. Recentemente il ministro dell'ambiente ha diffidato la regione dal concedere i permessi per l'inizio dei lavori, ma gli appoggi politici della società sembrano essere robusti e influenti. Gli ambientalisti, che hanno cercato di contrastare l'opera, si sono chiesti chi ci fosse dietro la Is Arenas srl e, con non poca sorpresa, hanno scoperto una ragnatela inestricabile di società, un universo di scatole cinesi che lascia trapelare solo alcuni nomi di procuratori e prestanome[321].

Piero Maria Pellò è da molti anni il volto e la voce della società Is Arenas srl. Ingegnere milanese, nel 1987 fu nominato nel consiglio d'amministrazione dell'Enel grazie al gradimento del partito socialdemocratico e ci restò fino al 1992. In quegli anni l'inchiesta mani pulite lambì anche Piero Pellò, a causa di un presunto giro di tangenti sugli appalti per la costruzione della centrale elettrica di Montanto di Castro. Insieme a lui, imputati eccellenti come Bettino Craxi e Renato Altissimo e molti imprenditori. Pellò fu uno dei pochi a uscire pulito da quella vicenda: è stato infatti assolto il 22 gennaio del 1999[322].

Piero Maria Pellò non ha mai voluto dire chi ci sia dietro la società che rappresenta in Sardegna. Poi, in realtà, qualche nome è trapelato, ma si tratta di nomi che comunque non svelano chi ci sia veramente dietro la Is Arenas srl, perché è del tutto evidente che il loro è un ruolo tecnico-giuridico di rappresentanza. Il vero problema è capire chi c'è realmente dietro la Is Arenas srl, cioè chi siano i veri investitori e quindi da dove arrivino i capitali che qualcuno vuole trasformare in trecentomila metri cubi di cemento in un'area che dovrebbe fare parte del parco regionale del Sinis-Montiferru e che l'Unione Europea ha inserito, su richiesta della regione, nei siti di interesse comunitario. La dichiarata volontà di non rendere pubblici i veri protagonisti del discusso investimento sulle dune di Is Arenas, pone inevitabilmente qualche legittimo dubbio. Dietro all'affare vi è un'enorme ragnatela di company che si irradia dall'Olanda ma che sembra abbia solide radici nel Canton Ticino. Si tratta di un vero e proprio sistema con impressionanti ramificazioni. La domanda è a questo punto d'obbligo: a cosa e a chi serve questo complesso mosaico societario? Per ora questa rete di società resta un enigma. Ma, trattandosi quasi esclusivamente di finanziarie, è facile immaginare che si tratti di vasi comunicanti nei quali far transitare capitali che possono essere così facilmente frantumati e scomposti per poi essere ricomposti in paesi molto discreti come le Isole Caiman, le Isole Vergini o le Antille olandesi. Ma queste sono soltanto supposizioni.

Quello che emerge da tutto questo è che la costruzione di questo enorme complesso costituisce ancora una volta l'espressione di un ennesimo sfruttamento coloniale dell'isola, dato che un tale intervento non ha creato posti di lavoro e certamente gli appalti non sono stati assegnati a imprese sarde. Come esperienza insegna, infatti, la costruzione di questi mega-complessi non è mai affidata a imprese locali e anche la manodopera è spesso straniera.

Qui est attattu dispretiat su melè[323].

Turismo, ultima invasione

Il turismo è l'ultimo sbarco di massa che la Sardegna ha conosciuto. L'ultima invasione è amichevole e mossa dalle migliori intenzioni, ma nulla viene senza problemi. Il fiorire tumultuoso di alberghi e soprattutto di grandi complessi residenziali ha cambiato la fisionomia dell'isola. La Sardegna ha oggi quasi un milione e settecentomila abitanti distribuiti su una superficie di ventiquattromila chilometri quadrati che fanno una densità di settanta abitanti per chilometro quadrato, quasi un terzo di quella italiana. Dopo la Valle d'Aosta, la provincia di Nuoro è la meno popolata d'Italia[324]. Caratteristica dell'insediamento del sardi nel territorio è, quasi dappertutto, la concentrazione in grossi borghi circondati da una campagna pressoché radicalmente deserta. Solo due regioni dell'isola, la Gallura nell'estremità Nord-Orientale e il Sulcis nell'estremità Sud-Occidentale, conoscono quello che i geografi chiamano habitat disperso, cioè la presenza, nelle campagne, di piccole aziende agro-pastorali costituite come unità produttive autosufficienti: si chiamano meddus o furnadroxius nel Sulcis, stazzi[325] nella Gallura. Punteggiano le campagne, svettano sulle colline con le loro bianche facciate il groviglio dei recinti per il bestiame con i piccoli pezzi verdi di orto e di vigna. Sulla Costa settentrionale più d'uno di questi stazzi ha ceduto all'offerta dell'innamorato della Sardegna. Anche Dominique Fernandez, il più famoso italianista di Francia, ha abitato in uno di questi nei primi giorni della grande avventura turistica della Costa Smeralda[326].

Nel 1962 un gruppo di finanzieri internazionali facenti capo a Karim Aga Khan[327] costituì il consorzio Costa Smeralda per dar vita ad una iniziativa turistica di vaste proporzioni sul territorio di Arzachena. La zona interessata era quella che i locali chiamavano "Monti di Mola". Da allora per Arzachena e per la Sardegna le cose non sono state mai più le stesse. Il fenomeno turistico ha investito il territorio trasformandolo e modellandolo sulla base delle proprie esigenze. Cominciarono a sorgere i primi alberghi di lusso e le ville esclusive che diventarono il punto d'incontro estivo dell'alta società e del potere economico mondiale. Le trasparenze del mare, le spiagge ricoperte di sabbia granitica, le scogliere frastagliate, gli alberi secolari, la macchia mediterranea a corona di calette dalla selvaggia bellezza diventarono un potente veicolo pubblicitario tempestato da un'architettura selvaggia a causa di iniziative di edilizia tese a speculazioni supermiliardarie e interessi immensi ai quali il popolo sardo ha assistito da inerme spettatore.

La Sardegna degli anni Sessanta, dunque, formata ancora principalmente da una civiltà agro-pastorale, dovette assistere a una nuova forma di colonizzazione, quella degli investitori miliardari e della loro speculazione edilizia. Con il tempo però, ai principi di una civiltà agro-pastorale di natura istintiva, si venne affiancando la consapevolezza culturale e si innalzò lo standard della criminalità isolana. Si cominciarono ad analizzare le situazioni e si trovarono motivazioni politiche alla disobbedienza e alla trasgressione. Ricominciò più aspra la guerra alle istituzioni, cominciarono le offensive contro gli amministratori pubblici, i sindaci in particolare, accusati di non saper difendere il territorio. Soprattutto iniziarono i sequestri di persona, fatti da balentes che politicamente non accettavano una tale distribuzione della ricchezza. Non è infatti un caso che, proprio negli anni Sessanta, si sia assistito al preoccupante fenomeno dei sequestri di persona.

Qui faghet fidanza, prestu sinde pentit[328].

Ultimo atto

Il 12 giugno 2004 Renato Soru è stato eletto Presidente della Regione Sardegna con il 50,16% dei voti nella lista regionale "Sardegna Insieme con Renato Soru".

Renato Soru, non solo mise in atto una trasformazione della macchina amministrativa regionale, ma avviò una guerra contro lo Stato accusandolo di essere moroso perché non versava alla sua regione le tasse che le spettavano di diritto. A tutt'oggi lo Stato deve alla Regione Sardegna una cifra enorme. Il governatore Soru, interpretando il sentire dei sardi, ha denunciato l'arroganza con la quale lo Stato tratta la Sardegna e ha annunciato ricorsi alla Corte Costituzionale, pignoramento di beni dello Stato, persino l'applicazione dell'articolo 51 dello Statuto regionale che prevede la sospensione di leggi dello Stato lesive dell'interesse della regione. I sardi, con la voce di Renato Soru, chiedono la corretta applicazione delle norme del 1948. Lo Stato, dopo aver incassato l'Irpef, ne dovrebbe restituire alla regione sette decimi, ma negli ultimi dodici anni, in realtà, ne ha restituito solo i quattro decimi. Per l'Iva, invece, è prevista una quota variabile, da negoziare ogni anno. Nel '91 era prevista un'Iva di quattro decimi. Dal '91 l'Iva in Italia è aumentata dell'82% e quella sarda è diminuita dell'11%.

Il risultato è che la Sardegna, dimenticata dal Governo, è andata fortemente indebitandosi fino a creare uno squilibrio strutturale di bilancio. Nei confronti della Sardegna è in atto una malversazione. I sardi non chiedono nuove condizioni, come la Sicilia, ma il rispetto di norme già chiare e precise. Chiedono soltanto quello che gli spetta, perché si comprende come diventi impossibile fare il bilancio senza i soldi dovuti alla regione per legge.

Questo è l'ultimo atto di una mancanza cronica di rispetto per una regione come la Sardegna che, con solo il 2,5% della popolazione italiana sopporta l'80% delle bombe che ogni anno scoppiano in Italia. E' sotto gli occhi di tutti che è una regione che si vuole trasformare in una pattumiera scaricandole addosso tutte le scorie nucleari, che è una regione che da anni sopporta i sommergibili nucleari americani in base ad accordi secretati. Tutto questo è abnorme.

Serrare un'istampa et nd'abbenire un'atera[329]

La Sardegna, nella seconda metà del Novecento, era ancora terra dove si era esiliati dal continente per aver commesso qualche crimine, terra dove non si trovava il perdono, dove si espiavano delle colpe, dove si andava e non si ritornava.

Come abbiamo visto, grazie agli studi di Pigliaru è risultato che la categoria etno-antropologica dell'alterità giuridica ha, riguardo alla realtà sarda, una sua precisa identità non solo concettuale, ma storica e culturale. Non è possibile comprendere come si sia evoluto nel tempo il codice barbaricino senza prendere ancora una volta in considerazione il lavoro del grande studioso scomparso, primo esempio di analisi etno-giuridica della realtà isolana.

Se, come scrivemmo all'inizio, il diritto è espressione culturale, occorre allora affermare che la cultura popolare sarda, nelle sue variegate forme, ha conosciuto, e in parte conosce ancora, delle forme di organizzazione giuridica basate sulla tradizione orale. Non sembrano esserci dubbi, d'altra parte, sul fatto che il conflitto o quantomeno il confronto, tra diritto statale e diritti non statali passa anche attraverso il rapporto tra la dimensione scritta del primo e il primato dell'oralità nei secondi[330].

Per noi moderni è quasi inconcepibile una conoscenza del diritto che prescinda da fonti scritte; siano queste leggi o sentenze, la conoscenza giuridica appare inevitabilmente alimentarsi soprattutto di scrittura. (...) Se vale l'inverso di ubi ius, ibi societas, molte comunità umane (la maggioranza?) sono esistite (ed esistono) basandosi su ordinamenti giuridici totalmente orali. Se la "legge" sembra difficilmente pensabile, quasi un nonsenso, in mancanza di scrittura, al "diritto" parrebbe invece sufficiente la presenza del solo linguaggio[331].

E' partendo da questo linguaggio orale messo per iscritto da Pigliaru, che andremo avanti cercando di comprendere come è cambiato il comportamento legato al codice barbaricino dopo gli anni sessanta. Gonario Giannoglio[332] ha compiuto una analisi di come, dalla fine degli anni Sessanta, il fenomeno della criminalità in Sardegna sia radicalmente cambiato e di come il *balente* si sia trasformato in *bandito civilizzato*, un inquietante ibrido fra il *brigante tradizionale* e il comune delinquente *continentale*. In realtà le cose non sono andate esattamente così. Il senso di ribellione e di ingiustizia nei confronti di *sos istranzos* si è trasformato, nel tempo, da una esigenza di un codice naturale rispondente alle secolari tradizioni dell'isola, in un desiderio di riscatto nei confronti di tutti i popoli che per millenni hanno colonizzato l'isola. Da qui la lenta trasformazione del codice barbaricino, da una espressione della lotta dei deboli contro i soprusi delle classi dominanti agli attentati politici, passando attraverso i sequestri di persona. Da sempre il codice della vendetta altro non è che una forma silenziosa, quasi impercettibile, di guerra contro lo Stato, seppure attuata in modo piuttosto singolare, ossia non in modo organizzato, come accade in altre regioni con mafia, camorra o 'ndrangheta, ma in modo individuale. Espressioni della guerra messa in atto contro lo Stato erano le lotte di ieri dei deboli contro i soprusi delle classi dominanti, e i sequestri di persona negli anni Sessanta e gli attentati politici oggi.

No lessisti su lardu po is topisi[333].

Il codice barbaricino nei sequestri di persona

In Sardegna il sequestro di persona è un fenomeno che ha origini antiche, ma di esso si hanno notizie precise solo a partire dall'Ottocento. Il *Giornale di Sardegna*, l'1 ottobre 1876 scriveva:

Il cavaliere Antonio Meloni Gaja viene rapito negli ultimi giorni di maggio del 1875 da quattro uomini con il viso sporco di carbone. Il rapimento avviene nella vigna del Gaja, alle porte di Mamoiada. Legato e imbavagliato, viene condotto nelle campagne di Monte Gonare. I quattro banditi recapitarono una lettera con la somma del riscatto. Il Gaja riuscì a fuggire, i banditi cercarono di raggiungerlo sparando alcuni colpi d'arma da fuoco[334].

Il sequestro di persona, almeno ai suoi esordi, ebbe il suo fondamento, secondo Pigliaru, nella stessa etica dell'abigeato, etica che fu trasferita su soggetti economicamente più produttivi. Il trasferimento del soggetto "rubato" era, infatti, puramente tecnico, non etico. Dopo la metà degli anni Sessanta rubare pecore era diventato rischioso, le pecore rendevano poco, belavano ed erano difficili da nascondere[335]. Sequestrare un uomo era più semplice e molto più redditizio. Una cosa è certa, il fenomeno del sequestro di persona ha subito, nel tempo, una notevole trasformazione e non è possibile comprenderlo se non lo si esamina alla luce dalla situazione politica ed economica del periodo al quale si riferisce. I primi sequestri, a partire dal 1875, erano un modo per uscire dalla miseria. Verso la fine del secolo, il significato dei sequestri di persona cambiò valenza e anche l'etica fu frammista a motivazioni di risentimento che sembrarono deviare il codice barbaricino dalle sue manifestazioni originarie fino a portarlo a trasformarsi in un sistema diffuso di ribellione nei confronti dei nuovi colonizzatori[336].

Nella seconda metà del Novecento il numero dei sequestri di persona andò aumentando a dismisura tanto da giustificare un decisa opera di repressione, che non tardò a essere avviata. Nei primi giorni del gennaio del 1967, sbarcarono sull'isola un migliaio di uomini appartenenti a reparti speciali della polizia e dei carabinieri con l'intento di debellare il fenomeno del banditismo, soprattutto agendo attraverso la popolazione del luogo. Due anni dopo, con la legge n. 755 del 27 ottobre 1969, fu istituita una commissione parlamentare d'inchiesta per fare il punto sui fenomeni della criminalità in Sardegna. Composta da quindici senatori e quindici deputati, era presieduta dal senatore Medici e vice presidenti erano i deputati Franco Zappa e Ignazio Pirastu. Dei trenta parlamentari, i sardi erano quattordici, otto deputati[337] e sei senatori[338]. L'inchiesta durò due anni e mezzo e il 29 marzo del 1972 il presidente della commissione Giuseppe Medici, consegnò ai presidenti dei due rami del parlamento, Amintore Fanfani per il senato e Sandro Pertini per la camera dei deputati, la relazione conclusiva che presentava le proposte che utili a combatterla.

Alla relazione furono allegati dei documenti, alcuni dei quali approfondivano in modo analitico e dettagliato il fenomeno dei sequestri di persona[339]. Infatti, un'attenzione particolare fu data alle caratteristiche, in parte nuove, che veniva assumendo il fenomeno del banditismo sardo.

Scrisse il presidente Medici nella sua relazione:

Il sequestro di persona non è nuovo nella storia della Sardegna. Il primo di cui si ha notizia avvenne nel 1477 nella Baronia di Posada, ma si ha ragione di ritenere che, con alterne vicende, esso sia stato sempre praticato, specialmente nelle zone pastorali. Anche il sequestro di donne, di bambini e di persone estranee al mondo rurale non è del tutto nuovo: nel 1894, a Gavoi furono sequestrati due commercianti francesi: nel gennaio 1925 fu sequestrata ed uccisa una bambina di dieci anni, residente ad Aidomaggiore; nel luglio 1933 fu sequestrata ed uccisa la figlia di sei anni del podestà di Bono[340].

Tuttavia, se il fenomeno poteva contare su una antica discendenza storica, *è soltanto nell'ultimo ventennio che è diventato il reato dominante e caratteristico della criminalità isolana, tanto da rendere fondata l'ipotesi che esso sia sostitutivo dell'abigeato, della rapina e anche dell'estorsione semplice, reati che le nuove condizioni di vita sociale e i più efficaci mezzi di controllo e di prevenzione hanno reso meno produttivi e di più difficile esecuzione[341].*
Il sequestro di persona, dunque, nell'analisi dei documenti allegati alla relazione sulla criminalità in Sardegna, era individuato come la

variante moderna dell'antica criminalità rurale sarda. In particolare si notò come *le serie temporali dei furti di bestiame e dei sequestri di persona mostrassero che a una flessione della frequenza dell'abigeato corrispondeva una tendenza all'incremento del sequestro di persona*[342].

L'aumento dei sequestri e la diminuzione dell'abigeato veniva spiegato ricalcando le stesse ipotesi di Pigliaru, con la relativa facilità con cui era possibile sequestrare un uomo e tenerlo segregato per un periodo più o meno lungo senza particolari probabilità di essere scoperti. Questo mutamento è efficacemente sintetizzato in un antico detto sardo che testualmente recita così: *gli uomini, al contrario delle pecore, non belano*. Insomma il sequestro era visto come il ricorso ad una più rapida monetizzazione dei reati.

In pratica, non si è trovata distinzione etica tra abigeato e sequestro di persona e la conclusione cui giunse la commissione parlamentare d'inchiesta era che non c'era distinzione tra rubare animali e tenere segregata una persona e che la cultura barbaricina continuava a funzionare come un autonomo e alternativo corpus giuridico, entrando in conflitto con le norme e la legislazione dello Stato Italiano[343].

Tuttavia, rispetto alle ipotesi di Pigliaru, la commissione d'inchiesta non fece alcun passo avanti e commise l'errore di non cogliere il mutamento cui stava andando incontro il codice barbaricino, mutamento legato agli eventi che stavano accadendo nell'isola: se l'annoso conflitto tra norme giuridiche della cultura barbaricina e leggi dello Stato appariva immutato, mutava invece la presenza e il ruolo di particolari figure di latitanti che andavano cambiando fisionomia alla figura dei vecchi *balentes*. Le vicende che seguirono confermarono questa ipotesi. I sequestri avvenuti dal 1975 al 1997 furono novantatrè. Dunque, fu la seconda metà del Novecento che vide la massima recrudescenza dei sequestri di persona, che andarono aumentando di pari passo con lo scontento della popolazione nei confronti di quello che andava accadendo nell'isola: militarizzazione, cementificazione, invasione turistica.

Ma come nasce un sequestro? E soprattutto, da chi e come viene gestito? E ancora: qual è il filo sottile che lega tutti i personaggi? Una cosa è certa, il sequestro di persona non è mai stato un reato di stampo mafioso e in Sardegna, come abbiamo visto, non vi è mai stato nulla di paragonabile a qualsiasi forma di criminalità organizzata. Esso è compiuto da una organizzazione non permanente dal momento che, riscosso il riscatto, la banda si scioglie, esattamente come accadeva nelle bardane. I componenti della banda *sono spesso legati tra loro da rapporti di parentela - affinità - comparatico, o da precedenti comuni fatti criminosi. Appartengono cioè quasi tutto ad un ristretto "clan" familiare o tribale*[344].

I sequestri, nonostante alcuni cambiamenti, seguono sempre la stessa tecnica: dopo la scelta del soggetto da sequestrare i rapitori lo pedinano per giorni, con uno studio meticoloso di orari e abitudini. Dopo che la vittima è stata rapita, viene condotta nell'entroterra e il sequestrato viene trasportato a piedi lungo terreni di montagna di difficile accesso. Il più delle volte viene nascosto in un primo rifugio per qualche giorno, per poi essere portato in un nascondiglio definitivo. Quindi viene messo in condizioni di non fuggire, legandolo o privandolo delle scarpe. Segue una fase organizzativa che prevede la sorveglianza del sequestrato e, soprattutto, la sottomissione della vittima che consiste nell'inculcarle le ragioni del sequestro, mostrandole come legittime e giustificate. Nei sequestri è sempre presente la figura del mediatore che gestisce i contatti tra la famiglia del rapito e i rapitori. Molti di essi, in questa opera di mediazione, hanno perso la vita o hanno finito per diventare loro stessi dei sequestrati. Dal 1975 al 1997, sono stati quindici i mediatori che a loro volta sono stati sequestrati. I numeri parlano chiaro, meno chiari sono, invece, le notizie relative al pagamento del riscatto che, per ovvi motivi, sfugge a ogni controllo, soprattutto da quando lo Stato ha messo in atto il blocco dei beni della famiglia della vittima. Considerando che i proventi ricavati da un sequestro sono immobilizzati nell'isola e non vengono mai investiti in altri circuiti criminali, come il traffico di stupefacenti o delle armi, si arriva a conferma che il sequestro non è solo un modo per fare denaro facile. Inoltre, dato che i custodi degli ostaggi sono spesso latitanti, pastori, donne o gente del popolo, è lecito pensare che i rapitori siano circondati da un forte consenso popolare e che siano aiutati da un costume che difficilmente porta a denunciare alle autorità e agli inquirenti movimenti sospetti o altre notizie utili alle indagini. Il consenso del popolo che c'era prima degli anni Sessanta c'è anche oggi e questo spiega perché non sortì mai alcun effetto ogni campagna di repressione del banditismo.

Inue no b'at remediu no balet matana.

Graziano Mesina

Quando finì per la prima volta in carcere Graziano Mesina aveva appena compiuto diciotto anni. Una sera di maggio del 1960, per festeggiare un gruppo di ragazzi di Orgosolo che partivano per la visita di leva, gli amici, per strada, spararono con le pistole contro dei lampioni. C'era anche Graziano, che fu arrestato per porto abusivo d'armi e danneggiamenti.

Mi chiusero in camera di sicurezza. C'era una porta massiccia con uno spioncino che ogni tanto si apriva. Un bugliolo di legno. Una branda. La mattina chiesi di uscire per i bisogni fisiologici e mi accompagnarono al bagno. Con i miei scarponi da pastore tirai tre pedate alla porta. "Sta' calmo", mi disse, bonario, il carabiniere, e si allontanò fischiettando. Quella porta non voleva cedere. Era stata rimessa a posto da poco e resisteva. Mi accorsi che sotto la branda c'erano delle stecche ci ferro. Ne usai una come un piede di porco. Ricavai una fessura, l'allargai. Il muro crollò. Uscii dal portone. In casa raccolsi pane e formaggio in una bisaccia. "Me la filo", dissi a mia madre[345].

Descrisse così la prima delle sue nove evasioni. I guai veri cominciarono, però, pochi mesi dopo. Il 28 ottobre del 1960, su una strada a sei chilometri da Orgosolo, furono uccisi due turisti inglesi, Eva e Edmund Townley, venuti in Sardegna con l'intenzione di acquistare un terreno. Furono uccisi con colpi di rivoltella sparati alle spalle. Non venne loro sottratto denaro. Tre giorni dopo fu ucciso a coltellate il latitante Salvatore Mattu che era alla macchia perché accusato, assieme a Giuseppe Muscau, di avere messo a punto un sequestro di persona ai danni di Pietrino Crasta, un commerciante di Berchidda rapito il 4 luglio del 1960. Accanto al corpo di Mattu fu trovato non solo il binocolo che era appartenuto ai coniugi Townley, ma anche il cadavere di Giovanni Mesina, fratello di Salvatore. Si appurò che Giovanni Mesina era stato ucciso a colpi di mitra poche ore dopo Mattau e che il suo corpo fu trasportato accanto a quello del latitante.

Il 12 luglio una lettera anonima segnalava alla questura di Nuoro che in un posto vicino a Orgosolo, Lenardeddu, c'era la prigione con l'ostaggio. Quando carabinieri e polizia arrivano, trovarono il cadavere di Crasta. Accusati del rapimento di Crasta, ma anche di un probabile coinvolgimento nell'omicidio dei coniugi Townley, finirono in prigione tre dei fratelli Mesina: Giovanni, Pietro e Nicola, insieme ad alcuni vicini di pascolo. Graziano, la sera dell'antivigilia di Natale, convinto dell'innocenza dei fratelli, entrò in un bar di Orgosolo e ferì a colpi di pistola il pastore Andrea Muscau, fratello del latitante, che aveva accusato la sua famiglia del sequestro e dell'assassinio di Pietrino Crasta. Quella notte stessa Mesina fuggì e raggiunse il Supramonte di Orgosolo. Intorno all'omicidio di Crasta, ad Orgosolo, si accese una vera e propria faida: iniziò un regolamento di conti legato alla gestione del sequestro e ad accuse di collaborazionismo con i carabinieri e con la polizia. Massacrato dalle fucilate, cadde, nell'ottobre del 1962, anche uno dei fratelli di Graziano, Giovanni. Scattò spietato il codice barbaricino. *Volevo scoprire chi era stato*, racconterà Graziano.

194

*Entrai in un bar di Orgosolo. Cercavo una persona, un uomo che è ancora
vivo. Trovai invece Andrea Muscau. Era fratello di Giuseppe "Grusotto"
Muscau, uno di quelli coinvolti nelle indagini per il rapimento Crasta. Ero
incappucciato. Sparai col mitra. Era il 13 novembre del 1962.*

Alcuni avventori sorpresero Mesina alle spalle e lo stordirono con
un colpo di bottiglia. Graziano tornò in carcere, condannato a ventisei
anni. L'omicidio e l'arresto finirono sulle prime pagine di tutti i
giornali sardi e finirono anche nelle cronache dei quotidiani nazionali.
Era l'inizio di una storia che avrebbe portato Mesina a diventare una
sorta di icona del banditismo sardo, la personificazione del *balente*,
impasto di protervia e di coraggio, di crudeltà e di lealtà, di calcolo
egoistico e di altruismo che non attende compensi[346].

Tornò in cella, dunque, con l'accusa di tentato omicidio e fu
rinchiuso nel carcere di Badu `e Carros, dal quale riuscì ancora una
volta a scappare. Era la sera del 6 settembre 1962. Mesina riuscì a farsi
ricoverare in ospedale. Ecco il suo racconto:

*Venne una suora a farmi una puntura. Scivolai dal letto. Sistemai il cuscino
al centro in modo che fosse scambiato per la sagoma di una persona coricata e stesi
sopra il lenzuolo. Mi nascosi sotto il letto. I carabinieri che mi sorvegliavano erano
preoccupati. "Stai ancora male". "Sì, un po'. Ma non vi preoccupate", rispondevo
io da sotto il letto. Dopo un po' fingevo di dormire e di russare. Scivolai sul
pavimento. Andai alla finestra che avevo lasciato socchiusa. Una mia amica
infermiera che mi aiutava mi aveva procurato un paio di scarpe. Il pigiama era
bianco, a righe, larghissimo, mi faceva assomigliare ad un frate. Scavalcai il
davanzale. Mi afferrai al tubo dell'acqua e incominciai a scendere. Un medico si
affacciò a una finestra. "Dove vai?". "Me la sto filando". Telefonò alle guardie.
Ma io avevo già scavalcato il muro di cinta dell'ospedale[347].*

La Sardegna di quegli anni era una terra povera. L'attività
prevalente era la pastorizia. Una pastorizia transumante, perno

195

economico di un ordine sociale che affondava le sue radici nella storia millenaria delle zone interne dell'isola. Ma la Sardegna era anche terra che continuava a essere sfruttata e che non comprendeva lo stato di diritto positivo che gli veniva imposto. Graziano Mesina era un *balente*, uno che alle leggi di uno Stato che non riconosceva non si piegava, uno che alla prigione non si rassegnava, uno che la ribellione ha trasformato in capo indiscusso dell'anonima sequestri.

Questo era Graziano Mesina, un balente cui lo Stato non aveva reso giustizia e che non poteva identificarsi nei codici imposti, un balente a cui avevano sottratto ogni serio punto di riferimento. E da vero *balente* Grazianeddu non si pentì mai.

Il pentitismo non riesco a digerirlo, Se uno fa una scelta, la deve portare avanti per tutta la vita[348].

Il fenomeno del pentitismo, infatti, non ha mai riguardato la Barbagia ed è duramente condannato dal codice barbaricino.

Quello che le autorità non capivano, era che uno Stato democratico deve usare mezzi democratici. I problemi della Sardegna andavano risolti rispettando la cultura, il modo di essere, la gente. Gente che viveva allo stato brado. Siccità che portava all'esasperazione. Anni di sacrifici ridotti in un mucchio di cenere. In mezzo c'eravamo noi, i ricercati, i banditi. Alcuni volevano servirsi di noi per creare un fronte più ampio. Far scoppiare il caos. Passare alle armi. S'è scritto dei miei incontri con l'editore Gian Giacomo Feltrinelli. Non lo vidi mai. È vero che mi arrivò un messaggio che voleva vedermi. Venne in Sardegna. Diceva che i sardi non sapevano fa valere le loro ragioni. Ebbi invece incontri con altri personaggi, anche stranieri. Avevano bisogno della mia collaborazione. All'inizio del 1968 il colonnello Massimo Pugliese, del Sifar, chiese di incontrarmi: gli risultava che armi sarebbero state sbarcate in Sardegna per favorire il separatismo. Posi le mie condizioni: un registratore io e uno lui. Tanto per evitare equivoci[349].

Ma quali sono le motivazioni che hanno portato Mesina su questa strada? Le racconta lui stesso:

Attenti a dire che il latitante non ha una ideologia. E' una stupidaggine, la verità è che nel mondo c'è troppa disparità, troppa ingiustizia. La vita alla macchia ti può aiutare a vederla[350].

Per ventinove anni e sette giorni Grazianeddu rifiuterà sempre di parlare, preferendo il carcere a qualsiasi collaborazione, perché anche la delazione non è accettata dal codice non-scritto. Dopo l'ultimo suo arresto, quando fu condotto in manette alla questura di Nuoro, Grazianeddu trovò in strada ad attenderlo una folla di gente che lo applaudì a lungo. La reazione della gente fa pensare che molti sono i punti in comune tra Mesina e Tolu: innanzitutto entrambi godettero del favore del popolo, inoltre troviamo in Mesina lo stesso spirito che ha armato la mano di Giovanni Tolu, ossia quella unitarietà e coerenza che ha sempre caratterizzato il codice barbaricino. Troviamo anche in entrambi la caparbia resistenza al sistema di diritto positivo, espressione di un mal adattamento al quadro economico-giuridico verso chi tratta la Sardegna come una colonia.

Ciò che differenzia Tolu da Mesina è l'oggetto delle azioni, e questo cambiamento è strettamente legato agli eventi successi nell'isola dopo gli anni Sessanta: ai tempi di Tolu i sardi erano pressoché tutti pastori e si combatteva una lotta individuale in difesa della propria famiglia e del proprio territorio. Ai tempi di Mesina il quadro sociale sardo era nettamente spaccato: accanto ai pastori cominciavano a farsi strada ricchi imprenditori stranieri. La ricchezza che si vedeva sulla Costa Smeralda e intorno alle giovani industrie creava una tale disparità sociale alla quale non tutti erano insensibili.

Questa disparità si era venuta a creare per il ripetersi della stessa logica che ha da sempre animato tutti i governi che si sono succeduti in Sardegna in secoli di dominazioni, ossia quella della politica colonialista. Infatti, a cominciare dagli anni Sessanta, mentre i sardi continuavano a marcire in miniera, mentre il territorio veniva invaso da basi militari, mente si espropriavano terreni per farne supercarceri, la Costa Smeralda era invasa da capitalisti stranieri miliardari e, con il loro proliferare, proliferarono anche i sequestri di persona.

Gli anni Sessanta, dunque, hanno costituito per la Sardegna una specie di spartiacque, tanti e tali sono stati i cambiamenti e gli eventi che si sono succeduti e che hanno contribuito a fare assumere al codice barbaricino i connotati che attualmente lo caratterizzano. Con Mesina si apriva una nuova stagione per il codice barbaricino: i *balentes* di ultima generazione avevano compreso che dei soldi che portavano i turisti ben pochi rimanevano in Sardegna. Tutti i grandi hotel, i villaggi turistici e persino buona parte dei campeggi e altre mete turistiche erano gestite da imprenditori non sardi che quei soldi se li riportavano via. Nella Costa Smeralda i sardi che si vedevano in giro erano camerieri e lavapiatti e non era possibile vedere alcuno sviluppo nel fare questi mestieri. Quello che si vedevano bene erano, invece, i soprusi fatti sul territorio, le pareti di splendida montagna a picco sul mare trasformate in gruviera, come nel caso di Costa Rei, gli espropri dei terreni, l'invasione delle basi militari.

Tolu godette di una enorme popolarità in quanto riuscì a incarnare forme di ribellione e di antagonismo nei confronti delle autorità statali e ad apparire come vendicatore delle ingiustizie perpetrate da traditori, dalla polizia, dai padroni avidi e usurai[351]. Mesina, invece, godette di una enorme popolarità in quanto i suoi sequestri di persona furono visti come atti di ribellione nei confronti dell'arricchimento incondizionato di stranieri a spese del proprio territorio e come atto politico-rivoluzionario mirante ad una più equa distribuzione delle ricchezze. In questa variante s'intravede l'inizio di una politicizzazione degli atti legati al codice barbaricino. Politicizzazione che in Mesina restò atto individuale, ma che troverà un tentativo di organizzazione sociale con Annino Mele.

La società sarda, sia con Tolu che con Mesina, ha mostrato di accettare e proteggere i suoi balentes:

Il bandito di Orgosolo è considerato diversamente (e) la società lo riconosce come suo: ogni pastore sa che si potrà trovare nella situazione in cui dovrà diventare bandito, ogni bandito sa di non essere altro se non un pastore sfortunato[352].

Inoltre, secondo Bassu, non può esserci che una *inconscia ammirazione per chi perpetua questi delitti e si arricchisce, nella giustificazione che tutto sommato si no s'imbruttata, e cioè se non vi è sangue o morte, togliere ai più ricchi non è ingiusto*[353]. Ecco allora il perpetrare nel tempo dell'immagine del bandito spietato però giusto e coraggioso. Da questo sentire sono nate suggestioni alle quali non è stato facile sottrarsi. Lo stesso Antonio Gramsci ammetteva di aver subìto, da ragazzo, il fascino di Giovanni Tolu e di Francesco Derosas, lo stesso fascino che ha esercitato Mesina sulla folla che lo acclamò all'uscita dal carcere. Graziano Mesina è l'ultimo bandito romantico, visto come un ribelle isolato e un giustiziere appoggiato dal popolo, in lotta contro le leggi di uno Stato estraneo che si occupa di lui solo per esigere tributi e che lo abbandona nel momento del bisogno.

Dunque, è riduttivo e fin troppo semplicistico considerare il sequestro come il ricorso a una più rapida monetizzazione dei reati. E' troppo riduttivo anche considerare Mesina come un semplice bandito, anche perché spesso *le figure più note del banditismo sardo: Pes, Mesina, Succu, Mele, Campana, Casula Antonio, Cherchi Nino, provengono da famiglie pastorali che non vivono nella povertà; alcune, anzi, godono di una buona posizione economica*[354]. Dopo gli anni Sessanta viene, quindi, anche intaccato un antico luogo comune che metteva in relazione povertà e banditismo. E' discutibile il fatto che oggi sia ancora valida la teoria secondo la quale *nell'ideologia del sequestro di persona finisce la filosofia de s'apprettu, del bisogno, che è la originaria filosofia barbaricina. O, per lo meno, al vecchio apprettu, che era quello della sopravvivenza, si sostituisce una nuova brama, forte come l'antico apprettu, che è il desiderio sfrenato del denaro: una filosofia imposta dal di fuori... la civiltà dei consumi che viene dalla città*[355].

Il codice barbaricino, dopo gli anni Sessanta, da Graziano Mesina in poi, non è più figlio della fame e della disperazione e neppure è figlio di una forma più moderna di accumulazione di denaro come prodotto di una cultura industriale che va soppiantando gli antichi miti della cultura contadina e pastorale. Se così fosse, gli anni del boom economico avrebbero portato a ulteriori conseguenze questi mutamenti. La realtà, invece, pare molto più complessa. Ci sono stati sicuramente sequestri il cui scopo principale era quello di ottenere denaro in modo facile, ma una molteplicità di fattori concorrono a delineare il vero volto del sequestro di persona sardo, che non è solo legato alla ricerca si denaro facile. In questa valutazione gioca un ruolo fondamentale il favore manifestato dalla gente, prima nei confronti di Tolu e, a distanza di un secolo, nei confronti di Mesina. Questo dimostra che, ieri come oggi, i torti vendicati finiscono per identificarsi con quelli che in quest'isola molti, non disponendo di ricchezza né di potere, per un verso o per l'altro sono costretti a subire. La vendetta barbaricina, anche nel suo manifestarsi nei sequestri di persona, diventata così, agli occhi della gente, un atto di giustizia, di generale riparazione e di riscatto collettivo.

Chie lassat su meu, m'est amicu[356].

Il codice barbaricino nei moti insurrezionalisti

Fino agli anni Settanta, in Sardegna non vi furono tentativi di organizzazione armata e gli attentati pubblici, pur raffigurandosi tutti come vendette contro comportamenti illegittimi dell'amministrazione dello Stato, non erano mai andati oltre l'iniziativa personale. Ogni tentativo di organizzazione sociale della vendetta andava, infatti, a scontrarsi contro quel senso di *balentìa* individuale che concepiva la vendetta come un fatto privato.

Dopo gli anni Settanta, invece, la Sardegna ha vissuto momenti intensi di vera e propria attività rivoluzionaria. Numerose bombe sono state fatte esplodere in diverse località dell'isola e gli attentatori cominciarono a darsi un volto. Alcuni attentati sono stati rivendicati dall'anonima sarda anarchici insurrezionalisti, altri dall'organizzazione indipendentista rivoluzionaria, altri ancora dal movimento anarchico proletario sardo. Dal 1° gennaio 1987 al 31 dicembre 1988[357] si sono avuti duecentoventiquattro attentati dinamitardi, di cui centoundici nella sola provincia di Nuoro. Molti di questi sono avvenuti ai danni di amministratori pubblici.

Il codice barbaricino, dopo essere passato attraverso la stagione dei sequestri di persona, dopo gli anni Settanta ha cambiato ancora oggetto d'azione. L'estremismo ha tentato l'esperimento di convogliare in un unico alveo le più diverse istanze anti-sistema, in nome di un obiettivo comune che si identificava con la liberazione dallo Stato colonizzatore italiano. Le parole di Costantino Cavalleri, esponente storico del movimento anarchico in Sardegna, aiutano a capire il particolare contesto sociale sardo che, fortemente condizionato dal vincolo dell'insularità, ha dato origine a dinamiche politiche, a volte anche eversive, spesso difficilmente comprese dagli analisti del settore a causa della peculiare commistione tra diverse istanze.

I criminali, i banditi, i sequestratori erano i nostri fratelli, padri, cugini, conoscenti, vicini di casa, cioè nostra carne e nostra mentalità: erano la nostra gente. Non potevamo valutarli al pari del potere costituito, né si poteva lasciarli in balìa di quanti - come gli antropologi, sociologi, giuristi, per non parlare di sindacalisti, politici, burocrati - li avrebbero snaturati ed inquadrati entro aspettative, ruoli ed organizzazioni deculturanti propri dei progetti del capitale-Stato[358].

La comparsa della prima forma embrionale eversiva in Sardegna risale alla seconda metà degli anni Sessanta, all'epoca del progetto di

Gian Giacomo Feltrinelli[359] mirante a trasformare l'isola in una *Cuba del Mediterraneo* [360], con l'insediamento, nella regione, di un gruppo guerrigliero legato ai gruppi d'azione partigiana. Trattavasi di una sorta di avanguardia militare di stampo marxista-leninista che avrebbe dovuto indirizzare le istanze autonomiste locali verso una strategia di ribellione rivoluzionaria. A questo tentativo, sostanzialmente fallito per lo scarso interesse mostrato dagli interlocutori isolani, seguirono, alla fine del 1977, le prime concrete attività terroristiche nell'isola in concomitanza con la diffusione di autonomia operaia nella provincia di Nuoro e con la trasformazione del carcere locale nel supercarcere di Bad'e Carros[361].

L'arrivo nel carcere di alcuni detenuti delle brigate rosse e la conseguente iniziazione politica di detenuti comuni che vi erano reclusi, favorì la nascita di gruppi spontanei che, richiamandosi all'ideologia e alla prassi delle maggiori organizzazioni terroristiche di sinistra, dettero vita a una fase di microterrorismo diffuso sfociante in una serie di attentati contro uffici pubblici.

Tra questi si affermò il gruppo *Barbagia rossa* [362], che riuscì a coniugare le regole del codice barbaricino con la prassi rivoluzionaria di matrice marxista-leninista. I documenti diffusi da Barbagia rossa imitavano i volantini delle brigate rosse, propagandando, però, un modello ideologico consono alla specificità della situazione isolana. Tra i punti cardine del progetto figurava il tentativo di unificare il movimento eversivo sardo, spontaneista e frammentario, assumendone la guida. La contestazione dello *Stato coloniale*, ritenuto colpevole della distruzione dell'economia agropastorale attraverso i progetti di insediamenti industriali, fu un valido argomento per fare adepti, mentre l'esaltazione del sequestro di persona come forma di ribellione al potere, mirava a smuovere gli arrabbiati della Barbagia. Non meno violenta fu l'ostilità mostrata nei confronti dei giornalisti, accusati di speculare sulla sostanza politica e sulla realtà sociale. Ovviamente anche l'attacco contro tutte le forme di militarizzazione del territorio (basi NATO, carceri speciali, forze dell'ordine in generale e l'arma dei carabinieri in particolare) fu strumento di propaganda legata alla specificità della situazione locale. *Barbagia rossa* rappresentò il nucleo centrale su cui le brigate rosse tentarono, dal 1979 in poi, di costruire una colonna sarda, fornendo appoggi logistici e operativi. Ma la mancata comprensione della specificità del quadro politico-sociale isolano da parte della direzione strategica determinò il fallimento del tentativo di insediamento brigatista[363].

Nel corso del 1983, l'osmosi tra istanze rivoluzionarie e criminalità locale si ripropose con il *Movimento armato sardo* (M.A.S.), responsabile di azioni come omicidi e sequestri di persona[364], rivendicate dal gruppo con documenti che proponevano una rilettura della tradizione barbaricina in chiave eversiva. I volantini, spesso manoscritti, inneggiavano alla lotta per la libertà ed al riscatto del popolo sardo contro il colonialismo italo-americano, l'oppressione, la tirannide e l'ingiustizia sociale, minacciando i magistrati isolani maggiormente impegnati.

Anche gli anarchici si imposero con forza sulla scena sarda, rileggendo in chiave indipendentista i propri fondamenti ideologici e convogliando la tradizionale avversione verso lo Stato e le sue istituzioni nella campagna contro il potere centrale italiano, recepito quale Stato colonizzatore responsabile della oppressione culturale ed economica della Sardegna. L'area anarchica locale, nella seconda metà degli anni ottanta, dette vita al *Comitato di solidarietà con il proletariato prigioniero sardo deportato*, associazione che rappresentava le istanze dei reclusi sardi e si batteva perché questi potessero scontare la loro pena nei penitenziari isolani, senza essere deportati in continente, costringendo intere famiglie a girovagare per giorni e giorni nelle galere italiane per visitare i propri cari detenuti.

Attraverso questo comitato, gli anarchici strinsero contatti con esponenti della criminalità radicata nel territorio che, nella loro ottica, rappresentava una forza potenziale in grado di opporsi al rapporto di sudditanza coloniale tra Sardegna e continente e di mettere in discussione tutto quell'insieme di valori che, nel corso dei secoli, sono stati imposti dai vari colonizzatori.

Intorno alla metà degli anni Novanta fu avanzata la proposta di costituire *l'Unione degli anarchici sardi* (U.A.S.), un'organizzazione insurrezionale avente il fine di operare affinché il processo di deculturazione e conseguente acculturazione forzata[365] fosse impedito. Sotto il profilo della prassi, ciò si tradusse nella partecipazione attiva degli anarchici alle lotte della popolazione per la casa, per il lavoro, contro lo sfruttamento delle risorse naturali nell'Isola da parte delle grandi multinazionali straniere, contro la guerra e la costruzione di basi e installazioni militari nell'Isola. Secondo l'ideologia anarchica, infatti, diversamente dalle strategie di lotta di stampo brigatista in cui le avanguardie armate guidavano le masse verso la rivoluzione, l'annientamento del sistema passava attraverso le battaglie condivise con le masse all'interno di contesti di emarginazione e di conflittualità sociale[366].

Sa justitzia mala t'incantet[367].

Il codice barbaricino nei moti indipendentisti

La questione autonomista ha caratterizzato, sin dal dopoguerra, la vita socio-politica della Sardegna, alimentandosi con rivendicazioni di natura etnico-linguistica, economica e culturale. Con il progressivo declino dei progetti legati alla creazione di una nazione sarda, le formazioni storiche dell'indipendentismo come il *Partito Sardo d'Azione* e *Sardigna natzione*, abbandonarono gradualmente gli orientamenti più oltranzisti per adottare una linea di tipo federalista, proponendosi anche di affrontare la questione in una prospettiva europea. Tra le figure più caratteristiche dell'indipendentismo spicca Gavino Sale, esponente storico di Sardigna Natzione e ideologicamente vicino agli ambienti anarchici, che si fece portavoce delle istanze del popolo sardo legate alle tradizioni e all'economia locali, anche rivendicando la paternità di attentati incendiari contro centrali termoelettriche, villaggi turistici, uffici comunali ed altri obiettivi istituzionali. Clamorose sono state le sue iniziative propagandistiche, quale un sit-in nel luglio '97 presso la sede del consiglio regionale, nel corso del quale i componenti della giunta sono stati additati come *ricercati per alto tradimento del popolo sardo*. Seguirono l'occupazione, nell'ottobre '97, della centrale enel di Fiumesanto per protesta contro il rincaro dei costi energetici e la manifestazione, nel maggio 2001, in Piazza Montecitorio a Roma per denunciare la presenza, in Sardegna, di discariche abusive a cielo aperto, anche con rifiuti tossici e pericolosi. Intorno al 2000 Gavino Sale lasciò Sardigna Natzione per contrasti sulla linea politica ritenuta troppo morbida e fondò *Indipendentzia Repubrica de Sardigna* (i.R.S.) per la difesa dei pastori sardi a tutela del settore zootecnico e per la lotta contro le servitù militari[368].

L'impegno a superare una visione di lotta strettamente territoriale e priva di progettualità politica fu fatto anche dal gruppo sassarese *A Manca pro s'Indipendentzia*[369], fautore di una concezione marxista richiamante anche l'indipendentismo. In un articolo apparso nel mensile politico culturale *Soberania fozzu de A Manca pro s'Indipendentzia*[370], dal titolo *La lotta di liberazione nazionale, la repressione e i teoremi della controrivoluzione preventiva*, venne spiegato come le rivendicazioni siano agganciate alla lotta di classe. Sin dagli inizi della sua attività, *A Manca* ha mirato a porsi come polo di riferimento per le diverse compagini del dissenso locale. Dopo aver diffuso all'interno dell'Università di Cagliari un volantino dal titolo *La rappresaglia dello Stato italiano non ci fermerà*, affisse nel centro cittadino di Pozzomaggiore un manifesto dal titolo *Ecco i regali del colonialismo italiano* in cui si ripercorrevano le vicende relative alla scoperta di una discarica clandestina a Porto Torres e si individuava nel turismo di lusso una delle cause dello sfruttamento del territorio e della popolazione sarda. Seguirono proteste contro la base americana nell'arcipelago de La Maddalena, contro l'attività del poligono di San

Lorenzo, considerato causa dei numerosi casi di leucemia e alterazioni genetiche. Inoltre, in occasione della *Festa dei popoli in lotta* a Tula, nel luglio 2004, la formazione presentò un documento in cui stigmatizzava la situazione di sofferenza vissuta dal popolo sardo a causa dei persistenti residui del sistema coloniale e lanciava una proposta di lotta comune che aggregasse vari gruppi e movimenti, nel rispetto delle singole soggettività. La divulgazione del mensile *Soberanìa* fu uno strumento che tentò di collegare tra loro i vari gruppi di protesta per costruire una Organizzazione unitaria.

Nel settembre 2002, con due falliti attentati compiuti a Nuoro contro l'associazione industriali e la prefettura, rivendicati in contemporanea rispettivamente dai *Nuclei proletari per il comunismo* (N.P.C.) e dalla *Organizzatzione indipendentista rivolutzionaria* (O.I.R.), iniziò una lunga serie di azioni dimostrative di vario genere contro obiettivi del potere politico-economico locale[371]. Entrambe le formazioni, la prima di matrice marxista-leninista e la seconda di impostazione prevalentemente autonomista, sembrarono recepire i richiami alla lotta di classe e all'indipendentismo sostenendo, nei propri volantini di rivendicazione, la necessità di non disperdere in sterili e scoordinate strategie di lotta le diverse forze sovversive presenti nel contesto sardo, ma di ricompattarsi intorno al nodo nevralgico della lotta armata finalizzata alla liberazione del popolo.

L'O.I.R., in particolare, si propose di intervenire per appoggiare e incitare le rivendicazioni degli allevatori e del popolo lavoratore in genere, cogliendo ogni opportunità offerta di volta in volta dal dibattito locale in tema di lavoro, di occupazione e di ambiente. Così, nel novembre 2003, in alcuni supermercati di Sassari furono rinvenute confezioni di prodotti Parmalat alterate con una sostanza di colore blu, non tossica. L'azione fu rivendicata dall'O.I.R. con un volantino in cui dichiarava di aver agito in solidarietà con gli allevatori sardi in merito alla questione delle quote latte e della crisi pilotata dell'intero comparto agro pastorale, colonna portante dell'economia della Sardegna. Nello stesso mese di novembre, a Nuoro l'organizzazione fece ritrovare un volantino nel quale denunciava il progetto di disintegrazione del tessuto economico della Sardegna con il progressivo smantellamento prima del comparto industriale petrolchimico e poi del mondo agropastorale, finalizzato a ridurre l'isola ad una enorme base militare e oasi turistica[372].

Le stesse tematiche furono affrontate dai Nuclei che presero le distanze da logiche di lotta puramente indipendentiste, tentando di inserire la specificità sarda all'interno di una visione internazionalista.

Anche i Nuclei intervennero nella protesta contro il turismo d'élite diffondendo, il 20 agosto 2003 a Porto Cervo, un documento nel quale definivano la Costa Smeralda il simbolo dello sfruttamento dei proletari sardi e minacciavano l'attuazione di azioni mirate a colpire insediamenti turistici e servitù militari.

Nel novembre del 2003, nel documento di rivendicazione[373] relativo all'attentato compiuto a Nuoro contro il Presidente della confindustria regionale Riccardo Devoto, l'organizzazione prese spunto dalla protesta degli allevatori sardi che lamentavano la situazione di crisi del comparto attribuita al basso costo del latte, alla diffusione del morbo della lingua blu e ai carenti aiuti alla produzione casearia per lanciare aperte minacce contro le forze politiche e imprenditoriali dell'isola, accusate di scarsa attenzione nei confronti di pastori e operai.

L'indipendentismo armato dunque, pur con molti limiti causati dalla sua frammentazione in gruppi diversi seppure ideologicamente affini, s'inserisce in una strategia più ampia incentrata, da un lato sulla necessità di stabilire un rapporto dialettico con le masse entrando in sintonia con i loro bisogni e sostenendone le rivendicazioni, dall'altro di promuovere un fronte di lotta comune a tutte le soggettività e componenti che adottano il metodo rivoluzionario.

Alla luce di queste complesse realtà, è lecito considerare l'evoluzione del codice barbaricino e la Sardegna stessa come una sorta di moderno laboratorio politico, perché *essa ci appare come una terra in cui si dibatte e si discute, un luogo in cui l'alto tasso di cultura politica fa sì che fenomeni, spesso considerati dai 'continentali' come semplici espressioni del malcontento popolare o fattispecie di reati perseguibili dalla legge, vengano valutati e analizzati in una prospettiva più ampia, che tiene conto anche delle radici storiche e culturali dell' isola. E' una terra in cui l'estremismo tenta l'esperimento, sinora fallito 'in continente', di convogliare in un unico alveo le più diverse istanze 'anti-sistema', in nome di un obiettivo comune che, in questo caso, si identifica con 'la liberazione dallo Stato colonizzatore italiano*[374].

A mossu 'e cane, pilu 'e cane[375].

Annino Mele

A molti anni di distanza dall'interesse mostrato per le vicende di Graziano Mesina, l'opinione pubblica di oggi mostra una rinnovata curiosità per un altro famoso latitante: Annino Mele. Una sua autobiografia pubblicata nel 1996 e riproposta dal quotidiano *Unione Sarda* nella collana dedicata a *Dieci incredibili storie di banditismo*, richiama all'attenzione il tema sul fenomeno del delitto in Barbagia.

Attualmente Annino Mele è considerato un carcerato ad alta pericolosità, elemento di spicco della malavita sarda e del terrorismo di sinistra. A quattro anni fu spettatore dell'arresto del padre, accusato di concorso nella strage di San Cosimo dove un'auto, con a bordo quattro persone, fu crivellata di colpi. Dovette quindi, fin da piccolo, abituarsi a una vita dura, fatta di botte e insulti. *Su izzu de su assassinu* lo chiamavano in paese e, per necessità, comprese presto che occorreva difendersi. In particolare prese a odiare i carabinieri che gli portarono via il padre, ma anche il maestro che lo picchiava e la Chiesa che accoglieva le donne che in strada lo maltrattavano e lo chiamavano *Su izzu de su assassinu*. Fin da piccolo fu costretto alla vita dura dei pascoli e crebbe aiutando uno zio ad accudire il gregge del padre. Il padre fu poi assolto ma le cose, invece che migliorare, peggiorarono. Infatti in famiglia si cominciò a temere la reazione di vendetta di coloro che non erano riusciti a ottenere quello che volevano dai giudici e la vita divenne un inferno. Annino arrivò per la prima volta nel carcere di Bade e Carros che aveva appena diciassette anni: saputo dell'imminente arrivo di una ispezione presso la scuola dove aveva frequentato le elementari e seccato che altri leggessero ciò che lui un tempo aveva scritto, si recò di notte nell'edificio scolastico, tolse un vetro e frugò negli armadi alla ricerca dei suoi temi. I carabinieri lo sorpresero e lo portarono in carcere. Per inciso va fatto notare che oggi i nostri alunni non finiscono in carcere nemmeno se uccidono l'insegnante. Allora le cose andavano molto diversamente, soprattutto in Sardegna e soprattutto a causa di pregiudizi. Fatto sta che questo episodio acuì fortemente l'odio per le forze dell'ordine in quanto il brigadiere, nella sua deposizione, scrisse il falso. Scrisse che Annino aveva rotto il vetro, invece il vetro era stato tolto integro e appoggiato a terra dove il brigadiere stesso lo aveva calpestato, rompendolo. In quanto minore fu scarcerato, ma quell'episodio fu motivo in più per sentirsi vittima del destino, della falsità e dell'ingiustizia degli uomini. La famiglia pensò di allontanarlo dal paese trovandogli un lavoro come macellaio in Brianza. Ma qui le cose non andarono meglio. Uscito con una ragazza fu accusato dal padre di lei di violenza: evidentemente la ragazza, dopo che il padre la scoprì, per paura dei genitori che non vedevano di buon occhio quella relazione, accusò Annino per discolparsi. Lei, più tardi, continuerà a cercarlo, ma lui non riuscirà mai a perdonare. Tornato in paese si trovò addosso un ordine di cattura con l'accusa di rapina a un furgone postale. A quel punto si dette alla latitanza diventando il ricercato più giovane di tutta l'isola. Dopo un anno fu assolto per non aver commesso il fatto, ma oramai la sua vita era segnata. Andirivieni in caserma, diffide e coinvolgimento in episodi legati alla faida di Mamoiada, lo portarono all'arresto con l'accusa, prima di aver preso parte al sequestro dell'imprenditore di Tortolì, Attilio Mazzella, poi del duplice omicidio di Mulas e Farina. Assolto per il sequestro Mazzella, fu invece condannato all'ergastolo per i due omicidi.

Annino Mele si è sempre dichiarato innocente ma quella vicenda, intrecciata con la faida di Mamoiada, ha segnato per sempre la sua vita.

Nel 1980 riuscì a evadere e restò latitante per sette anni. In carcere, però, era entrato in contatto con alcuni esponenti delle brigate rosse: conobbe Franca Salerno, appartenente ai nuclei armati proletari e ancora, Renato Curcio, Tino Viel, Antonio Savino e Piero Cavallero che lo portarono a rafforzare le sue idee politiche, ulteriormente consolidate dopo l'incontro con la svizzera Francesca Fa[376]. Proprio in Svizzera, il 27 settembre del 1982, lo raggiunse la notizia del mandato di cattura per la partecipazione all'anonima gallurese. Per il duplice omicidio fu assolto per insufficienza di prove dopo quattro anni di carcere, anni che lo portarono a odiare ancora di più le istituzioni e chi le rappresentava.

Non ero più l'Annino degli anni '70, avevo interessi diversi. Parlavo un linguaggio diverso, avevo acquisito un'altra mentalità. Gli anni di carcere mi avevano fatto conoscere come rapportarmi con quello che oramai definivo il nemico di classe, lo Stato e chi lo rappresentava in divisa[377].

Fu catturato ancora nelle campagne di San Cosimo il 30 gennaio del 1987 dal questore di Nuoro Arrigo Molinari[378], e da allora dal carcere non è mai più uscito, neanche per incontrare la madre malata.

Annino Mele è stato condannato per vari reati, ma nella guerra che in quel periodo ha sconvolto Mamoiada ha sempre rifiutato il ruolo di capo del movimento armato sardo (Mas), accusato di condurre una campagna di sterminio contro chi collaborava con la giustizia. Proprio per prendere le distanze dal Mas e per difendere la madre arrestata insieme allo zio, da latitante, il 30 luglio 1984, concesse una clamorosa intervista al quotidiano *L'Unione Sarda*[379].

Sul certificato di detenzione di Annino Mele oggi c'è scritto: *fine pena: 99/99/9999*, ossia Annino è un carcerato a vita ed è uno dei milleduecento detenuti italiani condannati all'ergastolo.

Dal carcere Annino Mele ha fortemente contestato il sistema detentivo della giustizia dello Stato. Il suo libro *Mai* è un atto di accusa nei confronti della pena a vita come regime detentivo, che altro non è che una pena di morte *addomesticata*. Secondo Mele l'ergastolo è peggio della morte perché è morte dilazionata, riproposta ogni giorno. A questa impostazione punitiva egli contrappone il codice barbaricino che prevede che il condannato risarcisca alla comunità il danno che ha causato in quanto, nel codice della vendetta, la comunità non è interessata alle segregazioni.

Annino Mele contribuì ad avviare una ulteriore trasformazione del codice barbaricino, portandolo alla confluenza con l'insurrezionalismo a matrice politica di sinistra. Annino impresse al codice dei caratteri rivoluzionari che portarono a fissare scadenze su obiettivi concreti: l'occupazione Nato, le servitù militari innanzitutto. Non è stato un caso che si sia battuto per la chiusura del commissariato di Orgosolo, ottenendo la chiusura dell'edificio per motivi igienici seguita dallo sfratto dai locali[380]! Ma Annino sapeva che questo non era sufficiente e pensava che fosse necessario un coinvolgimento popolare. Forti contrasti all'interno del gruppo impedirono, tuttavia, ogni iniziativa. Annino sapeva che la realtà locale avrebbe, di fatto, impedito una fusione con le BR. Ciò che stava di più a cuore ad Annino era, infatti, l'autonomia sarda e solo all'interno di essa pensava che sarebbe stato possibile avviare un percorso verso il comunismo[381].

Mezzus carri ruju chi cori nieddu.

Conclusione

In Sardegna il codice barbaricino non è ancora scomparso, soprattutto nei paesi interni dell'isola dove vi è grande scontento da parte delle vittime di abigeati, furti, scorrettezze civili, abusi e problemi di ogni genere, perché il senso di giustizia delle vittime va a finire sulle scrivanie di giudici e avvocati e lì sosta per anni in attesa di giudizio. Non è scomparso nemmeno tra gli abitanti dei paesi costieri che hanno visto, anno dopo anno, vendere le loro terre allo Stato americano e a ricchi imprenditori.

Per tutto l'Ottocento e fino alla metà del Novecento lo Stato ha protetto i potenti e perseguitato i poveri e gli umili, dalla metà del Novecento in poi la società ha tutelato troppo chi ha commesso reati e continua a non difendere equamente, ora come allora, gli onesti cittadini che vengono così privati del loro diritto alla giustizia[382] e che, per questo, continuano ancora a vedere i giudici come tutori di una società iniqua. Chi stupra, uccide, ruba immensi capitali, gode spesso di benefici che vengono da una giurisprudenza che fa scontare pene irrisorie a chi commette il reato a danno, materiale e morale, di chi subisce l'offesa. Tutto questo è in contrasto con la psicologia sarda del codice barbaricino e con il senso di giustizia che esso esprime.

L'affermarsi di diversi costumi continentali ha modificato molti aspetti della vita dei sardi, soprattutto nelle città, ma non ne ha modificato il carattere. Fino alla prima metà del Novecento, infatti, il codice barbaricino, pur nella sua crudezza, era essenzialmente espressione della lotta dei deboli contro i soprusi delle classi dominanti. Con il tempo il codice barbaricino è mutato profondamente in relazione ai cambiamenti sociali e ambientali dell'isola: andarono affermandosi i sequestri di persona e gli attentati politici.

Nemmeno la Chiesa di Roma, con la sua predicazione della morale dei vinti, ha debellato il codice barbaricino, che anzi è sempre stato alla ricerca di una umana giustizia anche andando contro ciò che predica la morale. In questo senso i sardi sono profondamente atei e profondamente rivoluzionari:

> *Ovunque lo schiavo si rivolti contro il padrone, c'è un uomo che si erge contro un altro uomo, lungi dal cielo dei principi. Il risultato è solo l'uccisione di un uomo. Gli ammutinamenti degli schiavi, le insurrezioni feudali, le guerre dei pitocchi, si fanno forti di un principio di equivalenza, vita contro vita, che ritroveremo sempre, nonostante tutte le audacie e tutte le mistificazioni, nelle forme più pure dello spirito rivoluzionario*[383].

Il codice barbaricino è passato indenne anche a ogni tentativo di interpretazione intellettuale e sofisticata che è stata tentata in continente: la giustificazione del delitto barbaricino non è quella stirneriana e non è nemmeno quella fatta nel nome di un concetto del bene e del male che cambia a seconda della morale che lo ha imposto; non è l'idea che vive in Raskolnikov consistente nella giustificazione dell'assassinio per fini superiori, né quella che troviamo nel Père Goriot di Balzac. La giustificazione del delitto barbaricino è da ricercarsi nella sua azione di tutela giuridica.

La concezione delle norme di legge che lo Stato impone non riesce, agli occhi del *balente*, a discriminare tra potere giusto e ingiusto e non appare convincente sul piano logico-critico circa la validità etica della giustizia che propone.

Nemmeno sul piano filosofico è possibile ravvisare un "bene assoluto", e questo già da solo è sufficiente a ribadire che l'esistenza del codice barbaricino è legittima anche contro il parere di chi lo critica sul piano etico, in quanto non può esistere una dimensione etica nella esistenza degli uomini.

214

Dopo la proclamazione del Regno d'Italia, la legislazione dei nuovi colonizzatori continentali ha uniformato i giudizi etici di un nucleo sociale eterogeneo, ma di certo più vicino ai lombardi che ai sardi, e lo ha imposto a tutti per risolvere questioni che hanno a che fare con valutazioni sulla base di criteri sempre relativi. Questo è il suo più grande limite ed è ciò che allo stesso tempo legittima l'esistenza dei codici naturali: ogni uomo, come sosteneva Hobbes, chiama bene ciò che gli piace e chiama male ciò che non gli piace cosicché, dato che ognuno differisce da un altro nella costituzione fisica, così si differenzia anche riguardo la distinzione tra ciò che è bene e ciò che è male[384], ma soprattutto differisce profondamente in relazione al gruppo culturale cui appartiene.

A volte le differenze tra gruppi culturali sono talmente grandi che, per essere efficace, la pratica giuridica deve tutelare ciò che è nella natura e nella razionalità degli uomini, tenendo conto del gruppo sociale di appartenenza. La legislazione italiana è fatta di migliaia di articoli di legge che interpretano tutto e il contrario di tutto, e in questo il sardo fatica a riconoscersi. Attualmente le norme del codice barbaricino tendono lentamente a trasferirsi da una sfera prettamente privata e individuale per la tutela dei diritti del singolo, a un ambito pubblico per la tutela dei diritti della collettività. Questa naturale evoluzione del codice barbaricino è conseguenza degli avvenimenti che si sono succeduti in Sardegna a partire dagli anni Sessanta e rappresenta un suo tentativo di organizzazione sociale, ma senza perdita dei connotati originari, ossia il rifiuto di un'acculturazione di tipo colonialistico. Il messaggio lanciato è quello di proporre alle autorità politiche della regione autonoma e dello Stato il riconoscimento della condizione di minoranza etnico–linguistica per la Sardegna. Sarebbe un grave errore sottovalutare il ruolo che va assumendo il codice barbaricino mortificando o tentando di uccidere la cultura barbaricina di cui è portavoce! Oramai l'esperienza dovrebbe avere insegnato che trasferire in Sardegna modelli provenienti da altre realtà serve solo ad acuire i contrasti.

Il codice barbaricino di oggi si configura come una realtà articolata e complessa in cui ambienti e istanze eterogenei, tesi a valorizzare comuni obiettivi di lotta contro i simboli del sistema e del potere centrale, stanno confluendo in un unico alveo, nell'intento di realizzare una convergenza ideologico-operativa e di rafforzare le potenzialità destabilizzanti della contestazione isolana.

E' evidente che i giudizi e le conclusioni a cui erano giunti i parlamentari della commissione d'inchiesta presieduta dall'on. Medici non sono più attuali e che quel documento non riflette affatto casi e circostanze del malessere sociale della Sardegna di oggi. Non vi è dubbio alcuno che talune indicazioni paiono obiettivamente datate e che la commissione d'inchiesta non ha dato risposte concrete alla forte richiesta di riequilibrio territoriale attraverso una diffusione armonica delle occasioni di sviluppo. Secondo la relazione finale del senatore Medici esse dovevano, principalmente, consistere nel realizzare la trasformazione della pastorizia nomade in stanziale, nel rifinanziare il piano di rinascita in attuazione dell'art. 13 dello statuto regionale[385], nel ricercare una maggiore efficienza delle burocrazie pubbliche, *in modo da fare della Sardegna un modello di pubblica amministrazione, impegnando in questo tutte le forze centrali, regionali e locali.*

Secondo la relazione del senatore Medici occorreva anche trovare un giusto equilibrio tra gli interventi per l'industrializzazione e il parallelo progresso dell'agricoltura e dell'allevamento in modo da evitare pericolosi squilibri economici e sociali portatori di sacche di disadattamenti e di criminalità. Tutto questo avrebbe dovuto ridurre la criminalità nell'isola, tuttavia, quando in macchina si scende da Sedilo verso la vallata di Ottana e si vede la ciminiera di quella fabbrica, salutata allora come la rinascita del centro Sardegna, si comprende il fallimento del lavoro della commissione Medici. Si è visto come l'apertura degli stabilimenti del petrolchimico di Ottana, attorno agli anni Settanta, abbia fatto sì che numerosi Leiesi trovassero una effimera occupazione nel comparto, ma che poi abbiano dovuto fare i conti col suo drastico ridimensionamento. Eppure allora c'erano

216

progetti di sviluppo del territorio che avevano firme internazionali di illustri ingegneri ed economisti inglesi e americani: si parlava di riorganizzare agricoltura e pastorizia con tecniche di avanguardia e con piani di irrigazione da far invidia agli stessi tecnici Israeliani che pure sono i migliori al mondo. Si preferì la ciminiera di Ottana che oggi resta lì, imponente, a indicare il deserto ed il fallimento legato a scelte e situazioni di quell'epoca non più riproponibili sul mercato globale [386].

Si dovevano mitigare le differenze di reddito e invece l'unico risultato ottenuto è che, accanto agli ovili e ai muretti a secco, oggi ci sono carcasse arrugginite e ciminiere. Sono tuttora presenti forti differenze di reddito fra le zone della città e delle aree costiere e quelle dei paesi più interni. Continuano ad esserci sempre due Sardegne, contraddistinte da situazioni di vita e di lavoro completamente differenti. C'è soprattutto ancora una Italia che continua a trattare la Sardegna come una colonia e ci sono pubbliche amministrazioni locali la cui efficacia è discutibile. I fatti degli ultimi anni mostrano come la direzione presa dal codice barbaricino vada nel senso dell'autonomia politica organizzata. Punto nodale è quello dell'individuazione e del riconoscimento di una realtà storico–culturale, quale è l'area arcaica delle zone interne e, più in particolare, l'area barbaricina che è l'area dell'autentico sardismo etnico e culturale. *Autonomia politica, indipendentismo e separatismo*, scrive il leader del Partito sardo d'azione Antonio Simon Mossa, *hanno lo stesso significato*. Più tardi, in *Sardegna libera* [387], Simon Mossa preciserà il suo pensiero politico che in parte ricalca quello di C. Bellieni e E. Lussu. Vi si riconoscono segnali di azionismo risorgimentale e fermenti di oltranzismo sindacale–rivoluzionario in una prospettiva di Stato federalista proteso all'autonomia politica, quasi all'indipendentismo dell'isola.

Da poche parti si è compresa questa lenta evoluzione del codice barbaricino e non si comprende come mai il codice della vendetta continui a fare tanto scalpore, dato che il movimento di riscatto sardo cui si inserisce coincide con quello mondiale dei popoli oppressi dal colonialismo. Ha il significato non solo di emancipazione economica e sociale di una classe, quella dei pastori e dei contadini, ma anche di libertà dell'intero popolo sardo, cioè ha senso etnico, etico e culturale, oltre che politico.

Anche la linea ideologica strategica del codice barbaricino è abbastanza definita e, in un certo senso, si affianca al sardismo in senso istituzionale e sociale, concependo l'unificazione sul terreno degli schieramenti e legittimando la posizione indipendentistica. Solo che da qualche anno tenta di farlo con atti di anarchismo e di rivoluzione armata.

Non si sottovaluti il ruolo svolto dagli intellettuali nell'isola. Con la legge n. 20 dell'11 agosto 1970, il Governo regionale ha istituito la scuola di specializzazione in studi sardi annessa alla Facoltà di Lettere e Filosofia dell'Università di Cagliari. La scuola si proponeva di studiare la realtà sarda negli aspetti culturali e politici con lo scopo di concorrere alla formazione di nuovi quadri intellettuali. Con analogo scopo, con la legge regionale n. 26 del 5 luglio 1972, nasceva a Nuoro l'Istituto superiore regionale etnografico con gli annessi Musei del costume e della casa Grazia Deledda, il tutto come risposta culturale alle indicazioni della commissione parlamentare sui fenomeni di criminalità nell'isola e, in particolare, nelle zone interne[388]. Tali strutture erano destinate a studiare i problemi dell'area arcaica a cultura barbaricina e a dipanare le cause della sua questione all'interno della generale questione sarda. Si trattava di approfondire lo studio di quella singolare zona antropologica, a forte connotazione tradizionale, che da sempre viene a incontrarsi e scontrarsi con la cultura del diritto positivo imposto dallo Stato. Nonostante tutte le buone intenzioni però, neppure la frangia più colta dell'isola è riuscita a stabilire un diverso e più avanzato rapporto con lo Stato instaurando una dialettica efficace, anzi, spesso i contestatori più accesi sono proprio gli intellettuali. Dal canto loro nemmeno la politica fa molto e i partiti tendono a impigliarsi in una rete di teorie sterili da cui non riescono a uscire. La condizione, dunque, è di instabilità e di indecisione se non di stallo, in quanto lo Stato non è disponibile a cogliere la domanda di autonomia che sale forte e diffusa da ogni parte: da circoli di intellettuali, da movimenti politici extrapartitici, da frange volontaristiche della società sarda, ecc.

La cosa più grave è che la direzione presa dal codice barbaricino non porta al regionalismo in senso costituzionale, ma va verso il regionalismo inteso nella funzione soltanto di argine di resistenza allo Stato italiano. Il vero problema è di individuare gli elementi di fondo della cultura sarda, cosa che di regola non si fa, perché solitamente ci si limita a generici riferimenti che sono quanto di più indistinto e quindi inutile esista. Non capiterà mai di sentir dire che il codice barbaricino è un elemento fondante della cultura sarda, eppure lo è. Spesso nemmeno i politici sardi sanno cogliere la questione. Benedetto Barranu[389], ex consigliere regionale del Pci, scrisse queste parole nel 1987 per commentare l'ondata di attentati contro amministratori barbaricini:

Solo con un'immissione di una nuova organizzazione produttiva e sociale e con un un'articolazione e un'interscambio di modi di pensare e di modelli di vita è possibile rompere con regole e codici che ci portiamo dietro da secoli e che, sommandosi ai valori negativi dell'oggi, costituiscono non solo una nuova barbarie, ma soprattutto il vero ostacolo allo sviluppo e alla crescita civile della comunità barbaricina. Non è il livello della ricchezza a determinare queste forme di criminalità (e del resto la società pastorale è normalmente più ricca di quella contadina), ma è il modello dell'organizzazione produttiva e sociale a incidere in modo decisivo nei comportamenti e nella mentalità[390].

Probabilmente non è questa la strada giusta, comunque non tutto il ceto politico ebbe ed ha atteggiamenti di incomprensione. Il suo compagno di partito e collega di Consiglio Leonardo Ladu scrive:

Bisogna distruggere l'immagine stereotipata della comunità agropastorale come quella di una comunità immatura, destinata all'omertà, all'impotenza e segnata da un processo di degrado irreversibile[391].

La politica delle amministrazioni, che dovrebbe tutelare gli interessi del popolo sardo, essendo fatta per forza di cose da continui compromessi e adattamenti al codice positivo imposto dallo Stato va, più o meno inconsapevolmente, ad urtare contro i dettami e i valori della coscienza popolare fino ad apparire come una forzatura, una prepotenza, un'imposizione, un'espressione politica non equa alla quale si reagisce e si risponde con il rifiuto, la ritorsione, la minaccia. E non tanto per una violazione delle regole formali, ma per un conflitto tra queste e la struttura dei valori storici della società sarda: un conflitto che non è superabile con il semplice rispetto della legge, ma solo con un'applicazione della legge che sia anche rispettosa di questi valori.

Ecco, dunque, che il codice barbaricino continua, oggi come ieri, a porsi contro il codice positivo, solo che oggi per ottenere l'annientamento del sistema, passa attraverso battaglie condivise con le masse e radicate all'interno di contesti di emarginazione e di conflittualità sociale. Questa situazione non è nuova: già Neciaiev, negli ambienti anarchici della società russa di fine Ottocento, affermava che si doveva unire al mondo dei banditi l'ambiente rivoluzionario russo, rivendicando freddamente il *tutto è lecito* per scopi politici[392].

Anche il Ministro Pisanu, in una intervista al quotidiano *L'Unione sarda*, ha espresso la convinzione che la motivazione di fondo delle azioni barbaricine è assolutamente politica e va ricercata principalmente nelle istanze separatiste.

Gli anarco-insurrezionalisti nascono dall'anarchia storica, che li ha rinnegati. Non sono più gli anarchici di Addio Lugano bella, è gente che punta alla distruzione dello Stato, all'annientamento del sistema e che opera con una sua visione ben precisa delle cose[393].

Da un punto di vista filosofico, e i fatti legati all'ambiente anarchico lo confermano, si può dire a che, in un certo senso, il codice barbaricino di oggi altro non è che l'espressione sarda di quella più ampia corrente europea che ha caratterizzato il nichilismo del Novecento. Nella visione comune più diffusa la nozione di nichilismo è collegata al grande nichilismo russo, quindi all'ideologia di impronta anarchica, anche se ci sono altri significati del termine. Nichilismo, dal greco *nihil* (nulla) è quella corrente filosofica che nega l'esistenza di qualsiasi principio e di qualsiasi valore morale, nonché della consistenza di qualsiasi verità. Il nichilismo è la presa di posizione per cui viene negata una certa tradizione o un certo sistema di valori in nome del nulla che rappresentano e nega la validità dei principi condivisi. Questo è esattamente quanto esprime il codice barbaricino.

Il nichilismo, oltre che una filosofia, è una cultura che ha profondamente segnato i saperi e le istituzioni, la politica dei gruppi dirigenti, il disciplinamento sociale di massa, il declino delle professioni umanistiche. Lo stesso buon senso aziendale che le scienze sociali quotidianamente diffondono nelle facoltà universitarie, risale alla nichilistica "gabbia d'acciaio", nella quale Max Weber[394], profeticamente, aveva visto insediarsi, al posto dello spirito, una pietrificazione meccanizzata[395].

Interessante è la tesi di Gianni Vattimo[396], filosofo che si è sempre apertamente misurato con la grande sfida della filosofia contemporanea nel tentativo di tracciare una teoria della modernità. In *Nichilismo ed emancipazione* cerca la via per pensare la politica, l'etica e la giustizia in un'epoca in cui non sono più concepibili principi immutabili e diventa necessario costruire le leggi attraverso il consenso e la negoziazione. Solo così è possibile sfuggire alla polarizzazione tra un pluralismo superficiale e la ripresa dei fondamentalismi, familistici o etnici, religiosi o comunitaristici che siano. Conoscere la verità, secondo Vattimo, non è rispecchiare fedelmente un dato che si possa cogliere oggettivamente, ma è un atto interpretativo[397], che consente di valutare anche il diritto come una serie di principi che hanno perso il loro carattere di immutabilità. Occorre prendere atto della infondatezza che segna il diritto come oggi è concepito, vanificando ogni sforzo di legittimarlo come "giusto", svelandone la sua inconsistenza. E' evidente che Vattimo non intende la falsificazione della norma, bensì la possibilità di considerare che solo in un atto interpretativo delle regole possa stare la possibilità del loro successo. Chi ha fame di giustizia che cosa si sente rispondere dal pensiero ermeneutico dopo che ha preso atto della infondatezza del diritto? Vattimo risponde che l'interpretazione deve essere un *processo cumulativo di dissoluzione della violenza legata all'infondatezza iniziale della legge* [398].

Tutto questo rientra nella corrente filosofica del pensiero debole[399], che si caratterizza per la critica delle posizioni basate su valori assoluti. Del resto è innegabile che il successo delle norme di diritto non derivano dalla loro oggettività assoluta e originaria, bensì dalla capacità di saperle interpretare, calandole nel contesto della realtà in cui operano. La capacità di interpretare le norme del diritto si fa particolarmente pressante nella realtà sarda in cui il vecchio codice barbaricino va trasformandosi in azioni di terrorismo e i balentes stanno organizzando la loro azione in gruppi eversivi.

Attualmente il codice barbaricino mostra che atti eversivi e banditismo sono ormai stretti da legami inscindibili e hanno raggiunto livelli quantitativi preoccupanti di violenza e di intimidazione. Non si può dimenticare che il terrorismo degli anni Settanta cominciò con qualche scritta sui muri, poi si passò alle sassate, poi alle gambizzazioni, poi alle stragi. Oggi sarebbe un grave errore sottovalutare quello che accade in Sardegna, soprattutto è un grave errore continuare a dare ai sardi risposte solo in termini di repressione perché la storia insegna che ogni tentativo di reprimere gli atti legati al codice barbaricino non ha sortito alcun risultato.

Lo Stato si è impadronito dello spirito dei sardi, oggi come ieri, e ai sardi ha imposto innegabilmente la sudditanza trasformando la Sardegna in una colonia. In cambio di tutto questo lo Stato esige fedeltà e prescrive articoli di legge secondo il proprio diritto in nome di una associazione che non sussiste, né per vincoli naturali, né per vincoli spirituali. Ecco perché comprendere la sardità è fondamentale per comprendere anche il senso giuridico del codice barbaricino e per poter instaurare quel dialogo che rende possibile il riconoscimento dei diritti di tutti e di ciascuno.

Non ischimos su qui nos hat a benner cras[400].

[1] Il bestiame manso, ovvero addomesticato, comprendeva buoi per l'agricoltura e cavalli, mentre il bestiame rude era costituito da pecore, capre e mucche.

[2] F. Floris, *Feudi e Feudatari in Sardegna*, Voll. 2, p. 736. Edizioni Della Torre, Cagliari, 1996.

[3] Termine introdotto dagli Aragonesi per indicare l'uso collettivo delle terre.

[4] Carlo Felice (1765-1831) è figlio di Vittorio Amedeo III e di Maria Antonietta Ferdinanda di Borbone-Spagna. Nel 1807 prende in moglie Maria Cristina di Borbone, Infanta delle Due Sicilie. È stato viceré di Sardegna dal 1799 al 1821. Sovrano assolutista e sostenitore della monarchia per diritto divino, si oppone a qualsiasi forma di liberalismo e, dopo aver severamente colpito gli autori del moto rivoluzionario del 1821, dedica interamente la sua attività al campo economico, giudiziario e militare.

[5] C. Sole, *La Sardegna di Carlo Felice e il problema della terra*, Editto delle chiudende (1820), Ed. Fossataro, Cagliari 1967, p. 353.

[6] Tradizionalmente i pastori producevano, con il latte di pecora, il formaggio *Fiore sardo* che veniva venduto a commercianti della Campania e della Toscana. Trasportato a dorso di cavallo fino alle coste orientali, i sardi non riuscivano a soddisfare la crescente richiesta, tanto che industrie romane, nel 1897, iniziarono la produzione in Sardegna del pecorino tipo romano destinato al mercato americano sfruttando i pastori locali e pagando il latte a prezzi da fame.

[7] *Raccolta delle consuetudini e degli usi agrari della provincia di Nuoro*, a cura della Camera di Commercio, Industria e Artigianato di Nuoro, p. 60.

[8] G. Pinna, *Il pastore sardo e la giustizia*, Ilisso, Nuoro 2003, p. 19.

[9] Il codice barbaricino, pur essendo diffuso in tutta l'isola, trova maggiore diffusione nella Barbagia in quanto, a causa della sua posizione geografica corrispondente alla zona centrale della Sardegna, ha fornito maggiore resistenza alle invasioni e maggiore salvaguardia delle tradizioni.

[10] Ibid., p. 29.

[11] Chi non ruba per bisogno è un cane randagio.

[12] Il Regno di Sardegna e Corsica, precursore del Regno d'Italia, ebbe inizio a Roma il 4 aprile del 1297, allorché papa Bonifacio VIII, per risolvere la contesa tra angioini e aragonesi circa il Regno di Sicilia, investì il re d'Aragona Giacomo II dello *jus invadendi* sulla Sardegna e sulla Corsica.

[13] Il sardo logudorese è il principale gruppo dialettale della lingua sarda, parlato nella parte centrale e settentrionale dell'isola.

[14] Eleonora d'Arborea (1340-1404), sovrana del giudicato di Arborea. Figura poliedrica e intelligente, ricoprì diversi ruoli di moglie, madre, regina, condottiera e legislatrice. Fu il personaggio più noto della Sardegna medievale, sia perché il suo fu il giudicato che cadde per ultimo in mano straniera, sia per la sua promulgazione della Carta de logu.

[15] Mariano IV di Arborea (Oristano, 1317-1375) fu probabilmente il più grande sovrano del giudicato sardo di Arborea. Secondogenito del Giudice Ugone II Cappai de Baux, venne educato alla corte di Alfonso il Benigno, conte di Barcellona e quindi sovrano di Catalogna e Aragona.

[16] Il testo della *Carta de Logu* si conserva per tradizione diretta in un manoscritto e in nove opere a stampa, e per tradizione indiretta in una traduzione pisana. Il manoscritto con rilegatura in pergamena del sec. XIX, ha numerosi guasti dovuti ad abrasione e macchie. E' un codice miscellaneo restituito dal Capitolo della Cattedrale d'Iglesias, ora custodito nella Biblioteca Universitaria di Cagliari.

[17] Nel 1827, dopo un accurato studio delle leggi in vigore in Piemonte, fu pubblicato il codice feliciano, che sostituiva la Carta de logu. Una delle maggiori novità fu l'abolizione delle pene corporali, della tortura, della fustigazione e dei marchi d'infamia. Poneva altresì restrizioni sui poteri discrezionali del giudice.

[18] M. Da Passano, Riformismo senza riforme: I Savoia e il diritto penale sardo nel Settecento in Studi in memoria di Giovanni Tarello, Vol. I, Giuffré, Milano 1990.

[19] Questa tesi è stata felicemente sostenuta anche da Antonio Pigliaru.

[20] La Sardegna medievale era divisa in quattro regni del tutto indipendenti, conosciuti come i quattro Giudicati di Torres, Gallura, Arborea e Cagliari. I Giudicati ebbero potere in Sardegna fra il IX ed il XV secolo. Essi avevano una particolare organizzazione di derivazione bizantina che prevedeva un *iudex* a capo del territorio.

[21] A. Pigliaru, *Il banditismo in Sardegna*, Giuffré Editore, Milano 1993.

[22] Con giusto titolo.

[23] Confida in tutti, ma fidati di pochi.

[24] B. Spinosa, *Tractatus politicus* a cura di P. Cristofolini, Ed. ETS, Pisa 2004.

[25] Leone XIII, Enciclica *Diuturnum*, del 29-6-1881, in *La pace interna delle nazioni. Insegnamenti Pontifici*, introduzione ed indici sistematici dei monaci di Solesmes, trad. it., Edizioni Paoline, 2a ed., Roma 1962, p. 85; cfr. anche Idem, Enciclica *Immortale Dei*, del 1°-11-1885, *ibid.*, p. 131.

[26] Pascal, *Pensieri*, Chevalier 230, Brunschvicg 294

[27] Ibid.

[28] Amico fidato tienilo prezioso.

[29] E. Lussu, *L'avvenire della Sardegna*, Parte I. Dal discorso pronunciato in Parlamento nell'ottobre del 1951.

[30] Papa Paolo VI, nella sua visita a Cagliari del 4 aprile 1970, dirà: Siamo venuti per dimostrare a voi e per dimostrare a tutti che Noi riconosciamo la vostra eguaglianza a confronto di tutti gli altri uomini.

[31] Antonio Pigliaru, *La vendetta barbaricina*, Ed. Il maestrale, Nuoro 1959, p. 14.

[32] Non vi è bugiardo senza testimoni.

[33] A.G. Conte/P. Di Lucia/L. Ferrajoli/M. Jori, *Introduzione*, in *Filosofia del diritto*, 2002, pp. 1-4.

[34] Pietro Abelardo (1079–1142) fu un filosofo francese. Compose numerosi scritti di logica, da lui concepita come una scienza in grado di assicurare la verità di un discorso.

[35] M. Fumagalli, Dialogo tra un filosofo, un ebreo ed un cristiano, Rizzoli 1992.

[36] Aristotele (384-322 a.C.), filosofo greco allievo di Platone. Dopo la morte del maestro lasciò Atene e fondò una propria scuola ad Asso. Nel 342 venne chiamato da Filippo II re di Macedonia per fare da istitutore al figlio, il grande Alessandro Magno. Nel 336, quando Alessandro salì al trono, ritornò ad Atene e fondò il *Liceo*, una scuola filosofica. Con la morte di Alessandro venne costretto all'esilio nella Calcide, dove morì pochi mesi dopo.

[37] Aristotele, *Etica nicomachea*, Libro V, Laterza, Roma-Bari 1998.

[38] Norberto Bobbio (1909-2004). Laureato in Giurisprudenza, giurò fedeltà al duce anche dopo la proclamazione delle leggi razziali. Prese le distanze dal pensiero idealistico quale sapere "accademico" e non concretamente riformatore, ma criticò anche gli aspetti irrazionalistici dell'esistenzialismo e quelli utopistici del marxismo.

[39] N. Bobbio, *Saggi sulla scienza politica in Italia*, Ed. Laterza, Roma-Bari 2005.

[40] Tommaso Moro fu (1478-1535) fu avvocato, scrittore e uomo politico inglese.

[41] Thomas More, *De optimo republicae statu deque nova insula Utopia*, Edizione Lupton, Oxford 1895.

[42] Hasso Hofmann, *Introduzione alla filosofia del diritto e della politica*, 2003, pp. 78-86.

[43] Johannes Althusius (1557-1638) è stato un giurista, filosofo e teologo calvinista tedesco.

[44] Giovanni Althusius, Politica methodice digesta et aexemplis sacris et profanis illustrata, Herborn 1603.

[45] Chi commette un'azione l'ha studiata.

[46] Roberto Ardigò (1828-1920). Filosofo italiano. Dopo aver compiuto gli studi nel seminario di Mantova, fu ordinato sacerdote.

[47] R. Ardigò, *Opere filosofiche*, Padova 1882-1918, voll. III, p. 425 sgg; voll. X, p. 279.

[48] Benedetto Croce (1866–1952) è stato uno scrittore, filosofo, storico e politico italiano di matrice fortemente cattolica.

[49] B. Croce, *Riduzione della filosofia del diritto alla filosofia dell'economia*, in: Atti dell'Accademia Pontiniana, XXXVII, Napoli 1907.

[50] A. Bausola, Etica e politica nel pensiero di Benedetto Croce, Milano 1966, p. 216.

[51] F. De Michelis, Le origini storiche e culturali del pensiero di Ugo Grozio, Firenze 1967.

[52] S. Freud, *Il disagio della civiltà,* Ed. Boringhieri, Torino 2001.

[53] Herbert Marcuse, filosofo tedesco (1898-1979). Laureatosi a Friburgo con Heidegger nel 1921, collaborò con Horkheimer e con Adorno nell'Istituto per la Ricerca Sociale di Francoforte e all'avvento del nazismo riparò negli U.S.A., dove fu docente alla University of California a San Diego. La reinterpretazione del marxismo della Scuola di Francoforte trova nell'opera di Marcuse la sistemazione più organica e politicamente più influente.

[54] Sigismund Schlomo Freud (1856–1939) è stato un neurologo, psicoanalista e filosofo austriaco, fondatore della psicanalisi.

[55] Marcuse, *Eros e civiltà*, Ed. Einaudi, Torino1955.

[56] Il sangue non è acqua.

[57] Ghisleni M., Moscati R., *Che cos'è la socializzazione*, Carocci, Roma, 2001.

[58] R. Boudon, *La place du désordre*, PUF 1991.

[59] Lo stoicismo è una corrente filosofica e spirituale fondata intorno al 300 a.C. ad Atene da Zenone di Cizio ed è una delle tre grandi scuole filosofiche dell'età ellenistica, assieme all'epicureismo e allo scetticismo.

[60] Con filosofia patristica si intende la filosofia cristiana dei primi secoli, elaborata dai Padri della Chiesa. La patristica agostiniana è la filosofia elaborata da Agostino. L'universalità della parola divina, il valore dell'uomo in quanto tale, la liberazione da ogni schiavitù terrena, la realizzazione della felicità spirituale, l'assolutezza della fede in un aldilà rivelato, sono i capisaldi del suo pensiero.

[61] La filosofia scolastica rappresenta la filosofia della religione cristiana medioevale del IX secolo. Uno dei maggiori pensatori di questo periodo fu san Tommaso.

[62] Dal sito http://www.kataweb.it/blog/?new=neomorfule

[63] Huig De Groot, ovvero Ugo Grozio (1583–1645), fu un grande giurista e filosofo olandese.

[64] Ugo Grozio, *De jure belli ac pacis libri tres*, Aalen, Scientia, 1993.

[65] Niccolò Machiavelli (1469–1527) è stato uno scrittore, drammaturgo, filosofo e uomo politico toscano.

[66] Se non mi offende non l'offendo.

[67] Hasso Hofmann, *Introduzione alla filosofia del diritto e della politica*, Laterza, Roma-Bari 2003, pp. 86 e seg.

[68] In ottemperanza al trattato di Londra del 1718, fu sottoscritto all'Aja l'8 agosto 1720 l'accordo che sanciva il passaggio del Regno di Sardegna ai Savoia.

[69] Jacques Derrida (1930.2004), filosofo francese il cui nome è legato a un movimento filosofico sviluppatosi a partire dagli anni Settanta, noto come "decostruzionismo".

[70] Jacques Derrida, *Forza di legge. Il «fondamento mistico dell'autorità»*, Bollati Boringhieri, Torino 2003.

[71] Dall'Enciclica "Summi pontificatus", di Pio XII, del 20 ottobre 1939: *Rinnegata, in tal modo, l'autorità di Dio e l'impero della sua legge, il potere civile, per conseguenza ineluttabile, tende ad attribuirsi quella assoluta autonomia, che solo compete al Supremo Fattore, e a sostituirsi all'Onnipotente, elevando lo Stato o la collettività a fine ultimo della vita, a criterio sommo dell'ordine morale e giuridico, e interdicendo, perciò, ogni appello ai principi della ragione naturale e della coscienza cristiana.*

[72] A. Pigliaru, *La vendetta barbaricina*, Edizioni Il Maestrale, Nuoro 1959.

[73] L'onore chiama vendetta.

[74] Antonio Pigliaru (1922-1969), giurista e intellettuale sardo, fu autore di testi fondamentali per la conoscenza del fenomeno del banditismo. E' stato uno degli intellettuali più originali nella storia della cultura della Sardegna di questo ultimo secolo. Ordinario di Dottrina

dello Stato nell'Università di Sassari, è morto nel 1969, proprio negli anni in cui iniziava il fenomeno dei sequestri di persona.

[75] Trattare come fratelli, contendere come nemici.

[76] Questo articolo corrisponde praticamente, nella prima parte, all'art. 1 del Codice penale italiano e con esso ha in comune il definire un principio di stretta legalità avente il significato di porre in termini di certezza, e quindi di ferma oggettività, il sistema della vendetta.

[77] Solo come un animale.

[78] Cento teste, cento berrette.

[79] Antonio Pigliaru, *Il banditismo in Sardegna. Il codice della vendetta barbaricina*, Giuffrè, Milano 1970, pp. 111-125.

[80] L'asino sardo lo freghi una volta sola.

[81] Aristotele, *Etica nicomachea*, Rusconi, Milano 1993.

[82] G. Fiori, *Baroni in Laguna , La società del malessere*, Laterza 1977.

[83] Rispettare una regola è facile nella casa del Re.

[84] Dal sito www.camera.it

[85] A giurare mi metti, la capra perderai.

[86] G. Pinna, *Il pastore sardo e la giustizia*, Ilisso, Nuoro 2003, p. 94.

[87] Se sei a cavallo lo devi alla fortuna.

[88] Tornare a non avere nulla.

[89] Il corvo ti faccia la mezza luna.

[90] Non prendere prestito dai ricchi e non litigare con i potenti.

[91] F. Antolisei, *Manuale di Diritto Penale*, parte generale, Giuffré, Milano 2003.

[92] Dal bisogno nasce la lite.

[93] Ha avuto ciò che si è meritato.

[94] L'uomo di poco coraggio, guardalo a cavallo.

[95] Viso contro viso.

[96] Antonio Pigliaru, Il banditismo in Sardegna. Il codice della vendetta barbaricina, Giuffrè, Milano 1970, p. 204.

[97] Affrontare il nemico, fuggire davanti ai carabinieri.

[98] Antonio Pigliaru, Il banditismo in Sardegna. Il codice della vendetta barbaricina, Giuffrè, Milano 1970, p. 237.

[99] G. Pinna, *Il pastore sardo e la giustizia*, Ilisso, Nuoro 2003, p. 35.

[100] Chi ha favore in corte non muore di cattiva morte.

[101] Costantino Cavalleri è un esponente storico del movimento anarchico in Sardegna.

[102] Dalla rivista GNOSIS n. 2/2005.

[103] Giustizia nuova, lama tagliente.

[104] A. Pigliaru, *Il banditismo in Sardegna*, Giuffrè Editore, Milano 1993, p. 242.

[105] Ibid., p. 243.

[106] Ciò che si deve fare, si faccia.

[107] Antonio Pigliaru, *La vendetta barbaricina*, Ed. Il maestrale, Nuoro 1959, p. 532.

[108] E. Lussu, *Il cinghiale del diavolo e altri scritti*, Ilisso, Nuoro 2004, Saggio L'avvenire della Sardegna.

[109] Non tutte le cose si mangiano calde.

[110] Antonio Pigliaru, *La vendetta barbaricina*, Ed. Il maestrale, Nuoro 1959, pp. 171 e seg.

[111] Carta de logu, cap. 6, *De tenne su malefactore*. Dal manoscritto conservato presso la biblioteca dell'Università di Cagliari.

[112] Lottare.

[113] G. Pititu, *I misteri del Supramonte*, La Biblioteca dell'Identità, Unione Sarda, p. 141.

[114] Otfried Höffe, filosofo politico tedesco ancora vivente.

[115] O. Höffe, *Gibt es eine interkulturelles Straftrechts*? Ein philosophischer Versuch, Suhrkamp, Frankfurt a. M. 1999, trad. it. Gobalizzazione e diritto penale, Comunità, Milano 2001.

[116] Ibid., pp. 70-71.

[117] Il retribuzionismo, secondo la filosofia classica, considerava la pena come legittima punizione per il male compiuto dal reo.

[118] Basta, lingua mia taci, quello che devi dire me lo tengo in bocca.

[119] da www.fuorispazio.net

[120] Meglio un compromesso magro che una sentenza grassa.

[121] Il nome significa letteralmente "case delle fate" ma in realtà esse sono delle tombe scavate nella roccia dalle popolazioni che vissero in

Sardegna nel Neolitico, prime fra tutte quelle della cosiddetta "cultura di Ozieri", che fiorì nel periodo compreso fra il 4000 e il 3000 a.C. circa.

[122] Il viso annuncia chi è l'uomo.

[123] D. Turchi, *Lo sciamanesimo in Sardegna*, Newton Compton, Roma 2001, p.15.

[124] Ibid.

[125] S'accabadora era una donna che, chiamata dai familiari del malato terminale, provvedeva ad ucciderlo ponendo fine alle sue sofferenze. Un atto pietoso nei confronti del moribondo ma anche un atto necessario alla sopravvivenza dei parenti, soprattutto per le classi sociali meno abbienti: negli stazzi della Gallura e nei piccoli paesi lontani da un medico molti giorni di cavallo, serviva ad evitare lunghe e atroci sofferenze al malato. In Sardegna s'accabadora ha esercitato fino a pochi decenni fa, soprattutto nella parte centro-settentrionale dell'isola. Gli ultimi episodi noti di accabadura avvennero a Luras nel 1929 e a Orgosolo nel 1952.

[126] La morte non si dimentica nemmeno in cento anni.

[127] Dal sito http://www.ciao.it/

[128] A. Bucarelli, C. Lubrano, Eutanasia ante litteram in Sardegna - Sa femmina accabadora. Usi, costumi e tradizioni attorno alla morte in Sardegna, Scuola sarda Editore, Cagliari 2003.

[129] Alessandro Bucarelli, *Eutanasia ante litteram in Sardegna - Sa femmina accabadora*. Usi, costumi e tradizioni attorno alla morte in Sardegna, Scuola sarda, 2003.

[130] Salvatore Loi, *Proverbi sardi*, Ed. Giunti, Prato 1996.

[131] M.Pitzalis Acciaro, In nome della madre. Ipotesi sul matriarcato barbaricino, Milano, 1978.

[132] N. Sanna, L. Lorettu, *L'omicidio per vendetta in Barbagia*, Carlo Delfino Editore, Sassari 2000, p. 141.

[133] Ibid., p. 174.

[134] Gavino Ledda, nato a Siligo nel 1938, è uno scrittore e uno studioso della lingua italiana e della lingua sarda. È conosciuto soprattutto per la sua opera autobiografica *Padre padrone*.

[135] Donna e bue, nel paese tuo.

[136] Così Lawrence, nel suo racconto di viaggio *Sea and Sardinia*, si confrontava nel 1920 con il fascino arcaico e impenetrabile dell'isola.

[137] A. Pigliaru, *Il banditismo in Sardegna*, Giuffrè Editore, Milano 1993, p.358.

[138] Ibid.

[139] Chi non è già caduto, può cadere.

[140] Salvatore Loi, *Proverbi sardi*, Ed. Giunti, Prato 1996. Piuttosto che cadere nelle mani della giustizia meglio la morte.

[141] Salvatore Depau Puddu (1893-1899) nacque a Ulassai il 24 giugno 1831. Laureatosi in teologia, fu ordinato sacerdote il 2 marzo 1856 e fu cappellano di nomina regia nell'Ospizio Carlo Felice di Cagliari, parroco di Ilbono, arciprete del Capitolo di Tortoli e vicario generale. Fu eletto Vescovo il 24 giugno 1893 e si adoperò molto per l'apertura dell'Istituto Salesiano a Lanusei.

[142] L'Unione sarda, 14 novembre 1894.

[143] La memoria popolare parla di un centinaio di persone, in realtà l'Unione Sarda ne descrive solo cinque.

[144] L'Unione sarda, 1 dicembre 1894.

[145] L'innocente non deve piangere mai.

[146] La Barbagia corrisponde alla zona centrale della Sardegna e si estende sul massiccio del Gennargentu. Rispetto al resto della Sardegna, ha una netta caratterizzazione, essendo la sua economia basata quasi esclusivamente sulla pastorizia.

[147] Balente deriva da balentìa che significa valore. Il balente difendeva il villaggio dalle angherie dei vicini e dai soprusi della legge dello Stato, mantenendo l'ordine. Feroce e spietato era vendicatore, mai bandito.

[148] N. Sanna, L. Lorettu, *L'omicidio per vendetta in Barbagia*, Carlo Delfino Editore, Sassari 2000, p. 103.

[149] Guasto.

[150] N. Sanna, L. Lorettu, *L'omicidio per vendetta in Barbagia*, Carlo Delfino Editore, Sassari 2000, p. 104.

[151] Ogni macchiolina porta una piccola orecchia.

[152] G. Pinna, *Il pastore sardo e la giustizia*, Ilisso, Nuoro 2003, p. 48.

[153] Ibid., p. 49

[154] I debitori sono bugiardi.

[155] Da *Crime list* di Alberto Sirigu, Nuoro, 11 marzo 2007.

[156] Ibid.

[157] Ugo Grozio, *De jure belli ac pacis*, Paris 1646.

[158] Antonio Pigliaru, *La vendetta barbaricina*, Ed. Il maestrale, Nuoro 1959, p. 545.

[159] Ibid., p. 125.

[160] N. Sanna, L. Lorettu, *L'omicidio per vendetta in Barbagia*, Carlo Delfino Editore, Sassari 2000, p. 126.

[161] Da *Crime list* di Alberto Sirigu, Nuoro, 11 marzo 2007.

[162] N. Sanna, L. Lorettu, *L'omicidio per vendetta in Barbagia*, Carlo Delfino Editore, Sassari 2000, pp. 166 e seguenti.

[163] Che passi la giustizia, ma in casa d'altri.

[164] Ti colga un accidente!

[165] *Sa roda* è il nome che si attribuisce alle donne riunite in cerchio durante un rito funebre.

[166] Tieni sempre la bocca chiusa.

[167] A. Ledda, *La civiltà fuorilegge*, Mursia, Milano 1974.

[168] La siepe delle vigne fa da ruffiana.

[169] Chi si fida presto si pente.

[170] D. H. Lawrence, *Mare e Sardegna*, Ilisso, Nuoro 2003.

[171] Michelangelo Pira è stato uno dei più originali intellettuali sardi. Nato a Bitti nel 1928, frequentò l'Università a Cagliari, dove fu funzionario del Consiglio regionale e poi professore di Antropologia culturale. Fu uno dei primi e più impegnati studiosi della lingua sarda.

[172] I muri hanno orecchie.

[173] C. Todde, *Storia di Nuoro e delle Barbagie*, Fossataro, Cagliari 1971

[174] Gregorio nacque verso il 540 dalla famiglia senatoriale degli Anici, alla morte del padre Gordiano fu eletto, molto giovane, Prefetto di Roma. Grande ammiratore di San Benedetto da Norcia, decise di trasformare i suoi possedimenti in altrettanti monasteri e di farsi monaco. Il 3 settembre 590 fu chiamato al soglio pontificio.

[175] B. Zizi, *Quel mortale isolamento, Quaderni bolotanesi*, n. 14, 1988, a. XIV, p. 78.

[176] Isabella Zedda Macciò, Università di Cagliari, Dipartimento di Studi Storici, Geografici e Artistici.

[177] Tito Livio (59 a.c.-17 d.C.) nacque a Padova, ma forse si trasferì presto a Roma, dove si occupò di retorica e filosofia. Di tendenze conservatrici e repubblicane, non volle mai cimentarsi nella vita politica e fu schivo di cariche e notorietà. La sua fama divenne vastissima a partire dal 27-25 a.c., quando iniziò la preparazione della sua grande opera storica che lo occupò fino alla morte.

[178] Dal sardo antico *Genna 'e argentu* ossia Porta d'argento.

[179] Dal sito http://www.bpp.it/

[180] Cipriani, De Spirito, Cotesta, Fraser, Mansi, Di Riso, *Comunità e conflitto in Barbagia*, ed. Franco Angeli, 1996.

[181] Ibid.

[182] Il tempio di *Sa Domu de Orgìa* ossia "La Casa della Fata Malefica" è il più grande tempio nuragico a *megaron* attualmente conosciuto. Situato a quasi 1.000 m. di quota in prossimità di una antica pista per la transumanza del bestiame, è legato a un'antica credenza che ricorda come Urxia, la maga crudele, custodisse dentro sotterranei inaccessibili un contenitore pieno d'oro. A proteggerlo vi sarebbero *is muscas macceddas*, ovvero "le mosche assassine".

[183] I *Mamuthones* sono maschere con visiera nera tenuta ferma da un fazzoletto scuro. Indossano *sa mastruca* nera, una pelle di pecora senza maniche e sulle spalle portano *sa garriga*, dei campanacci. Si dispongono incolonnati su due file, creando uno spazio all'interno: una fila procede a piccoli passi, andando avanti col piede sinistro e retrocedendo col piede destro, mentre la fila opposta, avanza col piede destro e retrocede col sinistro. Entrambe le colonne modificano il passo di danza con una variante di tre piccoli passi eseguiti più velocemente. Non è possibile, oggi, definire con certezza le loro origini.

[184] Questa scritta compare in un famoso murale di Orgosolo.

[185] Bellezza non significa casa. Salvatore Loi, *Proverbi sardi*, Ed. Giunti, Prato 1996.

[186] Regina di Orgosolo, sorella e sentinella dei banditi. Nella burrasca della faida fu la stella della notte orgolese. Pasqua Devaddis, regina e banditessa. F. Fresi, *Banditi di Sardegna*, La biblioteca dell'identità, Unione Sarda, p. 156.

[187] Ibid., p. 160.

[188] M. Berlinguer, In assise: ricordi di vita giudiziaria sarda, A. Mondadori, 1945

[189] F. Fresi, *Banditi di Sardegna*, La biblioteca dell'identità, Unione Sarda, p. 162.

[190] Ibid., p. 153, 154.

[191] Ciriaco Offeddu, nuorese, avvocato e consigliere provinciale di parte progressista.

[192] F. Fresi, *Banditi di Sardegna*, La biblioteca dell'identità, Unione Sarda, p. 157, 158.

[193] F. Fresi, *Banditi di Sardegna*, Prefazione di M. Brigaglia, Newton Compton Editori.

[194] Giustizia pronta, giustizia fatta.

[195] dal sito http://www.elioaste.it

[196] Congiu, Cabboi, Loi, *Oliena. Immagini e testimonianze di vita*, Archivio fotografico sardo, Nuoro 1985.

[197] Il giusto piange per il peccatore.

[198] Dal quotidiano "La Nuova Sardegna" del 15 aprile 1974, pag.3.

[199] Ibid.

[200] Scrittore, fotografo naturalista e speleologo si occupa di divulgazione, collaborando al quotidiano "*La Nuova Sardegna*". Con i suoi articoli, i suoi libri e le sue foto ha contribuito a far conoscere la Sardegna più nascosta.

[201] La sorte corre, non il cavallo.

[202] Il granito è anche il simbolo geologico e paesaggistico di questa splendida regione.

[203] dal sito http://www.aggius.net

[204] di G. F. Ricci, dal sito http://www.aggius.net

[205] Ibid.

[206] Aria rossa, vento annuncia.

[207] Il pronipote di Sebastiano Tansu è un discendente diretto ed è suo omonimo, Sebastiano Tansu, di Aggius.

[208] Gli stazzi di Gallura sono caratterizzati da una casa al centro di un appezzamento di terreno di diversi ettari suddiviso in diverse aree coltivate. Gli stazzi vevano una autonomia economica limitata ai bisogni di una o più famiglie.

[209] Ufficialmente Bastiano non fu mai accusato di questo delitto e la sua colpevolezza non è mai stata accertata.

[210] Lo stazzo di Avru, sulla collina di S. Gavino, a picco sul mare, con la vista dell'isola dell'Asinara e della Corsica, fu per la sua bellezza il preferito di Bastiano Tansu.

[211] Dopo della giustizia viene la morte.

[212] Luzzitta fu il soprannome che gli fu dato per via dei suoi occhi infuocati e penetranti.

[213] Detti esuli furono il notaio cagliaritano Francesco Cilocco, il teologo Sanna Corda e il professor Obino.

[214] Dal Messaggero del 21 marzo 2002, articolo di Manlio Brigaglia.

[215] La giustizia è uguale per tutti.

[216] Vittorio Angius (1797–1862) fu intellettuale e saggista sardo.

[217] V. Angius, G. Casalis, Ogliastra in Dizionario geografico-storico-statistico-commerciale degli Stati di S.M. il re di Sardegna, vol. 2, p. 153.

[218] Nelle ferrovie a scartamento ridotto la distanza tra le rotaie è minore rispetto allo scartamento ordinario.

[219] Meglio una terra senza pane che una terra senza giustizia.

[220] Marcello Fois, *Memoria del vuoto*, Einaudi 2006.

[221] Marcello Fois (Nuoro, 1960) è scrittore, commediografo e sceneggiatore.

[222] L. Aresu, *Samuele Stochino*, Ed. Unione Sarda 2005, pp. 126-127.

[223] Ibid., p. 124.

[224] Per chi è amico, amore duraturo.

[225] Eliseo Spiga, *La sardità come utopia*, CUEC Editrice, Cagliari 2006.

[226] Emilio Lussu (1890-1975) è stato uno straordinario testimone delle vicende della Sardegna del '900. Laureato in Giurisprudenza partecipò come capitano di fanteria della Brigata "Sassari" alla Prima Guerra Mondiale. Nel 1921 fu uno dei fondatori del Partito Sardo d'Azione.

[227] Francesco Masala, nato a Nughedu San Nicolò nel 1916, è stato ufficiale di complemento presso l'81° Reggimento fanteria di Roma e la seconda Guerra Mondiale lo vide impegnato al fronte dove venne ferito in combattimento e decorato al valore militare. Insegnante di Lettere, prima a Sassari e poi a Cagliari, è sempre stato legato da affinità culturale e politica con Emilio Lussu. Giornalista pubblicista, per cinquant'anni ha collaborato a giornali e riviste con articoli di critica letteraria, artistica e teatrale.

[228] Recensione a cura di Paolo Fadda pubblicata sul numero 6/2006 di Sardegna Economica.

[229] Il figlio di gatto acchiappa sorci.

[230] Brigaglia, Tanda, Mastini, Galoppini, Mattone, Sanna, Fois, Melis, *Storia della Sardegna*, Edizioni della Torre, Cagliari, 1998, p. 249.

[231] Il traditore è abbandonato da tutti.

[232] Dalla relazione dell'On. Quintino Sella al Parlamento, 3 maggio 1871.

[233] Ibid.

[234] E. Costantino, *G. B. Grassi e la sfida alla malaria* con l'aiuto della Compagnia Reale delle ferrovie, in Sardegna Economica n. 4/2003.

[235] Ai primi del '900 la mortalità per malaria raggiungeva in Sardegna una media del 97.5 per mille contro una media nazionale del 12 per mille.

[236] Dal sito www.sardegnaminiere.it

[237] Poveretto, è caduto in disgrazia.

[238] Don Antonio fece arrivare nell'isola dell'Asinara i liguri che portarono le loro conoscenze di agricoltura e di pesca. Iniziò un processo di integrazione fra le due comunità dell'isola, sarda e ligure sino ad

arrivare, nel 1833, a circa 300 abitanti con 4000 capi di bestiame. Nel 1836, in base ad un editto regio, terminò il regime feudale e l'isola tornò sotto il controllo sabaudo.

[239] Figlio di Carlo Emanuele II di Savoia, Vittorio Amedeo II (1666-1732) succedette al padre quando aveva appena nove anni. La reggenza venne affidata alla madre Giovanna Battista, donna ambiziosa ed energica.

[240] Agostino Depretis (1813-1887). Deputato del parlamento subalpino fu un esponente politico della sinistra democratica. La politica di Depretis, che si muoveva cautamente sia nei confronti del Vaticano che negli interventi sociali, fu osteggiata dalla destra e dalla sinistra estrema per cui, nel 1878, dovette dimettersi.

[241] L. Del Piano e A. Levi, *I problemi della Sardegna da Cavour a Depretis (1849-1876) e Sardi del Risorgimento*, Editrice Fossataro, Cagliari 1977.

[242] Ailè Selassiè (nome di battesimo Lij Tafari Makonnen, 1892-1975), è stato prima reggente e poi Imperatore d'Etiopia dal 1930 al 1936 e dal 1941 al 1974. Assunse particolare notorietà a livello internazionale quando l'Etiopia divenne guida dell'Organizzazione Unita Africana.

[243] Chi la fa, l'ha pensata.

[244] E. Costantino, *Retaggi antichi e tendenze attuali dello sviluppo economico isolano*, in "Sardegna Economica", n. 1/2003, pp. 67-74.

[245] D. H. Lawrence, *Mare e Sardegna*, Ilisso, p. 65

[246] Ibid.

[247] Né cane da caccia né balente non muoiono mai vecchi.

[248] Salvatore Loi, *Proverbi sardi*, Ed. Giunti, Prato 1996.

[249] Dal sito www.cmsc.it

[250] E. Lussu, *La Brigata Sassari e il Partito Sardo d'azione*, dal sito http://www.bellasardegna.it

[251] La nostra fedeltà non si compera con il denaro, andiamo diavoli, avanti forza insieme!

[252] G. Sotgiu, Storia della Sardegna sabauda, Laterza, Roma-Bari 1984.

[253] Salvatore Loi, *Proverbi sardi*, Ed. Giunti, Prato 1996.

240

[254] Antonio Gramsci (1891-1937), intellettuale sardo nato ad Ales, in provincia di Oristano, fu tra i fondatori del Partito Comunista.

[255] Giornalista e scrittore, è stato vicedirettore del Tg2 e direttore di "Paese Sera". Fiori, che è stato anche senatore della Sinistra Indipendente per tre legislature. Nato il 27 gennaio del 1923 a Silanus, in provincia di Nuoro, è morto il 17 aprile del 2003.

[256] G. Fiori, *Sonetàula*, Einaudi, Torini 2000, retro di copertina.

[257] A seconda di quello che mi fai, ti faccio.

[258] Ibid.

[259] La malaria era, in Sardegna, un male millenario. Già ai tempi dei Romani la Sardegna passava per un'isola *pestilente*, ma con ogni probabilità la malattia esisteva già da molto prima. Anche nel ventennio fascista, quando pure era stata messa in opera una serie di provvedimenti per combatterla, la mortalità per malaria raggiungeva una media del 97.5 per mille contro una media nazionale del 12 per mille.

[260] Dal sito www.sardiniapoint.it

[261] Chi tradisce l'amico non perdona il fratello.

[262] Per età giolittiana s'intende il periodo della storia italiana che va dal 1903 al 1914, un quindicennio che prese il nome dai governi di Giovanni Giolitti.

[263] Brigaglia, Tanda, Mastini, Galoppini, Mattone, Sanna, Fois, Melis, *Storia della Sardegna*, Edizioni della Torre, Cagliari, 1998, p. 253.

[264] Meglio morto che in carcere.

[265] E. Costa, *Giovanni Tolu*, Autobiografia di un bandito sanguinario, Ed. L'Unione Sarda, Cagliari 2005.

[266] Ibid., pp. 71-72.

[267] *L'Unione Sarda*, 22 novembre 1990.

[268] Chi ha il favore della giustizia non muore di una cattiva morte.

[269] Secondo Freud Il Super-Io è l'insieme dei divieti sociali sentiti dalla psiche come costrizione e impedimento alla soddisfazione del piacere. Il super-io rappresenta, quindi, la censura morale della coscienza.

[270] S. Freud, *Psicologia delle masse e analisi dell'Io*, Ed. Bollati Boringhieri, 1975.

[271] Marc Léopold Benjamin Bloch (1886-1944), storico francese, insegnò Storia medioevale nel periodo tra la prima e la seconda guerra mondiale.

[272] M. Le Lennou, *Pastori e contadini in Sardegna*, Ed. della Torre, Cagliari 1979, p. 16-17.

[273] Piero Gobetti (1901–1926) è stato giornalista, politico e antifascista italiano. Occorre tener presente che nel settimanale *La rivoluzione liberale* si è cercato di interpretare alcuni fenomeni tipici del quadro socioeconomico sardo utilizzando una chiave di lettura liberale, secondo l'ottica politica e morale del Gobetti che ne era il direttore.

[274] L'inchiesta, dai forti tratti unitari, era suddivisa in tre articoli, tutti a firma di Augusto Mazzetti. Il primo, dal titolo "Il problema sardo", apparve il 17/06/1924 sul numero 25 della rivista; il secondo, apparso a distanza di una settimana sul numero 26, si intitolava "L'economia sarda", mentre l'ultima parte dell'inchiesta, significativamente intitolata "Il problema sardo. 3", per porre in rilevo la continuità del lavoro, apparve il 1/07/1924 sul numero 27. È possibile consultare on-line tutta la serie degli articoli apparsi su *La rivoluzione liberale*, al sito www.erasmus.it/liberale.

[275] Salvatore Loi, *Proverbi sardi*, Ed. Giunti, Prato 1996.

[276] Miles (G. Bechi), *Caccia grossa. Scene e figure del banditismo sardo*, Ed. La Poligrafica, Milano 1900, p. 39. Lo sporco paese, secondo Bechi, è Lula, cui è dedicato il V capitolo.

[277] Padre Bresciani era un gesuita. Il termine brescianesimo era espressione, originariamente, delle tendenze reazionarie e gesuitiche volte a propagandare, negli anni del Risorgimento, una posizione antigiacobina, austriacante e filoborbonica e un perbenismo cattolico e conservatore. Il termine diventa, nella terminologia gramsciana, una etichetta intesa a definire un atteggiamento letterario autocelebrativo, meschino e superficiale, incapace di confrontarsi con la realtà viva della storia.

[278] Unione Sarda, 13.01.2006

[279] Cesare Lombroso (1835-1909) fu psichiatra, antropologo e criminologo. Il suo nome è legato all'antropologia criminale, di cui è

ritenuto il fondatore. Lombroso sostenne che le condotte del delinquente sono condizionate, oltre che da componenti ambientali socioeconomiche, da fattori ereditari.

[280] Salvatore Loi, *Proverbi sardi*, Ed. Giunti, Prato 1996

[281] Giorgio Pisano, *Lo strano caso del signor Mesina*, Ed. L'Unione Sarda, Cagliari 2005, p. 20.

[282] Liandru era stato accusato di quattro omicidi, oltre a tentati omicidi, estorsioni, sequestri e rapine.

[283] Nel 1952 fu ucciso anche Pasquale Soro, segretario comunale.

[284] Salvatore Loi, *Proverbi sardi*, Ed. Giunti, Prato 1996.

[285] Antonio Pigliaru, *La vendetta barbaricina*, Ed. Il maestrale, Nuoro 1959.

[286] Salvatore Loi, *Proverbi sardi*, Ed. Giunti, Prato 1996.

[287] G. Rolandi, *La Metallurgia In Sardegna*, Edizioni L'Industria Mineraria 1971.

[288] G. Sotgiu, *Il Movimento Operaio in Sardegna - (1890 -1915)*, Testi e Documenti per la Storia della Questione Sarda, Editrice Sarda Fossataro, Cagliari 1974.

[289] A. Bugio, *La natura come storia. Teologia e autodeterminazione nella "storia filosofica" di Kant*, Cromohs 2001.

[290] Oggi a me, domani a te.

[291] La decima era chiamata così perché si riferiva a un decimo del reddito.

[292] Gaetano Salvemini, *Lettera a F. L. Ferrari*, agosto 1930 in Opere, II, 3 p. 381.

[293] Dio mi liberi dal cane incatenato e dall'uomo infuriato.

[294] La base aerea di Decimomannu è nota per essere una delle poche basi in tutta Europa a godere di un completo sistema addestrativo per coprire le esigenze aria-aria e aria-suolo con la possibilità di operare sotto controllo guida con caccia da terra in caso di combattimento aereo.

[295] Il poligono di Capo Frasca nasce negli anni '50 ed occupa una superficie di 1,416 ettari. La militarizzazione del territorio ha segnato la fine degli abitanti di Santadi, paese che è stato espropriato dei propri

terreni. Il poligono di Capo Frasca   oggi viene utilizzato per l'addestramento di piloti della Nato.

[296] Il poligono di Salto di Quirra è gestito da personale delle tre forze armate (aeronautica al 50%, esercito al 35% e marina al 15%) e svolge principalmente compiti a carattere sperimentale, come collaudi di razzi e missili. Il Poligono opera su due basi in provincia di Nuoro: una a mare con sede a Capo San Lorenzo e una a terra con sede a Perdasdefogu.

[297] A Capo Teulada si trova un poligono permanente per esercitazioni terra-aria-mare. Trattasi di 7200 ettari di demanio militare affidato all'Esercito e messo a disposizione della Nato.

[298] *Limes* n. 4/99.

[299] Dal sito http://italy.peacelink.org/disarmo/articles/art_1975.html

[300] Dal sito http://italy.indymedia.org/news/2002/08/74272.php

[301] Rapporto al Congresso del Dipartimento della Difesa degli Stati Uniti, 1998

[302] *Limes* N.4/99.

[303] Sardegna, tra economia di guerra e   sviluppo *di Giuseppe Stocchino,* Consigliere del Comune di Quartu Sant'Elena – CA.

[304] Dal sito http://italy.indymedia.org/news/2002/08/74272.php

[305] Convegno "Mediterraneo para bellum" - Pisa, 11 e 12 Dicembre 2004 - Relazione di "Gettiamo le basi".

[306] *Manifesto*, 3 maggio 2005.

[307] Mondo, mi hai ingannato.

[308] Dal sito http://italy.indymedia.org/news/2002/08/74272.php

[309] Dal sito http://italy.indymedia.org/news/2002/08/74272.php

[310] L'ex ospedale militare di Cagliari è un gioiello storico-architettonico, ma indegno come struttura sanitaria.

[311] Chi cerca giustizia va incontro al fuoco.

[312] La Nuova Sardegna, 1980.

[313] Dal sito http://progettoscuola.parcoasinara.it

[314] L'art. 41 bis della legge carceraria 26/7/75 n. 354 è stato introdotto con la legge 10/10/86 n. 663 e riguarda soltanto situazioni di emergenza. Il ministro di grazia e giustizia ha facoltà di sospendere, in

caso di rivolta o di altre gravi situazioni di emergenza, le normali regole di trattamento dei detenuti.

[315] Dal sito http://www.parcoasinara.org

[316] Ibid.

[317]   Dal   sito http://guide.dada.net/carceri/interventi/2005/02/197504.shtml

[318] E' noto che il ministro Castelli ama trascorrere parte delle vacanze nella colonia di Is Arenas.

[319] Salvatore Loi, *Proverbi sardi*, Ed. Giunti, Prato 1996.

[320] G. Mele, *Montiferru, Provincia di Oristano*, Edisar, Cagliari 1993, p. 69

[321] Dal sito www.camera.it

[322] Da *La nuova Sardegna*, venerdì 2 giugno 2000.

[323] Salvatore Loi, *Proverbi sardi*, Ed. Giunti, Prato 1996.

[324] La densità di Nuoro è di 40 abitanti per km^2.

[325] Dal latino *stado*, ovvero luogo dove ci si ferma.

[326] Costa Smeralda è la denominazione del tratto costiero della Sardegna nord-orientale localmente conosciuto col nome gallurese di *Monti di Mola*.

[327] Il principe Karim Aga Khan arrivò per la prima volta nel nord-est della Sardegna nel 1959 e, affascinato dalla bellezza di questo tratto di costa, decise di comprare le poverissime terre di quest'angolo di Gallura. Assieme ai più grandi architetti dell'epoca, tra i quali spicca Luigi Vietti, dette vita al paradiso del turismo internazionale d'elite che conosciamo oggi.

[328] Salvatore Loi, *Proverbi sardi*, Ed. Giunti, Prato 1996.

[329] Salvatore Loi, *Proverbi sardi*, Ed. Giunti, Prato 1996.

[330] Sul rapporto tra oralità giuridica e com'unitarismo, vedi Rouland, *Antropologia giuridica*, Milano 1992, p. 195 e seg.

[331] G. Cosi, *Responsabilità del giurista*, Giappichelli Editore, Torino 1998, p. 344.

[332] G. Gianoglio, *Arretratezza economica e banditismo*, in La D.C. di Nuoro per la questione delle zone interne, Cagliari, 1968.

[333] Salvatore Loi, *Proverbi sardi*, Ed. Giunti, Prato 1996.

[334] Il Giornale di Sardegna, 1 ottobre 1876.

[335] A. Pigliaru, *Il banditismo in Sardegna*, Giuffrè Editore, Milano 1993, p. 437.

[336] Da un saggio della Dott.ssa S. Loriga: http://www.cepic-psicologia.it/attivita-svolte/corsi-criminologia-svolti.htm

[337] Gli otto deputati erano: Camba, Marracini, Pitzalis, Molè, Milia, Pazzaglia e Morgana, poi sostituito da Pirisi.

[338] I sei senatori erano: Castellaccio, Pala, Efisio Corrias, Girolamo Sotgiu, Cuccu e Deriu.

[339] Camera dei Deputati, V Legislatura, Commissione parlamentare di inchiesta sui fenomeni della criminalità in Sardegna, Relazione alla Commissione. Relatore senatore Medici. Doc. XXIII, n. 3, 29 marzo 1972. La relazione di minoranza fu firmata dall'onorevole Alfredo Pazzaglia. I documenti allegati sono in ibidem, Doc. XXIII, n. 3-bis. Sono soprattutto G. Pui e N. Rudas, *Caratteristiche, tendenzialità e dinamiche dei fenomeni di criminalità in Sardegna*; G. Panico, *Elenco dei sequestri di persona a scopo di estorsione in Sardegna dal 1965 al 1971*. G. Panico e G. Oliva, *Analisi di alcuni aspetti del sequestro di persona*.

[340] Dalla relazione consegnata il 29 marzo del 1972 dal presidente della Commissione d'Inchiesta, sen. Giuseppe Medici, ai Presidenti dei due rami del Parlamento.

[341] Medici, Relazione cit., p. 29.

[342] G. Puggioni e N. Rudas, cit., p. 144 e p. 181; G. Panico e G. Oliva, cit., pp. 349-350.

[343] Sulla complessità della cultura barbaricina e sul peso avuto in Sardegna è utile A. Pigliaru, *La vendetta barbaricina come ordinamento giuridico*, Milano 1959.

[344] Ibid., p. 363.

[345] G. Pisano, *Lo strano caso del signor Mesina*, Ed. Maestrale, Nuoro 2005,

[346] Giorgio Pisano, *Lo strano caso del signor Mesina*, Ed. Mondatori printing, Cles 2004, p. 27.

[347] Ibid.

[348] G. Pisano, *Lo strano caso del signor Mesina*, Ed. Maestrale, Nuoro 2005.

[349] Ibid.

[350] Giorgio Pisano, *Lo strano caso del signor Mesina*, Ed. Mondatori printing, Cles 2004, p. 92.

[351] E. J. Hobsbawn, *I ribelli*, Torino 1966 e *I banditi*, Torino 1971.

[352] F. Cagnetta, *Banditi ad Orgosolo*, Rimini-Firenze 1975, p. 289.

[353] G. Melis Bassu, *Sequestro di persona*, Società Sarda, n. 7, 1998.

[354] G. Panico, *Elenco dei sequestri di persona a scopo di estorsione in Sardegna dal 1965 al 1971*, p. 363; G. Puggioni e N. Rudas, *Caratteristiche, tendenzialità e dinamiche dei fenomeni di criminalità in Sardegna*, p. 246.

[355] M. Brigaglia, *Sardegna. Perché banditi*, Milano 1971, P. 319.

[356] Salvatore Loi, *Proverbi sardi*, Ed. Giunti, Prato 1996.

[357] Dati forniti dalla Commissione Speciale di indagine della Regione Sardegna.

[358] "Rivista antiautoritaria NIHIL" del 2 gennaio 2004, supplemento "Quadrimestrale di dibattito, analisi, approfondimenti storici, teorici, metodologici" al bollettino"Anarkiviu", autorizzato con reg. n. 18/89 del Tribunale di Cagliari.

[359] Dal sito http://www.sisde.it/Gnosis/Rivista3.nsf/ServNavig/7

[360] Alla base di questa aspirazione vi era il suo profondo interesse politico per i movimenti rivoluzionari dell'America Latina e, in particolare, per Fidel Castro.

[361] La Sardegna è l'unica regione italiana ad avere sopportato per lungo tempo la presenza sul proprio territorio di due supercarceri speciali, l'Asinara e Bad'e Carros, destinati alla custodia dei più pericolosi esponenti del terrorismo e della malavita

[362] Si manifesta apertamente nel luglio e nel settembre del 1979, rivendicando una serie di attentati dinamitardi ai danni di caserme dei Carabinieri a Siniscola, Orani, Orgosolo e Oliena. L'azione più eclatante attribuita al gruppo terroristico è l'omicidio dell'Appuntato dei CC Santo Lanzafame, avvenuto sulla strada Nuoro-Ortobene il 31 luglio 1981.

[363] In particolare il pentimento di Antonio Savasta, arrestato il 28 gennaio 1982, permise l'identificazione e la cattura di tutti gli appartenenti alla colonna sarda, segnando anche la fine dell'esperienza di "Barbagia Rossa".

[364] Il primo ai danni dei coniugi Buffoni a Bitti dal 2 al 22 agosto 1983 e il secondo nei confronti di Anna Bulgari e del figlio Giorgio Calissoni ad Aprilia dal 19 novembre al 24 dicembre 1983.

[365] Secondo gli U.A.S., il processo di deculturazione al fine di instaurare una nuova acculturazione, ieri ha riguardato la cristianizzazione e romanizzazione e oggi riguarda la italianizzazione.

[366] Dal sito http://www.sisde.it/Gnosis/Rivista3.nsf/ServNavig/7

[367] La giustizia cattiva ti incanti.

[368] Testo di iRS indipendèntzia Repùbrica de Sardigna dal sito www.indipendentzia.net

[369] Letteralmente: A Sinistra per l'Indipendenza.

[370] Il termine *Soberanìa* in lingua sarda indica il gruppo promotore delle feste patronali.

[371] Per quanto riguarda i *Nuclei*, si segnalarono lettere minatorie a esponenti delle istituzioni regionali, segretari sindacali e a un magistrato nonché attentati dimostrativi contro la Toro Assicurazioni, la Cisl, l'Istituto S. Paolo-IMI, la Banca Intesa, un fast food Mc Donald's, il Presidente della Confindustria regionale, la Federazione dell' Industria Sarda, un locale notturno in Costa Smeralda. L'O.I.R., invece, rivendicò le azioni compiute contro l' Azienda autonoma di soggiorno di Alghero, il Comune di Arzachena e le sedi comunali di Narbolia e Olbia.

[372] Testo di iRS indipendèntzia Repùbrica de Sardigna, dal sito www.indipendentzia.net".

[373] Lo scritto è pervenuto alle redazioni nuoresi dei quotidiani *La Nuova Sardegna* e *L'Unione Sarda* .

[374] Dalla rivista GNOSIS n. 2/2005.

[375] Salvatore Loi, *Proverbi sardi*, Ed. Giunti, Prato 1996.

[376] Annino Mele conobbe Francesca Fa lungo il tragitto Porto Torres-Asinara. Annino andava a trovare il fratello Peppino e Francesca andava a trovare il marito detenuto per reati politici a Fornelli.

[377] A. Mele, *Autobiografia*, L'Unione Sarda, Cagliari 1996, p. 147.

[378] Arrigo Molinari, questore nella polizia di Stato a Genova e a Nuoro, è stato recentemente ucciso a coltellate in circostanze misteriose.

[379] L'Unione Sarda, 18 ottobre 2004.

[380] A. Mele, *Autobiografia*, L'Unione Sarda, Cagliari 1996, p. 153.

[381] Ibd., p. 156.

[382] In Sardegna i danni ambientali e alla salute della popolazione creati dalle forze armate americane sono enormi. Un solo esempio: nel settembre del 2005, nella base della Maddalena, è stato rivelato che i sottomarini di attacco americani avevano gettato acqua radioattiva dai reattori, inquinando il Parco marino internazionale delle Bocche di Bonifacio.

[383] A. Camus, *L'uomo in rivolta*, I grandi tascabili Bompiani, Milano 1994, p. 124.

[384] E. Le Caldano, *Etica*, Ed. Tea. Borgaro, Torino 1996, p. 13.

[385] L'art. 13 dello statuto regionale prevede che si concentrino gli interventi sulle risorse locali, con l'obiettivo di risvegliare le capacità di autoimprenditorialità necessarie per modificare l'ambiente socio-economico.

[386] Da una lettera scritta dal Dott. Giacomo Meloni al presidente della Regione Sarda R. Soru, Cagliari 28 gennaio 2005.

[387] Dalla rivista *Sassari*, a.1, n.2, aprile 1971, p.8 e seg.

[388] Dal sito http://consiglio.regione.sardegna.it/sito/ACRS/Attivita-Ass/Rivista/n.10/Lilliu.asp

[389] Benedetto Barranu è nato a Baunei nel 1949. Consigliere regionale dal 1979 al 1992 con il Pci e il Pds, è stato assessore regionale agli Affari Generali, alla Riforma e all'Assistenza Sociale dal 1987 al 1989, periodo in cui è stata emanata la legge n. 4 in materia socio assistenziale. Dal 1992 al 1994 è stato assessore regionale alla Programmazione, per essere poi nominato, nel dicembre del 1995, presidente e amministratore delegato della Sfirs. Alla guida della finanziaria regionale è rimasto fino al luglio del 2001.

[390] Dal sito http://web.tiscali.it/libros/

[391] Ibid.

[392] A. Camus, *L'uomo in rivolta*, Tascabili Bompiani, Milano 1996, p. 179.

[393] Unione Sarda del 07.01.2003.

[394] Maximilian Weber (1864–1920) è stato un economista, sociologo, filosofo e storico tedesco. E' considerato uno dei padri della moderna sociologia e della scienza politica.

[395] Karl Löwith, *Il nichilismo europeo*, a cura di C. Galli, Laterza, Roma-Bari 1999.

[396] Gianni Vattimo è uno dei maggiori filosofi contemporanei. E' nato nel 1936, a Torino, dove ha studiato e si è laureato in Filosofia. Dal 1964 insegna all'Università di Torino.

[397] G. Vattimo, Nichilismo ed emancipazione, etica, politica, diritto, Garzanti, Varese 2003, p. 139.

[398] Ibid., p. 150.

[399] Il pensiero debole è un tipo particolare di sapere caratterizzato dal profondo ripensamento di tutte le nozioni che erano servite da fondamento alla civiltà occidentale in ogni campo della cultura. Secondo questa prospettiva i valori tradizionali sarebbero diventati tali solo a causa di precise condizioni storiche che oggi non sussistono più. Per questo motivo deve essere messa in crisi la loro pretesa di verità.

[400] Salvatore Loi, *Proverbi sardi*, Ed. Giunti, Prato 1996.